《中国榜样：永远的雷锋》大型丛书

编委会主任 冷 宽 王保安

雷锋精神与先进文化建设

宋焕斌 雷冬海 田鹏颖 等

编著

中国财政经济出版社

图书在版编目（CIP）数据

雷锋精神与先进文化建设/宋焕斌，雷冬海，田鹏颖等编著. —北京：中国财政经济出版社，2013. 2
（《中国榜样：永远的雷锋》大型丛书）
ISBN 978-7-5095-4262-0

Ⅰ. ①雷…　Ⅱ. ①宋…　②雷…　③田…　Ⅲ. ①雷锋精神—学习参考资料②社会主义—文化事业—建设—中国—学习参考资料　Ⅳ. ①D64②G12

中国版本图书馆 CIP 数据核字（2013）第 022449 号

责任编辑：陆宗祥　　责任印制：张　健
封面设计：逸品文化　　版式设计：逸品文化

中国财政经济出版社出版
URL：http：//www. cfeph. cn
E-mail：cfeph@ cfeph. cn

社址：北京市海淀区阜成路甲 28 号　邮政编码：100142
营销中心电话：88190406　北京财经书店电话：64033436　84041336
北京富生印刷厂印刷　各地新华书店经销
710×1000 毫米　16 开　15. 25 印张　201 千字
2013 年 3 月第 1 版　2013 年 3 月北京第 1 次印刷
印数：1—5000　定价：29. 00 元
ISBN 978—7—5095—4262—0/D・0215
（图书出现印装问题，本社负责调换）
本社质量投诉电话：010—88190744

《中国榜样：永远的雷锋》
大型丛书编委会

总 序

一个人无法选择自己所处的时代，但可以选择自己的人生道路。人所从事的职业可能要双向选择，而人生的态度完全由自己决定。雷锋，一个年轻的士兵，影响了几代人的成长，成为全国人民学习的榜样。50年来，学雷锋活动经久不息，这足以证明雷锋精神具有多么强大的渗透力和感染力。现在，几乎整个民族都在呼唤雷锋。面对社会上不尽如人意的现象，就是不情愿学习的人，也希望别人都学习雷锋了。更有人说，雷锋精神具有普世价值，是中华民族精神的集中代表，雷锋可做中国人的形象代言人。

在经过50年的学雷锋活动后，问起有关雷锋的事迹、雷锋精神的实质，仍有许多人不甚了了。这就促使雷锋的战友们、雷锋的传人们、长期坚持研究雷锋的学者们感叹不已。感叹之余，有了一个共识——组织起来，为全国的学雷锋活动做一点事情：一是还原雷锋，把一个真实可信的雷锋的光辉形象奉献给人们，使更多的人知道一个简单的道理：雷锋的一生是平凡的，谁都可以学习雷锋；雷锋精神是伟大的，谁都需要努力，才能把雷锋精神学到手。二是集50年研究成果，把理论层面上对雷锋新的认知告诉人们，使人们从中悟出道理，鼓励人们都来做社会进步的“正能量”。三是针对不同人群，编委会成员多次讨论，力求选准书名和写作内容，就这样，汇集50年的思索和探讨的成果，经过近一年的归纳和整理，就有了这样一套学雷锋的系列读物献给广大读者。这既是献给毛泽东等老一辈革命家为雷锋题词50周年的一份厚礼，更是为贯彻落实党的十八大精神，推动学雷锋活动常态化作出的一份贡献。

这套丛书有以下特点：一是具有权威性。雷锋身边的战友、培养雷锋的领导干部、看着雷锋成长的亲朋好友直接参与写雷锋，是用第一手材料叙述雷锋，其中还纠正了社会上对雷锋不恰当的传闻，还原了雷锋的真实性，维护了雷锋精神的纯洁性。二是具有完整性。有人说，这是一套既用多种形式全面地介绍雷锋事迹、系统地多专题研究雷锋精神的书籍，又是注重研究雷锋精神的时代价值，对当前学雷锋活动常态化提出了建设性意见的读物。三是具有针对性。该大型丛书分别对领导干部、企业家和职工、大学生、部队士兵等不同职业的人群如何结合本职工作学雷锋提出了参考意见，其中不乏独到之处。这些意见和看法在作者所作的多场报告中已与听众形成共识。这是一套值得收藏和系统研读的作品。对不同的读者来说，也是一套可各取所需的读物。

特别应该提到的是，2013年1月12日，中国社会福利基金会学雷锋基金管委会、辽宁省雷锋研究会、中国财政经济出版社在2013北京图书订货会上为本套丛书联合举行的推介会上，雷锋亲密战友乔安山，全国“五一”劳动奖章获得者、全国劳模李素丽，“京城活雷锋”孙茂芳，“雷锋班”现任（第二十五任）班长毕万昌等应邀亲临会场，发表了热情洋溢的讲话。“当代雷锋”郭明义虽未到会，但通过现场连线对出版本套丛书给予了很高的评价。学雷锋基金管委会名誉主任、雷锋生前战友、海军原副政委冷宽中将，学雷锋基金管委会名誉副主任、总参原兵种部政委田永清少将，分别就自己对“雷锋精神”的认识以及对本套丛书的期待作了精彩的发言。媒体及有关领导赞赏出版单位的社会责任感，高度评价图书出版活动传递的“正能量”。

学习雷锋，在于学实质——全心全意为人民服务；学习雷锋，在于行动——一言一行都为别人更幸福；学习雷锋，在于持久——一生一世讲奉献；学习雷锋，要有表率——领导干部应走在前列。

愿这套丛书助大家在追求成功的路上走得更远、更坚实。

衷心感谢在组织编写本套丛书及其开展的相关活动过程中给予我们大力支持和帮助的所有同志。

《中国榜样：永远的雷锋》编委会

2013 年 2 月

前　言

——用雷锋精神推进社会主义先进文化建设

今年是纪念毛泽东“向雷锋同志学习”题词发表50周年。雷锋精神已经成为当代中国人的精神象征，成为社会主义先进文化的重要组成部分。宣传、弘扬和践行雷锋精神是建设社会主义核心价值体系的重要途径。党的十八大报告指出，文化是民族的血脉，是人民的精神家园。全面建成小康社会，实现中华民族伟大复兴，必须推动社会主义文化大发展大繁荣，兴起社会主义文化建设新高潮，提高国家文化软实力，发挥文化引领风尚、教育人民、服务社会、推动发展的作用。扎实推进社会主义文化强国建设的一项任务就是深化群众性精神文明创建活动，广泛开展志愿服务，推动学雷锋活动、学习宣传道德模范常态化。从中可以看出，推动学雷锋活动写入党的十八大报告，成为社会主义文化强国建设的具体措施和实现路径，体现了新一代党和国家领导集体对它的重视以及对雷锋精神的肯定与赞扬。

文化是一个国家、一个政党的精神旗帜，先进政党文化建设是一个政党的立党之本。我们党是一贯重视先进文化建设的党。我们建设的先进文化，是以马克思主义为指导、以亿万人民的革命和建设的伟大实践为源泉，是具有中华民族优良传统的、不断吸收国外文明进步成果而又代表人类文明发展趋向的、与时俱进的文化体系。以雷锋同志命名的“雷锋精神”，其实质和核心是全心全意为人民服务，为了人民的事业无私奉献。雷锋精神已经成为我们这个时代精神文明的同义语、先进文化的表征。雷锋精神顺应了社会进步的时代潮流，代表了社会主义先进文化的前进方向，彰显了我们党先进性和纯洁性的实践品格，是指引党员干部树立实践社会主义核心价值体系的光辉旗帜，所以雷锋精神是我国先进文化建设的一座不朽丰碑，是我们开创伟大事业必须不断发扬光大的伟大精神。

雷锋精神是社会主义核心价值体系的重要载体，是社会主义先进文化建设的重要源泉。用雷锋精神推进社会主义先进文化建设对引领价值取向、疏导社会心理、塑造文明风尚、构建共同精神家园，推进社会主义文化大发展大繁荣，具有十分重要的意义。

一、用雷锋精神推进社会主义先进文化建设，必须不断挖掘弘扬践行雷锋精神的时代内涵

雷锋精神产生于20世纪60年代，几十年来雷锋精神成为中国共产党人、中国人民解放军、中国人民的一个精神高地、精神符号、精神宝库，产生了广泛而深远的影响。在新的历史条件下，我们应该怎样把握和理解雷锋精神的丰富内涵？雷锋精神的核心就是全心全意为人民服务。这一实质核心契合社会发展的新需要，彰显先进文化的主旋律。雷锋精神固然是以雷锋个人的精神为基本内涵的，但经过半个世纪以来一大批学雷锋先进典型的不断弘扬践行，雷锋精神已经具有全新的时代内涵。集中体现为服务人民、助人为乐的奉献精神，干一行爱一行、专一行精一行的敬业精神，锐意进取、自强不息的创新精神，艰苦奋斗、勤俭节约的创业精神。新时期弘扬践行雷锋精神，就是要与先进文化建设有机统一起来，紧紧把握雷锋精神的时代脉搏，不断赋予新的时代内涵，使其更加贴近实际、更富时代气息、更能打动人心。

二、用雷锋精神推进社会主义先进文化建设，必须不断丰富弘扬践行雷锋精神的方法载体

通过弘扬践行雷锋精神推进社会主义先进文化建设，贵在广泛参与，难在载体创新。这就要求我们在学雷锋活动中，注重社会需求，注重群众参与，注重首创精神，注重基层实践，进一步拓展学习的方法、形式和载体，赋予践行雷锋精神深厚基础和不竭动力。要在依靠群众个人自觉、自发弘扬践行的基础上，把培育和弘扬雷锋精神作为思想道德建设的重要任务，有组织、有计划地开展各类活动。要坚持先进性和群众性相统一，在广泛开展雷锋示范岗位、雷锋示范班组等创评活动基础上，把本职岗位作为弘扬践行雷锋活动的主要阵地和舞台，真正把雷锋精神融入本职工作和日常生活中，体现到各项具体实践之中，贯穿到实现人生价值的开拓奋斗中，不断增强学习雷锋活动的实效性。

三、用雷锋精神推进社会主义先进文化建设，必须不断营造弘扬践行雷锋精神的社会风尚

当前，社会上一些道德失范、行为失准的丑恶现象时有发生，并不断地挑战社会伦理底线，给人们的价值观念、道德理念造成一些不好的负面影响。社会需要雷锋，人民需要雷锋。无论时代怎样变化，雷锋精神始终寄托着人民群众对崇高精神境界的向往，对美好道德风尚的追求。因此，要以弘扬践行雷锋精神为牵引，将其融入职业道德、社会公德的建设之中，自觉抵制拜金主义、享乐主义和极端个人主义的侵蚀，正确处理个人与国家、个人与集体、个人与他人的利益关系，在全社会形成良好的社会风尚，进一步强化人们的精神归属感、荣誉认同感和生活幸福感。

四、用雷锋精神推进社会主义先进文化建设，必须不断推动弘扬践行雷锋精神的长效机制

学雷锋活动是我国道德建设的组成部分，是优秀道德文化的代表。是一场永不停歇的接力赛，传承弘扬雷锋精神是“一辈子”，而不是“一阵子”。党的十七届六中全会要求以建设社会主义核心价值体系为根本任务，深入开展学雷锋活动，采取措施推动学习活动常态化。在学雷锋活动的实践上，我们要改变以前“一时轰轰隆隆，长期冷冷清清”

等程式化、简单化、模式化、突击化的活动形式，使其成为每个人的自觉行动，要把制度化、经常化的基因注入弘扬雷锋精神的活动中，建立健全学雷锋活动的常态化机制。只有切实把学雷锋活动纳入贯彻落实党的十八大精神的统一部署中，在社会中创造学雷锋的文化氛围，形成学雷锋的道德风尚，才能将学雷锋活动融入我国社会文化建设中，才能让雷锋精神深入人心。

辽宁省雷锋研究会会长
辽宁石油化工大学党委副书记　宋焕斌

2013年1月

目　录

第一章 导 论

第一节 雷锋精神与先进文化建设的缘起

在中国，雷锋可以说是一个家喻户晓的传奇人物。他既没有显赫的身世，也没有骄人的军功，从军时间很短，甚至都没有上过战场，但却是中国最伟大的士兵。他在流星般短暂的革命生涯里，为后人留下了无数耐人寻味的故事和宝贵的精神财富，从而赢得生前身后名，以至半个世纪以来多位国家领导人题词发出向他学习的呼吁。雷锋平凡而简单的故事中蕴含了不平凡的价值取向与传统的文化资源，并在特殊的年代里起到了不可估量的作用。由此，其行为潜在的价值观念与道德品质被概括为雷锋精神而备受国家推崇。由于时代的局限，从雷锋形象到雷锋精神不可避免都会有国家建构的因素，其政治符号的痕迹比较明显。然而随着时代的变迁，雷锋精神的内涵也在不断变化，从意识形态象征渐渐演化为一个文化偶像。不同时期的层层的文化建构使其本身具有更加丰富的文化内涵。从雷锋、雷锋精神到雷锋文化的演进，不仅反映了国家与社会的变迁，也为我们探讨雷锋精神与当代中国先进文化建设的关系提供了可能。

一、问题的提出

自 1960 年 11 月沈阳军区开始宣传雷锋的模范事迹，到 1963 年 3

月毛泽东题词“向雷锋同志学习”，学雷锋活动逐渐成为我国一项制度化的群众运动，历经起伏跌宕，至今约有半个世纪之久。在这长时段里，雷锋形象不断被国家和媒体所建构和型塑，与之相应，雷锋精神也被赋予不同的内容，这些变化归根结底取决于国家的政治经济文化建设的需要与时代主题的变迁。以《人民日报》对雷锋形象的塑造为例，依据历史分期可以将雷锋形象划分为：毛主席的好战士、被“四人帮”压制的先进人物、忠于党忠于社会主义的模范、社会主义精神文明建设的先锋、社会主义物质文明的建设者。

毛主席的好战士和被“四人帮”压制的先进人物主要是在改革开放前的革命时期，雷锋精神的涵义主要包括充满阶级斗争色彩的“爱憎分明”。“爱”是爱党、爱革命领袖；“憎”是仇恨阶级敌人与旧社会。1973年3月5日《人民日报》发表的《雷锋精神鼓舞着我们前进》一文将雷锋精神概括为“爱憎分明的阶级立场”，“贯彻执行毛主席的革命路线”，“理论联系实际的革命学风”，“公而忘私的共产主义风格”。虽然无私奉献和“螺丝钉”精神始终贯穿其中，但并不是这个时期的主题。在改革开放的后革命时期，雷锋的形象是忠于党忠于社会主义的模范、社会主义精神文明建设的先锋、社会主义物质文明的建设者、道德高尚的具有民族精神的人。1978年后，国家政策中心从阶级斗争转到了经济建设上来，雷锋精神的内涵也相应出现了根本性的转折。阶级斗争的意识形态色彩日益淡化，利他主义、见义勇为、不怕困难、无私奉献的精神一再被提及。雷锋开始从一个政治符号转化为一个优秀的道德典型。1980年3月5日《人民日报》刊发的《新长征需要千千万万新雷锋》一文指出：“新长征战士需要雷锋那样爱憎分明、言行一致、公而忘私、奋不顾身的精神，也需要有雷锋那样刻苦钻研、勤奋学习、对业务精益求精的精神。”前者为社会主义精神文明建设服务，后者为社会主义物质文明建设服务。雷锋先人后己的“傻子”精神被建构出来，服务建设事业的需要干一行、爱一行的爱岗敬业精神成为“钉子”精神的新定义，这些被统称为社会主义价值观。在后革命时代，雷锋形象的建构策略也从“高大全”转向生活化、平民化。如

2003年，沈阳军区雷锋纪念馆里展出了雷锋生前戴过的手表，还有皮夹克、料子裤这些革命时代的“奢侈品”。雷锋不仅爱好文学还爱好摄影。

随着我国改革开放的深入，社会、思想、文化等领域也开始出现多元化的趋势，人们开始对学雷锋活动产生了质疑与反思，出现了关于“雷锋精神过不过时”的讨论。还有的人质疑雷锋事迹的真实性。在社会流行的大众文化中，雷锋也成为可以利用的文化资源。一些歌曲中、社会热点问题的讨论中，甚至网络恶搞作品中，都涉及雷锋。与大众对待雷锋态度的转变不同的是，国家依然延续了以往对雷锋精神内涵的不断重塑。20世纪90年代以来，“文明的冲突”越来越引起人们对全球未来发展的思考。随着知识经济和信息时代的到来，文化已经成为综合国力和国际竞争力的重要标志和组成部分，文化落后势必影响和制约经济持续快速健康发展，影响综合国力的全面提高。在中国共产党成立80周年大会上的重要讲话中，江泽民把党的建设与有中国特色社会主义文化建设联系起来，阐述了党始终代表中国先进文化前进方向的重要意义。在“5·31”重要讲话中，他再次强调要坚持先进文化的前进方向，全面建设和繁荣我国的文化事业，并明确提出要用“三个代表”重要思想统领社会主义文化建设。党的十六大报告高度概括了先进文化对于全面推进社会主义现代化事业的重要意义：全面建设小康社会，必须大力发展社会主义文化，建设社会主义精神文明。在这样的时代背景下，雷锋精神首次和先进文化产生了联系，学雷锋活动被解读为发展社会主义先进文化的有机组成部分。2011年10月15日～18日中共十七届六中全会审议通过的《中共中央关于深化文化体制改革推动社会主义文化大发展大繁荣若干重大问题的决定》对推动文化改革发展做出了部署，强调要推进社会主义核心价值体系建设、巩固全党全国各族人民团结奋斗的共同思想道德基础，并明确提出，要深入开展学雷锋活动，采取措施推动学习活动常态化。

进入2012年以来，中共中央办公厅、中华全国总工会、共青团中央等多个部委发出了深入开展学雷锋活动的相关文件，掀起了继20世纪 60 年代初、“文化大革命”时期、1989 年之后又一次向雷锋同志学习的高潮。由于此时我们国家的经济发展已经达到一定的水平，而社会文化的发展则呈现出相对滞后的状态，社会矛盾不断激化，维护国家与社会局势稳定成为当前时期的紧迫任务。故学习雷锋活动的内涵也发生了相应的变化，构建和谐社会、高尚道德、社会主义核心价值观、民族精神成为雷锋精神的新指向与新话语体系。

党的十八大报告指出，文化是民族的血脉，是人民的精神家园。全面建成小康社会，实现中华民族伟大复兴，必须推动社会主义文化大发展大繁荣，兴起社会主义文化建设新高潮，提高国家文化软实力，发挥文化引领风尚、教育人民、服务社会、推动发展的作用。扎实推进社会主义文化强国建设的一项任务就是深化群众性精神文明创建活动，广泛开展志愿服务，推动学雷锋活动、学习宣传道德模范常态化。从中可以看出，推动学雷锋活动写入党的十八大报告，成为社会主义文化强国建设的具体措施和实现路径，体现了新一代党和国家领导集体对它的重视与推崇，以及对雷锋精神的肯定与赞扬。

综上所述，雷锋形象、雷锋精神的时代变迁总是与一定的时代主题密切相关，总是与党和国家的政治经济文化建设需要相关，从而呈现出鲜明的时代性与政治性。随着后现代主义思潮的泛滥、经济的全球化与文化的多元化发展，雷锋精神日益面对被不断解构的危机，官方重塑的话语体系会受到来自各方面的挑战。因此，在全面建成小康社会的新形势下，如何重新建构雷锋形象，重新解读雷锋精神，阐明其与社会主义先进文化建设的内在联系，以更好地促进社会主义文化强国建设成为当前时期十分紧迫的任务。这不仅涉及雷锋精神的传承与延续，也指涉国家和社会的和谐、稳定与发展。

二、研究意义

学雷锋活动几经冷热轮回，绵延半个世纪之久，依然有旺盛的生命力，这不能不说是一个奇迹，也可以说是中国社会发展的一个缩影。因此，对雷锋精神的深入研究有较强的理论意义与现实意义。

1. 把雷锋精神上升到先进文化的高度是对中国传统文化与民族精神的创新与拓展。雷锋精神是在我国社会主义建设特定阶段产生的文化现象，有着较强的时代性，但也绝不是无源之水，而是有着较为深厚的历史积淀，是我国优秀传统文化的继承与发展，具有独特的民族性。雷锋精神正是在此基础上与我国社会主义建设的伟大实践相结合的产物，凝结了爱国主义精神、集体主义精神、社会主义精神，是马克思主义无产阶级价值观在我国社会主义建设中的具体体现，具有鲜明的时代性。学雷锋活动的经久不衰与历时弥新说明了其顽强的生命力与丰富的功能性作用，并且在党和国家的不间断的宣传与重构中，雷锋精神已经溶入民众的日常生活与思想观念中。在全面建成小康社会的新时期，把雷锋精神发展为雷锋文化，并看做是社会主义先进文化的有机组成部分，充分体现了我国社会主义文化建设的传承与创新，也更加丰富了中华民族精神的内涵与底蕴，是对中华民族文化发展的新贡献。

2. 研究雷锋精神与先进文化是对社会主义价值观的坚持与发展。雷锋是一名解放军战士，他有突出的阶级立场，他践行的是社会主义的价值观，这也是雷锋精神动态变迁过程中的一条主线。无论是在革命时代，还是在后革命时代，爱党、爱国、爱社会主义始终是雷锋精神不变的内涵与恒久的价值观。虽然在后革命时代雷锋形象的意识形态化色彩淡化了许多，但这并不意味着它的完全世俗化与中立化。换言之，雷锋精神始终是因国家的政治经济文化建设的需要而存在的，只不过在不同时期其表现形态不同而已。党的十八大报告指出，要加强社会主义文化强国建设，必须走中国特色社会主义文化发展道路。如上所述，雷锋精神变迁的主题是与党的十八大报告要求相契合的，故研究雷锋精神与先进文化实质上就是对社会主义价值观的创新发展，是与中国特色社会主义文化发展道路相一致的。

3. 研究雷锋精神与先进文化是在全球化背景下对自曰主义知识精英崇信的普世价值的一个回应。在全球化浪潮的席卷下，随着改革开放的日渐深入，中国已经融为世界的一个重要组成部分。西方的生活方式与价值观对民众产生了强烈的冲击，诸多领域的多元化似乎成为社会发展的一个突出特征。尤其是自由主义知识精英所推崇的自由、民主等为内容的普世价值学说，对人们的思想价值观念影响颇深。那么，有了普世价值学说，还需要雷锋精神吗？或者说，有雷锋精神我们还需要普世价值学说吗？雷锋精神是不是普世价值，也引起了人们的广泛争论。积极推动学雷锋活动，实现学雷锋活动的常态化都需要对雷锋精神开展深入的研究，也有必要对雷锋精神重新界定其科学内涵，只有这样才能回答它与普世价值的区别和联系，才能防范西方国家以普世价值为由对我国进行价值观念的输入。

4. 研究雷锋精神与先进文化是提高公民道德素质的必然要求。自新文化运动以来，我国一直是反传统的。但是，旧道德被打倒以后，新道德建设却乏善可陈，甚至可以说从来没有建立起一个良好的道德秩序。旧传统却仍然以潜在的形式或多或少地维系着人们的道德生活。市场经济体制的确立与西方消费文化的传入极大地改变了民众的思想信仰和伦理道德。对金钱与物欲的极度崇拜和追求严重扭曲了部分民众的道德观，致使人们常常感叹世风日下，人心不古。这种道德的滑坡现象是由多重因素导致的，主要原因还在于社会发展的严重滞后，道德建设并没有与经济发展同步。如何重建社会主义道德体系，并内化于民众的日常生活中呢？雷锋这个闪光的道德楷模仍然是可以利用的文化资源。

5. 研究雷锋精神有助于建立社会主义先进文化话语体系。从人类学的角度来看，文化本身是没有先进与落后之分的。一般而言，文化的功能性作用决定了其发展或衰亡。用先进来界定文化的属性本身就显得对文化认识的模糊不清，因此，先进文化的话语就显得格外的空泛与虚无，缺乏具体的标准与指向。而文化又是一个国家发展的根基，面对激烈的国际文化竞争，建立中国特色社会主义文化是当前最为紧迫的任务。雷锋精神自 20 世纪 60 年代发展到今天，已经形成了一个文化偶像，不仅有着极其丰富的内涵，也代表和昭示着中国的过去、现在和未来指向。把雷锋精神发展为雷锋文化，构建成中国特色社会主义先进文化的组成部分，有着重要的现实意义与理论价值。

第二节　国内外相关研究综述

自学雷锋活动开展以来，对雷锋铺天盖地的宣传报道就充斥了各种媒体，群众性的学雷锋运动也成为常规性的社会活动。媒体、国家与社会形成一种循环性的互动，共同把雷锋形象推向全国、让雷锋成为妇孺皆知的公众人物和民间英雄。同时，对雷锋的研究也逐渐展开，国家也出版了大量与雷锋相关的图书，如有关于雷锋日记的、有关于雷锋生平事迹的，有歌颂雷锋的，有怀念雷锋的，此外还有歌曲、话剧、电影等其他以雷锋为题材的作品。雷锋不仅在国内享有盛誉，甚至也走向国际，国外的一些学者也对雷锋展开了研究和学习。

一、国外的相关研究

国外对雷锋的研究相对来说要少一些，仅以读秀学术搜索与 google 学术搜索所见，主要是一些描述性、介绍性、宣传性的文章，而学理性的分析则较少。较早的如 Tung-lei Chen 的文章《雷锋是中国青年的好榜样》[①]，其主要内容是介绍雷锋的生活经历与英雄事迹。与之类似的文章还有《雷锋是毛主席的好战士》[②] 等。

有的学者对学雷锋活动产生的背景进行了分析，如著名史学家史景迁认为，中国为了从“大跃进”的失败中恢复过来，毛主席和部分领导人极力寻找一个解决他们政治灾难的好策略，通过这个策略可以塑造和培养新一代无私的、服从的士兵与群众[③]。美国新奥尔良大学

① Tung-lei Chen, “Lei Feng, A Fine Example of Chinese Youth”, In Communist China 1949 to the Present, New York: Random House, 1967, pp. 450 ~ 456.

② “Lei Feng, Chairman Mao’s Good Fighter”, in Chinese Civilization: A Sourcebook, edited by Patricia Ebrey, New York: The Free Press, 1981.

③ Jonathan Spence, Pei-kai Cheng, and Michael Lestz, The Search for Modern China: A Docunmentary History, New York&Company, 1999, p. 417.

Clement A. Dugue Ⅲ的硕士学位论文对20世纪60年代到2009年雷锋这一中国文化偶像的演进进行了深入的研究。他的研究结果表明，雷锋是中国的一个政治符号，这个符号随着时代的变迁而不断演化，这表明了中国共产党或解放军对雷锋高大全形象的改变。根植于雷锋身上所体现的许多优秀品质是中国人始终认可和欣赏的，雷锋的人生哲学仍然为人们所敬仰和崇信。雷锋因此而成为全国甚至全世界利他主义（altruism）精神的偶像，甚至已经融入中国文化与日常用语中。他还认为，尽管面临西方文化的冲击和经济标准的改变，但是共产党所提倡的雷锋精神已经设法融入中国社会，正如大众文化与雷锋符号数十年来的演变。时至今日，中国共产党力图把雷锋变成一个永久性的文化偶像，代表着中国的过去、现在与未来。随着时间的推移，对雷锋精神的解读也日益丰富，已经远远超出了狭隘的利他主义的范畴，甚至可以随着时代的需求而重新定义。

雷锋精神已经走出国界。据报道许多国家都有人在学习雷锋，可是西方主流媒体是如何看待学雷锋活动的呢？在全球化的背景下，有必要了解异文化是如何看待中国文化的。笔者以 Lei Feng 为检索项对 New York Times 进行搜索，发现有多篇与雷锋相关的文章。具有典型性的一篇是1998年4月16日出版的，题目为“At a Trying Time, China Revives Mao's Model Man”，作者是 Erik Eckholm。该文对中国学雷锋活动的历史进行了简要的分析，认为无论何时，只要共产党领导人为民众的士气而忧虑时，就会想起毛主席树立的好榜样雷锋，并赋予他新的生命。总之，雷锋精神就像马克思主义一样随着新时代的需要而被重新定义（being redefined）。该文还指出，许多中国人了解到多数美国人对雷锋一无所知时感到很惊讶，因为据报道美国西点军校（West Point）都在研究雷锋精神。

从以上的文章可以看出，在全球化时代，文化的冲突是不可避免的，虽然并非是敌意。这就需要我们加大对雷锋精神的深入研究和宣传，让更多的人了解、学习和践行雷锋精神。雷锋精神作为中国传统文化与社会主义文化的结合，与西方资本主义文化还有些区别，因此，断

言雷锋精神走上世界还为时尚早。总之，西方的研究还存在许多问题与局限性，但可以为我们提供借鉴和教训。

二、国内的研究状况

在党和国家的提倡下，经过数十年的积累，国内关于雷锋及雷锋精神的研究成果可谓是汗牛充栋。在读秀和中国知网中进行以雷锋为标题的检索，可以发现上万种的研究资料。但是，这些资料题材是多种多样的，有报道、回忆录、感想、报告、传记，也有学术著作等。仅就学术著作而言，由于时期不同、研究者的身份不同、研究的学科不同、研究的目的不同，这些文献也是形形色色、良莠不齐。多数的论著学术价值不大，在级别较高期刊上发表的论文很难见到，总体可以分为以下几类。

1. 对雷锋的宣传报道。自 20 世纪 60 年代初雷锋在学毛著运动中被树立为典型人物之后，就不断为各大媒体所报道，尤其是毛泽东题词“向雷锋同志学习”之后。单以国家的主流媒体《人民日报》为例，自 1961 年至 2005 年，经以雷锋为检索项在文章标题中检索，共有 1141 篇文章。除此之外，雷锋日记、雷锋传记、雷锋故事、学雷锋现象、对雷锋事迹的解读、对雷锋人生哲学的学习、学习雷锋的讲座等相类似的书籍大量出版。这些报道与著作多是宣传性质的，缺乏学理性的分析与解读。

2. 对学雷锋活动的研究与反思。学雷锋活动开展近半个世纪之久，有不少文章对其进行总结和评价。1991 年红旗出版社出版了刘巨才编写的《时代潮——中国学雷锋活动 30 年简史》，该书对中国学雷锋活动 30 年的历史进行了回顾与整理，可以说是集大成的研究成果。第一章对雷锋的生平进行了简单介绍，对雷锋精神的实质和特征、雷锋精神的伟大意义进行了总结性的阐释和理论上的概括。接下来几章依据学雷锋活动的开展情况，分阶段对学雷锋活动的历史进行展开论述，第一阶段是群众性学雷锋活动的初始阶段（1960～1963. 3）；第二阶段是群众性学雷锋活动蓬勃兴起的年代（1963. 3～1966. 6）；第三个阶段是学雷锋活动备受干扰和摧残的年代（1966.5～1976.10）；第四个阶段是群众性学雷锋活动的全面恢复和新的探索阶段（1976.10～1984.10）；第五个阶段是学雷锋活动在商品经济下的新探索（1984.10～1989.6）；第六个阶段是全民学雷锋活动向纵深发展的新阶段（1989年6月以来）。全书最后一章对雷锋精神的本质特征进行了理论上的升华，揭示了学雷锋活动的历史启示，指出了学雷锋活动的发展趋势。

也有学者将学雷锋活动概括为四个阶段："文化大革命"以前发现雷锋、宣传雷锋、学习雷锋阶段；"文化大革命"十年间学雷锋活动受到"左"的思潮的严重干扰；粉碎"四人帮"到20世纪90年代初期重新学雷锋阶段；20世纪90年代至今学雷锋活动进入新层次和空间①。

学雷锋活动中存在的一些问题也为学者所关注。如2005年第7期《当代教育论坛》发表了刘长海《学习雷锋　回到雷锋——关于"学雷锋"运动的思考》一文，文章认为当前的"学雷锋"活动中存在形式主义倾向，并倡导回到雷锋的精神实质。2007年上述期刊登了萧坊《不识雷锋：传统榜样教育的尴尬》一文，该文指出，学生之所以不熟悉雷锋，是因为雷锋这个道德符号已经被神化，仅仅是一个象征。

3. 对雷锋精神的研究。这类的论文占据了论文类的大部分，基本上是对雷锋精神进行解读、界定，提出雷锋精神的内涵、特征、内容以及表现。既有对雷锋精神各个时期内涵的探索，也有对当代雷锋精神新发展与当代价值的研究。如高新《从理性的高度把握雷锋精神——关于雷锋精神的探讨综述》② 一文认为，"雷锋精神就是中华民族传统美德与共产主义光辉思想相结合的典范，是我国人民步入社会主义新时代所产生的主人翁精神的体现"。有的学者把雷锋精神的内涵概括为四个方面③，也有学者提出六个方面④。较为全面的提法是罗文章《雷锋精

① 陈勇：《学雷锋活动的历史回顾》，《道德与文明》1993年第3期。

② 载《理论探索》1990年第2期，第76页。

③ 王易：《雷锋精神的时代内涵》，《人民日报》2012年3月5日。

④ 杨信礼：《深刻理解和积极实践雷锋精神》，《光明日报》2012年3月5日。

神的时代意义与永恒价值》[①] 一文，他把雷锋精神的实质与核心概括为八个部分：全心全意为人民服务；为了人民的事业无私奉献；具有内在的先进性；浓厚的民族性；广泛的群众；强烈的实践性；广阔的拓展性；永恒的传承性等。也有学者认为，以往对雷锋精神的界定一直存在过度拔高的倾向，弱化了其社会意义，这是雷锋精神时常遭遇尴尬的深层根源。雷锋精神是一个由多维价值构成的观念体系，除了传统主流媒体宣传的共产主义精神外，更包含丰富的人文精神和普世价值[②]。

多数的学者都注意到了雷锋精神不是一成不变的，而是有一个动态的变化过程。换言之，雷锋精神是与时俱进的，总是与时代的发展相同步的。黄中平认为，雷锋精神是坚持把民族传统、顺应时代潮流的思想观念融入其中，是一个与时俱进的标杆。推进雷锋精神时代化，既有内容的时代化，又有形式的时代化[③]。张博颖关于雷锋精神研究的综述表明，雷锋精神是“变”与“不变”的统一，应当辩证地对待雷锋在当时的社会政治文化语境中的行为，雷锋精神是与时俱进的，它总是体现着各个时代新的主题[④]。湖南省公民道德研究基础课题组的研究表明，在新中国的历史进程中，雷锋精神已经超越了雷锋本人的人格、品质和操守的范围，不断为历史与现实所赋意，从根本上体现的是中国共产党人领导中华民族在社会主义革命、建设和改革开放、建设社会主义和谐社会的伟大实践中自觉探索、选择培养高尚人格、营造道德风尚、建构精神家园的路径、模式和目标的过程与结果。其本质内涵是：时代精神与中华民族传统美德的有机结合，崇高远大的理想与平凡务实的行为的

---

① 载《马克思主义研究》2012 年第 3 期，第 98 页。

② 刘晨晔：《人文雷锋精神是助推和谐社会建设的宝贵思想财富》，《中共天津市委党校学报》2011 年第 4 期。

③ 黄中平：《雷锋精神时代化和学雷锋活动常态化——2012 年雷锋精神论坛综述》，《求是》2012 年第 6 期。

④ 张博颖：《九十年代“雷锋精神”研究一瞥——本刊发表“雷锋精神”研究文章的情况回顾》，《道德与文明》2003 年第 3 期。

统一，集体奉献与个人创造的统一①。

不同的时代，不同的学者对雷锋精神的解读也有不同。有学者探讨了雷锋精神与社会主义核心价值观之间的联系。康风云等指出雷锋精神既植根于社会主义核心价值体系的文化土壤，又是社会主义核心价值体系的生动体现，两者是有机统一的②。也有学者认为雷锋精神是社会主义核心价值体系的结晶，弘扬雷锋精神对推进社会主义核心价值体系具有重大价值③。有的学者把雷锋精神与“三个代表”思想进行了联系，认为雷锋精神与“三个代表”思想是高度统一的④。周扬对雷锋精神与社会主义核心价值体系之间的关系进行讨论，并指出雷锋精神是社会主义核心价值体系的人格化。社会主义核心价值体系作为一套抽象的理论体系，存在着不可避免的抽象性和概括性。雷锋精神对其作出了生动诠释和展现。社会主义核心价值体系支持着新时期雷锋精神的延续和发展。从某种意义上讲，雷锋精神是包括在社会主义核心价值体系之中的。雷锋精神之所以能够在经历“文化大革命”的曲折和改革开放的“洗礼”后仍然保持强大活力，正是由于社会主义核心价值体系为它提供了肥沃的土壤和不竭的动力，从而保证了雷锋精神发展的正确方向⑤。

有学者对雷锋精神的大众化问题展开了讨论，认为学雷锋活动是实践层面，雷锋精神研究是理论层面。坚持学雷锋活动的常态化，必须推

---

① 湖南省公民道德研究基地课题组：《论雷锋精神的本质特征、时代意义和实践路径》，《伦理学研究》2012 年第 2 期。

② 康风云、张渶麟：《论雷锋精神与社会主义核心价值体系建设》，《社会主义研究》2012 年第 4 期。

③ 周志平、王蔚：《雷锋精神效用与社会主义核心价值体系构建》，《重庆社会科学》2012 年第 3 期。

④ 邵守帧、张合进、陈晶：《坚持“三个代表”重要思想大力弘扬雷锋精神》，《北京人民警察学院学报》2004 年第 3 期。

⑤ 周扬：《雷锋精神永不过时——关于雷锋精神的三点思考》，《兰州学刊》2012 年第 3 期。

进雷锋精神的大众化。所谓“大众化”，既是将雷锋精神由抽象到具体、由理论到通俗、由被少数人理解到广大民众接受和认可的过程，也是雷锋精神获得民众支持，内化为民众自觉行为，融入民众日常生活的过程。有学者提出，实现雷锋精神大众化可以从三方面进行，即灌输教育，实现内容与形式的结合，实现雷锋精神与实践相结合①。张书林认为，要公开承认雷锋精神大众化的层次性、群体标准的差异性、表现形式的多样性，使雷锋精神在民众信仰中沉淀为一种“共同但有区别”的价值理念②。

雷锋精神与传统道德的继承关系为多数学者所关注。邵龙宝认为，要改变学雷锋活动的走过场，就要从雷锋精神中寻找一种内在的价值，找到其根源性、母体性和民族性的文化底蕴和根性。他指出，雷锋精神充盈着儒家的“仁心”与“爱心”，蕴含着中国人的“良知”，它与儒家知行合一说，自强、厚德等精神都有着内在契合③。

针对社会上长时间以来出现的淡化雷锋、否定雷锋的思潮，有的学者进行了反驳。郑小九指出，雷锋精神既不是人为“制造”出来的，也不是政治“造神运动”的产物，而是自然“生成”的。中华优秀传统道德、中国革命道德、社会主义道德是雷锋精神的深刻思想渊源。社会主义制度的建立、社会主义建设的热潮、社会主义新文化的发展构成了雷锋精神的坚实基础④。韩东屏从无私奉献与按劳取酬、为人民服务与经济效益、助人为乐与竞争意识、做一颗“螺丝钉”与自我实现来论述雷锋精神与20世纪90年代社会价值取向的一致性，驳斥了雷锋精

---

① 周杨：《新时期正确认识和弘扬雷锋精神》，《福建社会主义学院学报》2012年第2期。

② 张书林：《雷锋精神应该时代化、大众化》，《中国党政干部论坛》2011年第7期。

③ 邵龙宝：《雷锋精神的传统德性意蕴及其当代价值》，《兰州学刊》2012年第3期。

④ 郑小九：《雷锋精神：制造的，还是生成的?》，《学校党建与思想教育》2010年第12期。

神过时论①。

由于雷锋精神的研究涉及很多方面，成果也较多，有学者专门对此进行了历史考察。陈敏、曾令辉的文章从雷锋形象的塑造到雷锋精神的挖掘，由雷锋言行的宣传到雷锋精神时代化的阐释，由学雷锋活动的常态化到雷锋精神的大众化，分专题对以往的研究概况进行了梳理，并对一些问题提出了自己的观点②。虽然不是很全面，但也可供后来的研究者参考。

4. 雷锋作为被建构的政治符号的研究。后现代思潮的泛滥使人们对以往的话语产生了重新审视的冲动，人们渴望通过对话语背后的权力关系展开剖析以取得新的认知。雷锋的榜样作用经久不衰，人们更希望探寻其背后隐藏的一些东西，更渴望对它进行解构。利用社会学、新闻学的理论，学者们提出雷锋是党和国家通过各种媒介不断建构的一个政治符号，其目的不过是寻求国家政权的合法性，从思想上增加国家的凝聚力，以共度时艰。雷锋形象的塑造是形式，雷锋精神的建构是内容，时代的需要是契机，社会主义价值观是核心。

陈阳通过对《人民日报》关于宣传雷锋的文章展开统计分析，把雷锋形象塑造分为五种，并指出，雷锋的典型报道承担着宣传任务：当党和国家以阶级斗争为先时，就为阶级斗争服务；当党和国家转向经济建设时，就为经济建设服务；当党和国家对社会风气不满时，就重塑社会道德感。雷锋这一典型人物形象在不同时代被赋予不同意义，能够帮助我们理解政治、社会与媒体之间的关系③。

陶东风、吕鹤颖的研究告诉我们，雷锋形象是国家意识形态的重要组成部分，出于特定历史时期的意识形态教育的需要，革命时期的雷锋

---

① 韩东屏：《雷锋精神与当代社会价值取向》，《湖北社会科学》1991 年第 3 期。

② 陈敏、曾令辉：《雷锋精神研究视域的历史考察》，《学校党建与思想教育》2012 年第 11 期。

③ 陈阳：《青年典型人物的建构与嬗变——以〈人民日报〉为例》塑造的雷锋形象（1963 ~ 2003）》，《国际新闻界》2008 年第 3 期。

被塑造为一个政治道德典型，其所体现出来的具体内涵也始终兼具国家认同建构与政党意识形态宣传的双重使命。而在后革命时代，雷锋形象的政治意义逐渐淡化，并向具有普泛意义的抽象的道德符号转化。但到网络时代，雷锋形象遭到恶搞，体现了人们从意识形态道德化转向了道德虚无主义，根本原因在于我们缺乏公民政治与公民道德，而这是我们今天更需要的①。

同样是以《人民日报》关于雷锋形象的塑造为研究对象，靳赫的研究则对雷锋精神宣传的意涵框架进行了划分。在革命时代，宣传的意涵框架主要是阶级斗争；改革开放初期，主要是社会主义价值观；深化改革时期，主要是促进经济建设；近些年主要是和谐、道德、民族精神等能起到凝聚人心、净化风气和维持稳定的意涵②。

5. 网络时代对雷锋的质疑、恶搞以及是不是普世价值的争论。雷锋形象的建构性已经为学界所公认，但这只是近几年的事。国家对言论控制的相对宽松以及网络给个人提供了表达意见的空间，这为人们了解更多事情的真相提供了便利。和讯博客上署名穆正新的作者撰写了一系列的文章对雷锋英雄事迹及其照片进行质疑，引起了网络上的大论战。如前所述，西方一些学者本来就对雷锋事迹表示怀疑。澳大利亚作家西蒙·莱斯（Simon Leys）从另一个角度提出问题，“摄影师怎会那么凑巧出现在这个身份低下、迄今寂寂无闻的士兵一生中的各种场合？”③。这些质问无疑在不断消解党和国家所建构起来的光辉的雷锋形象，不断蚕食学雷锋活动的合法性。

在后革命时代，消费文化与娱乐文化的盛行也在不断改变人们对革命时代偶像的看法，其神圣性、庄严性逐渐世俗化、大众化。雷锋不断

---

① 陶东风、吕鹤颖：《雷锋：社会主义伦理符号的塑造及其变迁》，《学术研究》2010 年第 12 期；吕鹤颖：《雷锋形象的文化建构》，首都师范大学硕士学位论文，2009 年。

② 靳赫：《党报学雷锋报道的嬗变——以〈人民日报〉为例》，兰州大学硕士学位论文，2012 年。

③ ［美］苏珊·桑塔格：《论摄影》，上海译文出版社 2008 年版，第 174 页。

出现在流行歌曲、网络游戏、恶搞段子，甚至避孕套包装盒上，与其说是人们对那个年代的怀念，不如说是对意识形态化的无情嘲讽，或者说是人们自主意识的醒悟。如何顺应这种时代的变迁以及重建雷锋形象是值得人们思考的问题。

综上所言，关于雷锋精神的研究已经全面铺开，并且有大量的成果出版，这是值得庆贺的地方。然而，仅笔者目光所及，现有的研究仍然存在许多问题亟待解决。

其一，应该区别真实的雷锋形象与建构的雷锋形象，而不能把两者混为一谈。不然，我们很难理解其中许多吊诡的现象。学术，天下之公器也。我们应该告诉公众真实的雷锋形象，这并不妨碍我们对雷锋精神的研究与提倡。一个民族的英雄人物应该是真实而平凡的，而不是神秘和庄严的。理性化的过程也是一个“祛魅”的过程。我们研究的路径应该是，国家是如何建构雷锋形象的，其在国家文化建设中的意义与价值何在。

其二，应对雷锋精神的概念做出明确的界定。从逻辑学的角度讲，一个概念必须要有明确的内涵与外延。雷锋精神作为一个存续时期较长的历史性的政治与文化现象，经过层层建构，其内涵必定十分丰富，但也不是无穷无尽，无边无沿。对其动态的演化轨迹必须交代清楚，将其阶段特征划分明确。

其三，研究雷锋精神必须贯彻科学发展观。科学发展观是以人为本的发展观，是对人的全面解放，使人们获得自由的发展观。以往的研究更多的是强调雷锋的奉献精神，利他主义，助人为乐。但是，谁为“雷锋”服务呢？以人为本意味着要尊重每个公民的自主权和选择的权利。在当前多元化的社会里，人们的价值观念与伦理道德观念必定不同。“己所不欲，勿施于人”的观念前提是，大家的伦理道德观念是一致的；不然，你怎么知道你不想要的，别人一定不想要，所以它已经不适合当前社会的发展状况。人们相互之间交往应该是“人所不欲，勿施于人”。尊重他人的权利，不以己度人，这才是和谐的、以人为本的伦理道德观。

其四，研究雷锋精神必须与培养公民意识相联系。雷锋形象的建构与宣传实质上仍然是中国传统的人治策略，即号召民众向榜样学习。这样，榜样必须是完美无缺的，否则就会影响其效用。但现实生活中十全十美的人是极其罕见的，通过建构来塑造形象无疑也会使其效用大打折扣。然而，培养公民意识却能够避免这个问题。每个公民都遵守自己法定的权利与义务，而法律的标准是统一的，较少受到人为因素的影响。研究雷锋精神与培养公民意识相结合，才能更好地提倡雷锋精神。

其五，研究雷锋精神必须与党和国家当前的中心任务相结合。雷锋精神作为党和国家的一种政治与文化建构，在过去是，在现在是，在将来也依然是。它仍然要服务于国家的政权合法性建设与文化建设。在党的十八大报告提出要加强有中国特色社会主义文化强国建设的背景下，如何重新定义雷锋精神以适应时代的需要将是未来研究的方向和主要任务。

其六，雷锋精神研究有必要从政治化研究转向学术性研究。雷锋精神具有多种属性，不仅是国家的政治符号建构，也是一种历史文化现象。更多地从学术的路径展开研究可以更好地服务于国家的文化建设。

第三节　雷锋精神与先进文化的内涵解析

一、文化视角下的雷锋精神

宽泛地讲，文化是一种社会现象，是由人们在长期生产劳动中创造形成的知识体系、价值观念、生存方式等构成的；同时又是一种历史现象，是一个国家和民族的精神和智慧的积淀与凝聚。因此，文化具有多样性和差异性。一定的文化是一定的社会经济和政治在观念形态上的反映，同时又给一定的政治和社会经济的发展以巨大的反作用。以文化的视角来看雷锋精神，实质上就是把雷锋精神视作一种价值观念、一种文化现象，视作人们的一种行为方式与思想体系。

从历史的长时段上看，任何文化的发展都具有继承性、连续性，而不会凭空产生一种新文化。几千年的艰难生活磨炼早已使中国农民养成了勤俭节约、吃苦耐劳、互惠互助、与人为善的优良传统。这并不是他们的选择，而是在生活中应对苦难逐渐养成的习惯，随着年代久远就渐渐内化为他们生活的自觉。正如布尔迪厄所言，当一味强调主体能动性和自由选择性时，人们忽略了行动者身体中被内化的社会惯例和社会制度，正以行动者难以知觉的方式引导他们的实践。雷锋出生在一个贫寒农民家庭，又是一个孤儿，所以从小就继承了中国农民的简朴节约，吃苦能干的好传统，否则他可能就活不下来。他从小失去亲人，依靠别人的帮助长大，无疑使他接受了乡村互惠的人际交往原则和知恩回报的感恩心理。他在党和国家的帮助下学习成长，自然使他对党和国家产生了信任与感恩的心理。

从社会层面上看，1949 年后，新政权的建立使国内赢得快速发展的和平机会，国家采取种种措施加快对社会的改造。1956 年“三大改造”基本完成以后，社会主义制度就在中国建立起来。国家的指导思想是马克思主义、列宁主义、毛泽东思想，社会主义性质的政治体制与计划经济体制也已经建立。1958 年，人民公社化后，农民走上了集体化道路，为向农民宣传集体主义、社会主义价值观奠定了经济和社会基础。而急切实现共产主义梦想的现实需要也要求加强人民思想上的改造。“共产主义是天堂，人民公社是桥梁”的口号尽人皆知。在此大背景下，1963 年毛泽东题词“向雷锋同志学习”，其他领导人也纷纷题词，号召民众学习雷锋，共同营造了一个学习雷锋的新高潮，这些题词先发表在《解放军报》。符合宣传条件的政治立场坚定的解放军战士雷锋就是在这样的背景下被时势造成英雄人物的。一个仅小学毕业的农村孩子，当了两年多的兵就具有共产主义品格，似乎是一个奇迹。

在整个 20 世纪 60 年代，中国社会处于历史的大变局中。一方面，社会主义建设要快速发展，同时面临着经济的严重匮乏和国际上的反华压力；另一方面，“左”的意识形态又决定了这个时代是特别需要精神鼓舞的。大庆精神、红旗渠精神、大寨精神等，这些精神范式表明，只要有了奋斗精神，任何困难都是可以克服的。这也证明，这个年代的中国人是需要精神，需要理想，需要志气的。雷锋只是这个时代众多模范人物中的一个，雷锋精神也是这众多时代精神之一。而这些精神的力量来源则是毛泽东思想。随着《毛泽东选集》第四卷和《毛主席语录》的出版，活学活用毛泽东思想被贯彻到各个领域。雷锋作为学毛著的模范，学雷锋就是学习他忠于毛主席、忠于党的政治立场坚定。

改革开放之后，在发展商品经济条件下，如何正确处理个人利益、集体利益和国家利益之间的关系成为迫切需要解决的问题。有的人一切向“钱”看，因私损公，不择手段，同时，商品价格“双轨制”导致了腐败问题的发生。所以，此时期的学雷锋主要强调社会主义价值观，避免商品经济发展的负面影响。发扬雷锋先人后己的“傻子”精神被概括出来。“螺丝钉”精神在这一时期指服从建设事业的需要，干一行爱一行。“钉子”精神也做了进一步的阐发：“勤奋学习，刻苦钻研，努力掌握为人民服务的本领，做一个又红又专的社会主义建设人才。”在20世纪90年代之后的深化改革时期，学雷锋强调敬业精神，强调岗位学雷锋，大力促进经济建设。1990年3月5日的《人民日报》发表《雷锋永远是我们学习的榜样》，指出雷锋精神是一种奉献精神、牺牲精神，是共产主义精神同中华民族传统美德的结合。它的核心是共产主义精神。江泽民也曾发表讲话，认为雷锋精神的实质是全心全意为人民服务，为了人民的事业无私奉献。1993年以后，对雷锋精神的探讨主要是与公民的道德建设结合起来。近年来，由于稳定是压倒一切的大局被反复强调，维护社会稳定、和谐也成为雷锋精神意涵的主要变化。人们纷纷探讨弘扬雷锋精神与促进和谐社会建设之间的联系。

雷锋精神持续的时间长，影响的面大，学习的人多，在20世纪60年代以来的各个时期都起到过重要作用。经过不断的丰富和发展，雷锋精神已经形成了一个比较全面的思想文化体系，已经超越了雷锋个人的狭隘范围，有着自己独特的内涵。大致可以分为两部分：一是意识形态方面，主要包括社会主义价值观，爱党、爱国、爱社会主义，全心全意为人民服务的共产主义品格等。二是个人道德品质方面，主要有奉献精神、牺牲精神、乐于助人、勤俭节约、爱岗敬业、言行一致、刻苦钻研等。由上述内容可以看出，雷锋精神关于个人道德品质方面的内容是具有普世性的。在世界许多地方和国家，人们也乐于帮助别人，并非都是见死不救。勤俭、敬业、乐于助人可以说是人类共有的高尚品质。可见雷锋精神与普世价值有交叉的部分。但两者也是有根本区别的，比如，普世价值的核心内容是自由、平等和民主，而雷锋精神却缺乏相应的内容，其强调的是对政权的忠诚与服从，看重的是奉献精神和牺牲精神而不是个人的权利和自由。或者说，雷锋精神的价值取向是社会主义制度，而普世价值的价值取向是资本主义制度。因此，两者不能完全等同。

总之，雷锋精神是在特殊年代产生的一种时代精神，除雷锋本人所具备的一些优秀道德品质外，也离不开党和国家的政治建构，反映了当时的特殊的政治经济文化特征。在改革开放时期，随着时代主题的变换，党和国家也赋予雷锋精神不同的时代特色，从而使其内涵更加丰富，远远超出了雷锋本人的品格、道德与精神的范围，更具有了时代性、拓展性、开放性、先进性。雷锋精神从根本上体现了中国共产党领导中国人民在社会主义革命、社会主义建设、实行改革开放、构建社会主义和谐社会、全面建成小康社会的伟大实践中“自觉探索、选择、培养高尚人格，营造道德风尚，构建精神家园的路径、模式和目标的过程与结果”①。

二、先进文化的内涵

自 2002 年江泽民提出了“三个代表”重要思想以来，先进文化也成为学者研究的对象。但什么是先进文化却没有多少人能说得清楚。有学者认为：先进文化作为人类文明进步的结晶，是作为特定历史时期文化中引领发展方向和潮流的最进步的部分，是健康的、科学的、积极向

① 湖南省公民道德研究基地课题组：《论雷锋精神的本质特征、时代意义和实践路径》，《伦理学研究》2012 年第 2 期。

上的文化，它既能反映社会发展的规律，又能揭示社会未来的发展方向，对社会政治、经济的发展起着促进作用①。有学者扩大了对先进文化内涵的理解，提出先进文化是人类文明进步的结晶；是推动人类社会进步的精神动力和智力支持，对社会整体进步起巨大的促进作用；是代表时代发展的主流和前进方向，体现着时代精神的特质，在实践中起先导、领导作用的文化；是一种健康、科学、文明、向上的精神生活方式；是人类精神生活中真善美的具体体现②。有的学者指出当代中国先进文化有六方面的基本内涵：以马克思主义为指导；以培养“四有”新人为目标；服从和服务于党在社会主义初级阶段的基本路线，为改革开放和现代化建设提供精神动力和智力支持；继承和发展中华民族的优秀文化传统；面向世界，吸收和借鉴外来先进文明成果；面向大众，由群众创造又服务群众③。

还有一些类似的关于先进文化的概念，但这些概念只是告诉我们先进文化的一些内涵和特征，只是一些应然的东西，却没有较为明确地说出“是什么”。其实，以先进与否来界定文化是个值得考量的问题。因为什么是文化在学界从来没有人能说明白。据有的学者统计，学术界关于文化的定义有数百种。文化的内容说不清楚，自然无法以先进与落后来简单划分。江泽民提出代表先进文化的前进方向，无非是以马克思关于人类社会发展的五种形态理论为依据，认为社会主义要比资本主义高级，是目前人类社会发展较高阶段，因此，社会主义文化是先进文化，相对而言，资本主义与封建主义文化都是落后文化。从理论上似乎说得通，但是在现实中却很容易产生混乱。资本主义的科学技术不体现生产力发展要求吗？资本主义经济的快速发展不代表人类文明的发展方向吗？显然类似的问题难以回答，这些问题还值得进一步的思考。

---

① 李建群、杨晓英：《建设先进文化，促进精神文明》，《思想理论教育导刊》2002年第5期。

② 朱敏彦：《论当代中国先进文化的内涵》，《东南大学学报》2002年第6期。

③ 徐腾：《论当代中国先进文化的内涵》，《东南大学学报》2002年第6期。

当然，江泽民提出代表先进文化前进方向只是一个理论的概括，具体的问题还需要后人去解决，这并不否认该理论所具有的现实意义，它给社会主义文化发展提出了更高的要求。相当多的学者还是根据江泽民的谈话来界定先进文化的内涵。下面从党对先进文化的提法进行梳理，进而来分析当代中国先进文化的内涵是什么。

从江泽民的谈话中可知，所谓“先进文化”，是体现生产力发展要求，代表人类文明的发展方向，代表广大人民群众的根本利益，推动社会历史前进的文化。江泽民在“七一”讲话中明确指出：在当代中国，发展先进文化就是发展有中国特色社会主义的文化，就是建设社会主义精神文明。党的十五大报告中对发展有中国特色社会主义的文化作了精辟概括：以马克思主义为指导，以培养有理想、有道德、有文化、有纪律的公民为目标，发展面向现代化、面向世界、面向未来的、民族的科学的大众的有中国特色社会主义文化。党的十六大报告把建设中国特色社会主义文化与建设中国特色社会主义政治、经济一道，共同纳入全面建设小康社会的基本内容和奋斗目标。

党的十七大从中国特色社会主义事业“四位一体”总体布局的战略高度，提出了掀起社会主义建设新高潮，推动社会主义文化大发展大繁荣的战略任务。党的十七届六中全会对“深化文化体制改革、推动社会主义文化大发展大繁荣”作了全面部署，制定了建设社会主义文化强国的宏伟目标，对发展社会主义先进文化提出了更加明确的要求。

党的十八大报告指出，建设社会主义文化强国，必须走中国特色社会主义文化发展道路，坚持为人民服务、为社会主义服务的方向，坚持百花齐放、百家争鸣的方针，坚持贴近实际、贴近生活、贴近群众的原则，推动社会主义精神文明和物质文明全面发展，建设面向现代化、面向世界、面向未来的，民族的科学的大众的社会主义文化。

从以上党和国家对先进文化的一系列论述可以看出，党的十八大报告中的先进文化理论是在以往提法的基础上所作的进一步的总结和概括，体现了当代中国先进文化理论的最新发展。依据党的十八大报告的论述可以将当代中国先进文化的内涵分为以下几个部分。

1. 必须坚持中国特色社会主义理论为指导。所谓“中国特色社会主义理论体系”，就是包括邓小平理论、“三个代表”重要思想、科学发展观在内的科学理论体系，是对马克思列宁主义、毛泽东思想的坚持和发展。中国特色社会主义理论是在党的带领下中国人民经过数十年艰苦卓绝的革命斗争得来的经验总结，也是我国历史发展的必然结果和劳动人民的自主抉择。以毛泽东同志为核心的党的第一代领导集体带领全国各族人民完成了新民主主义革命，建立了新中国，确立了社会主义基本制度，为新的历史时期开创中国特色社会主义提供了宝贵经验、理论准备、物质基础。以邓小平为核心的党的第二代领导集体实行改革开放，把工作重心转移到经济建设上来，提出了社会主义初级阶段的理论，成功开创了中国特色社会主义理论。以江泽民为核心的党的第三代领导集体确立了社会主义初级阶段的基本经济制度和分配制度，开创全面改革开放新局面，推进党的建设新的伟大工程，成功把中国特色社会主义推向 21 世纪。新世纪新阶段，党中央提出构建社会主义和谐社会、加快生态文明建设，形成有中国特色社会主义事业总体布局，着力保障和改善民生，促进社会公平、正义，推动建设和谐世界，推进党的执政能力建设和先进性建设，成功在新的历史起点上坚持和发展了中国特色社会主义。因此，先进文化建设必须坚持以中国特色社会主义理论为指导。

2. 必须坚持为人民服务、为社会主义服务的方向。我国是人民民主专政的社会主义国家，人民是国家的主人翁，享有管理国家的权力，这必然反映在社会主义先进文化建设中。全心全意为人民服务是我党的一贯宗旨，无论何时都不能背离，同时，人民群众不仅是文化的消费者，也是文化的创造者，因此，先进文化的建设必须坚持为人民服务的原则，满足人民群众的精神文化生活需要。社会主义制度是我国的基本社会制度，文化是一定政治、经济基础在观念上的反映，同时又会起到反作用，所以，先进文化建设必须为社会主义服务，不断宣传、推动我国社会主义制度的发展和完善。如果脱离了社会主义制度，先进文化建设就会成为无源之水，失去依托的根本。

3. 坚持“百花齐放、百家争鸣”的方针。1956年2月毛泽东在一次谈话中提出“百花齐放、百家争鸣”的对待知识分子放松控制的政策。鼓励独立思想和自由讨论，知识分子可以对文学、艺术、科学等方面的问题进行自由批评，表达、坚持、保留自己的观点。这样一方面给予知识分子一定程度的自由，以获得他们的合作；另一方面也允许他们有批判官僚主义和教条主义的权利。但是，后来的反右斗争却破坏了这一方针。党的十八大报告重新提出这一方针具有特别重要的现实意义，反映出党和国家对知识分子在先进文化建设中的作用极其重视。文化的多元性和差异性是其固有的内在属性，文化建设必须尊重这一文化发展规律，否则就容易导致文化霸权的出现。我们自己不搞文化霸权，当然也要反对西方的任何文化霸权主义。全面建成小康社会，实现中华民族伟大复兴，必须推动社会主义文化大发展大繁荣，而只有坚持文化发展的“双百方针”才能为文化发展提供更多的自由空间，才能促进文化的大发展大繁荣。

4. 以“贴近实际、贴近生活、贴近群众”为原则。先进文化是体现生产力发展要求、体现最广大人民根本利益的文化，因此，文化建设必须结合社会生产、群众生活的实际情况，服务于实际、服务于生活、服务于群众、服务于社会生产劳动，满足群众日益增长的文化生活需要，而不是脱离现实、脱离群众生活的虚无主义、形式主义。只有这样，先进文化才能为群众所接受，才能内化为群众的自觉。先进文化建设若是脱离了群众的实际生活，则很难起到引领风尚、教育人民、服务社会、推动发展的作用。高高在上的空洞的说教只会引起群众的厌恶和憎恨。这就要求文化建设必须处理好精英文化与大众文化、雅文化与俗文化、主流文化与非主流文化、城市文化与乡村文化的区别与联系。党的十八大报告最新提出的“三贴近”原则保证了文化下基层、下乡村、下工厂，体现了党和国家关注民主，构建和谐社会的发展道路。

5. 以“物质文明、精神文明全面发展”为目标。党的十五大报告提出的以培养有理想、有道德、有文化、有纪律的公民为文化建设的目标，仅仅把眼光局限于对人的培养，显得过于狭隘。党的十八大报告提出以物质文明和精神文明全面发展为目标，超脱了仅是培养人的局限，而把文化建设提高到中华文明发展的层次，立意更高，目标更宏伟远大，也更符合全面建成小康社会的宏伟蓝图。物质文明与精神文明的全面发展表明党和国家力图改变以往一手硬、一手软的不平衡发展问题，改变文化建设滞后于经济发展的现状。因为当前许多社会问题皆是由于这种不均衡发展所造成的，业已影响到社会的整体发展。物质文明与精神文明全面发展意味着，物质文明的发展必须为精神文明的发展提供物质基础与经济支持，而精神文明的发展则必须以物质文明的发展为中心，为其提供智力帮助与文化支持。

6. 以“面向现代化、面向世界、面向未来”为特点。文化的发展面向现代化，就是说建设社会主义先进文化要同国家实现现代化的诉求相结合。文化的发展既要为现代化建设事业提供智力支撑、人才支持、道德支持，也要适应现代化的历史进程，不断实现自身的现代化。中国封建文化存在的历史悠久，对民众的影响较为深远，甚至根深蒂固。先进文化的发展必须面对如何去除旧文化的影响，使自身走向现代化、理性化的问题。文化的发展要“面向世界”意味着，文化建设的开放性。在日益全球化的背景下，每个国家都必须面对异文化的冲击和影响。我国先进文化的建设必须要在继承本民族优秀文化的基础上，吸收其他民族文化的精华。既开放，又包容，才能更好地促进先进文化的快速发展。文化发展面向未来，是说要深刻把握历史发展规律，把握中国特色社会主义建设的规律，要有前瞻性，着眼于中华文明的长远发展，在全球化的浪潮中屹立不倒，能够在世界文化发展中占有一席之地。

7. 以“民族的、科学的、大众的”为发展要求。所谓“民族的”，就是带有中华民族的特色，是以民族的形式表现出来的，是对民族文化传统的继承与创新。凡是世界的，必是民族的；世界的也必须体现民族的特色。我们必须继承中华民族的优秀文化，并吸收世界其他民族的先进文化，进而形成有中国特色社会主义文化的独特特征。同时，也尊重其他民族的文化发展。所谓“科学的”，就是以科学的态度和精神对待其他文化，并将科学的发展观贯穿于文化建设之中。文化是多元性的。既然有先进文化，就会有落后文化，对待落后文化就要采用科学的态度。先进文化不会凭空产生，势必从落后文化中产生并发展起来，因此，他们是相互依存的关系。只有当先进文化得到充分发展时，落后文化才会逐渐退出历史的舞台，所以不能违背文化发展的内在规律而人为地去消灭落后文化。江泽民在建党 80 周年大会上的讲话指出，对中华民族的优秀文化传统，党和人民从五四运动以来形成的革命文化传统，要积极继承和发扬，任何时候都不能丢；对我国历史上几千年来的文化遗产应该取其精华，去其糟粕，结合时代精神加以继承和发展，做到古为今用；必须结合新的实践和时代要求，结合人民群众精神文化生活的需要，积极进行文化创新。所谓“大众的”，是指先进文化必将是来源于大众，服务于大众，根植于人民大众的生活实践、劳动实践，并能为他们所接受和践行的文化。离开了大众的文化，只能是权贵的文化、精英的文化。

综上所述，当代中国先进文化的内涵就是以中国特色社会主义理论为指导的，坚持为人民服务、为社会主义服务的方向，坚持百花齐放、百家争鸣的方针，坚持贴近实际、贴近生活、贴近群众的原则，推动社会主义精神文明和物质文明全面发展，建设面向现代化、面向世界、面向未来的，民族的科学的大众的社会主义文化。

第四节　雷锋精神与当代中国先进文化的内在一致性

雷锋精神是党和国家多年来一直大张旗鼓宣传和推崇的，全民学雷锋活动已经制度化、常态化，并且雷锋精神也为多数民众所接受和认可。实际上，无论是主流文化还是大众文化，雷锋精神都已经成为其不可或缺的一部分。但是，这两者之间有什么区别和联系，下面从三个方面展开具体讨论。

一、雷锋精神与先进文化的理想追求具有内在一致性

先进文化，是体现生产力发展要求，代表人类文明的发展方向，代表广大人民群众的根本利益，推动社会历史前进的文化。当代中国的先进文化就是有中国特色社会主义文化。社会主义文化是建立在社会主义政治制度与经济制度之上的，其发展前景是实现共产主义。雷锋精神是中国社会主义政治、经济和文化的产物，体现着马克思列宁主义的思想立场和共产主义的伟大理想，是马克思列宁主义理论和共产主义思想的一种具体体现。因此，雷锋精神与先进文化的理想追求具有内在的一致性。党的十七届六中全会部署文化大发展大繁荣时，就已经把学雷锋活动纳入其中，党的十八大报告同样提出，要推动社会主义文化大发展大繁荣，要推动学雷锋活动，学习宣传道德模范常态化。可见弘扬雷锋精神已经是中国特色社会主义文化的一个组成部分，是社会主义核心价值体系题中之意。

在当前来看，弘扬雷锋精神有利于构建和谐社会。当前社会面临的突出任务是构建和谐社会，这也是文化发展的服务目标。社会和谐是中国特色社会主义的本质属性，也是在新的历史条件下夺取有中国特色社会主义新胜利的一个基本要求。雷锋精神所具有的丰富内涵也能起到“引领风尚、教育人民、服务社会、推动发展”的作用，更有利于构建和谐社会。和谐社会是公平的社会。当前社会突出的一个问题就是贫富差距日渐拉大，不公平，有失正义的地方还很多。许多人只讲求向社会索取而不想付出，只想享受权利而不尽义务。官员贪腐、商人偷税漏税、灰色收入畸高，这些现象明显有失公平，导致群众的严重不满。宣传雷锋的奉献精神，先人后己的牺牲精神，对于改善社会上的这些不良风气也许是一剂“良药”。

和谐社会是人人爱岗敬业的社会，而不是浮躁的社会。近些年来，受西方消费文化以及权贵们奢侈生活的影响，不少人总想一夜暴富，总想寻求快速致富的捷径。他们不愿意从事普通的工作，也不愿意从事低薪的工作，总是飘浮在社会上，或者甘当“啃老族”。即使有工作的人

也是频频跳槽，这山望着那山高，不能踏踏实实地工作。一方面是众多的大学毕业生找不到工作，另一方面是许多普通的工作岗位招不到合适的人。很难见到有人具有“螺丝钉”精神或“钉子”精神，干一行爱一行，在平凡的岗位上做出不平凡的贡献。

和谐社会是诚信的社会。中国当前社会最大的社会问题就是信用的缺失，每年因信用问题导致的损失数以亿计。互不信任也导致人际关系的冷漠，进一步阻碍了人们之间的相互合作和有效沟通。人们都戴着面具生活，相互提防，这实际上是一种人性的扭曲。人们的命运彼此相似，却互不关心对方的命运。如果有人做好事，可能会遭到误解，甚至讹诈。雷锋的乐于助人、言行一致的精神都成为一种美好的回忆。社会呼唤雷锋精神的回归。

和谐社会是节约型的社会。勤俭节约是中华民族的美德，在雷锋身上体现得淋漓尽致。当前我国经济发展模式是资源消耗型的，资源的大量开采导致自然环境的破坏，严重影响到人与自然的和谐共存。国家“三公”消费数量惊人，不知浪费了国家多少税收，所幸的是新一届国家领导人厉行勤俭节约政策，开会不摆鲜花，不铺地毯，军队招待不上高档酒菜。这些都有助于在全国范围内形成勤俭节约的良好风气。对个人而言，有的人富起来之后，大量消费奢侈品，还有许多人不能量入为出而超前消费，当卡奴、房奴。殊不知我国经济发展很不平衡，还有一部分人没有解决温饱问题。建设和谐社会需要弘扬雷锋的勤俭节约、艰苦奋斗的精神。

弘扬雷锋精神有利于把社会主义核心价值体系融入社会主义精神文明建设的过程中。社会主义核心价值体系继承了中华民族传统价值的精华，是中国共产党人带领人民进行社会主义建设中的一个重大理论创新，它是社会主义制度的精神之魂，是社会主义意识形态大厦的基石，引领着我国和谐社会建设的正确方向。党的十八大报告提出社会主义核心价值观在个人层面要“倡导爱国、敬业、诚信、友善”，这与雷锋精神的内涵是相一致的，可以说雷锋精神是社会主义核心价值体系的生动展现，又为当代社会主义核心价值体系建设注入了新的活力。深入开展学雷锋活动，大力弘扬雷锋精神，是新时期加强中国特色社会主义文化建设的重要任务，是促进社会主义核心价值体系建设的主要内容，是构建和谐社会的必然要求，是推动中国特色社会主义文化大发展大繁荣的必由之路。

弘扬雷锋精神有助于提升公民的道德境界，宣传社会主义先进文化。雷锋本身就是一个道德高尚的人，他的模范事迹感染了一代又一代人，甚至影响到其他国家的人们。他身体力行的道德实践引导着后人前进的方向，但是，由于社会的变迁，当年的社会环境发生了很大变化。人们似乎不敢去做好事了，因为他们对社会的看法发生了改变。社会上弥散着“洪洞县里没好人”的论调，可实际并不是这样的。南京彭宇案发生后，相信许多人遇到摔倒的老人都会思量一下，会不会遇到讹诈。可事实上，还是有更多的人搀扶了摔倒的老人而没有遇到讹诈，只不过这种事太过普通而没有人关注而已。其实媒体关注的只是新闻，而不是经常发生的事，但彭宇案已经对人们产生了误导。如果像雷锋那样有不怕牺牲的精神，还会怕赔一些钱吗？我们缺乏的正是雷锋同志身体力行的践行精神。弘扬雷锋精神，去发现生活中的真、善、美，去抨击假、恶、丑，整个社会的道德水平都得到提高。公民思想道德的改善能够有力推动社会主义先进文化的建设与发展。

二、雷锋精神与先进文化价值取向的一致性

江泽民在“七一”讲话中明确指出：在当代中国，发展先进文化就是发展有中国特色社会主义的文化，就是建设社会主义精神文明。从价值取向上来看，我们所进行的精神文明建设，是与社会主义基本经济制度相结合的，是在社会主义条件下进行的，是坚持社会主义方向的精神文明建设，而不是其他模式的精神文明建设。其根本价值取向，就是始终代表中国最广大人民群众的根本利益。

雷锋精神是与社会主义基本经济制度相结合的，社会主义基本经济制度的存在是雷锋精神存在和传播的社会基础。1956 年“三大”改造完成以后，我国基本上确立了全民所有与集体所有的社会主义公有制经

济制度，建立了计划经济体制。与此相适应，雷锋精神强调个人利益服从集体利益的集体主义精神，强调对集体、对国家的奉献精神，强调服从党和国家的领导与分配。改革开放以后，虽然从社会主义计划经济体制转变为中国特色社会主义的市场经济体制，但其社会主义经济制度的性质并没有发生变化。雷锋精神产生和发展的社会历史条件仍然存在，因此不能说雷锋精神产生于计划经济时代，而市场经济时期就不适用了。这个时期，雷锋精神突出做好事，树新风，促进社会主义精神文明建设，为经济建设创造良好的社会风气。1992 年党的十四大报告提出精神文明建设必须紧紧围绕经济建设这个中心，雷锋精神突出了岗位学雷锋，奉献在本职。雷锋的“螺丝钉”精神被解读为爱岗敬业。雷锋精神既是社会主义基本经济制度的反应，又是为它服务的。

雷锋精神的发展始终是在社会主义条件下进行的，社会主义制度是雷锋精神发展的前提与保证。新中国成立之后就确立了社会主义基本制度，经过多年的社会主义建设的曲折发展，虽然具体的政治体制发生了改变，但社会主义作为我国的基本社会制度从来没有发生改变。雷锋精神的核心内涵是忠于党、忠于社会主义，具有鲜明的政治立场。这是自雷锋精神一产生就具备的，并贯彻其始终。雷锋精神的发展自始至终都是在党和国家的领导下进行的。自 1963 年毛泽东发出“向雷锋同志学习”号召以来，在不同时期都有国家领导人题词，发动学雷锋活动，号召民众学习雷锋精神。共青团中央等一些中央和地方领导机构也多次发文件，开展学雷锋活动。特别是 2011 年《中共中央关于深化文化体制改革推动社会主义文化大发展大繁荣若干重大问题的决定》、2012 年中共中央办公厅《关于深入开展学雷锋活动的意见》和党的十八大报告，都提出要开展学雷锋活动。由此可见，党和国家对学雷锋活动、弘扬雷锋精神的重视程度是前所未有的。可以说，学雷锋活动的每一次大发展都离不开党和国家的推动，都离不开社会主义制度的保证。

雷锋精神的发展始终是坚持社会主义方向的，这是雷锋精神先进性的体现与本质特征。雷锋精神是中国传统优秀文化与马克思主义、列宁主义先进文化思想相结合的产物，是本土文明吸取了外来先进文明的产

物。马克思主义、列宁主义与毛泽东思想是雷锋精神的指导思想和力量源泉，也是雷锋精神不断向前发展并保持先进性必须遵循的根本原则。在社会主义革命时期，雷锋精神突出了“爱憎分明”的阶级立场，不怕牺牲、奋不顾身的无产阶级斗志，忠于党忠于国家，政治意志坚定。在后革命时期，尤其是20世纪80年代末期的“学潮”之后，雷锋精神以其爱党爱国的光辉形象在反对西方精神污染方面起了重要作用。当前，针对自由主义知识精英宣扬西方普世价值，弘扬雷锋精神是批判西方普世价值观的有力武器。雷锋精神本身就是社会主义文化、社会主义精神文明的一部分，其发展方向只能是社会主义的。

雷锋精神的最高价值取向与当代中国先进文化是一致的，具有崇高性和先进性。雷锋精神是中华传统美德与共产主义精神相结合的产物，因此，无论是奉献精神、“螺丝钉”精神、“钉子”精神，归根结底都是全心全意为人民服务，为了实现共产主义，这与共产党的宗旨和最高目标是保持一致的。先进文化的发展是体现生产力发展的要求，代表人类前进的方向，代表最广大人民的根本利益。发展生产力的结果仍然是为了满足广大人民的利益，或者说也是为人民服务。所以，雷锋精神与先进文化的最终目标都是为人民服务，共同的目标也使两者之间能够互相促进。

此外，党的十八大报告指出当代中国先进文化是：走中国特色社会主义文化发展道路，坚持为人民服务、为社会主义服务的方向，坚持百花齐放、百家争鸣的方针，坚持贴近实际、贴近生活、贴近群众的原则，推动社会主义精神文明和物质文明全面发展，建设面向现代化、面向世界、面向未来的，民族的科学的大众的社会主义文化。从中可以看出，先进文化的价值取向还有：面向现代化、面向世界、面向未来等方面。而雷锋精神同样也具有以上的价值取向，这是我们必须要注意到的。现代化是我国近代以来所面临的主要任务，经过数代人的努力，我们至今仍未完成。一般而言，现代化指的是从传统社会向现代社会转变，包括政治的现代化、经济的现代化、文化的现代化和社会的现代化等方面。我国在20世纪80年代提出实现“四个现代化”指的是农业现代化、工业现代化、国防现代化和科技现代化。以现在的观念来看，这很不全面。雷锋精神的现代化价值取向指的是，不仅要为我国的现代化事业建设提供精神支持和智力帮助，自身也面临着实现现代化的任务，这体现了雷锋精神的先进性与拓展性。雷锋精神面向世界的价值取向主要是指，一方面作为一种优秀的文化资源应该走向国际、为世界人民所共享；另一方面不断吸取世界其他民族先进的文明成果来丰富自身，这体现了雷锋精神的开放性和包容性。雷锋精神面向未来的价值取向是指，在继承过去的基础上不断创新，科学地处理传统与未来的辩证关系，走否定之否定的发展道路，这体现了雷锋精神发展的科学性与理性化。雷锋精神面向未来还意味着其发展方向是共产主义，这也是其先进性的体现。

第二章 先进文化孕育雷锋精神

雷锋精神是中华民族宝贵的道德资源，雷锋精神已成为整个民族、整个社会、整个时代所拥有的精神财富。强大的精神力量，是先进文化培育的结果。

第一节　雷锋精神的先进文化基础

我们党是一贯重视先进文化建设的党。我们建设的先进文化，是以马克思主义为指导，以亿万人民的革命和建设的伟大实践为源泉，是具有中华民族优良传统的、不断吸收国外文明进步成果而又代表人类文明发展趋向的与时俱进的文化体系。雷锋精神是我国先进文化建设的一座不朽丰碑。

一、中华民族精神文化

中华民族精神是中华民族赖以生存和发展的精神支柱，是中华民族发展、进步、壮大的内在动力和灵魂源泉。在延绵数千年的历史文明发展中，中华民族以其强大的民族凝聚力和感召力战胜困难、驱除外来敌人，不断走向团结、统一和繁荣、富强的复兴之路，经历长期的历史积淀形成内涵丰富的中华民族精神，培育出深邃、优秀的中华民族精神文化。

（一）中华民族精神文化的来源

民族是一个历史性的民众概念。民族不能狭隘地理解为自然性的，更不能被简单的地域或血缘所规定。民族必须被理解为文化性的，也就是说民族在根本上是由一种或几种思想和精神而铸就成的。在这样的意义上讲，民族即表现为其民族精神。

由于全球化浪潮的兴起，世界逐渐成为一个地球村。在全球一体化的今天，中华民族不断地与其他民族在生活、思想和语言等方面冲突和交融，其精神文化体现在文学艺术、哲学和宗教等形态之中。中国精神文化世代传承不绝，在几千年的历史发展中形成自身的文明体系。中华民族传统文化可谓百家争鸣，百花齐放。儒家主要是主张仁爱天下。它要人如同爱自己的亲人一样而爱天下大众，因此就有“四海一家”，“四海之内皆兄弟也”之类的箴言。仁义道德成为中国人做人的基本规范。与儒家不同，道家强调道法自然。它认为文明压抑了人的天性，因此希望回归自然，让人性得到自由成长。作为外来的文化，佛教在中国生根、开花和结果。佛教宣扬人们通过心灵的觉悟获得慈悲和智慧。大乘佛教所具有的菩萨情怀不仅渡己，而且渡人。唐宋以来，中国知识分子都行走在儒道禅（佛）之间，他们的思想也影响了一般大众的生活、思考和言论，从而形成了中华民族的气质、性格和精神。因此可以说，中华民族传统文化来源于儒家、道家和佛家的主要主张。

中华民族精神属于中国文化精神，是中华文化精神的优秀成分，是褒义的概念。中华民族精神更是中国文化精神的核心价值，是中华民族智慧的结晶。而中华民族传统文化是中国文化的人文精神，是中国文化精神的积极成分，只有通过价值整合和理论提炼才能转化为民族精神。我们经常说，中华民族传统文化是劳动人民智慧的结晶，纵观世界文明发展史我们不难发现，古希腊人的智慧结晶为《荷马史诗》，人们崇拜具有智慧、勇敢、节制和正义等美德的英雄；中世纪人们的智慧表达于《新约全书》，它想要生存在世上的人成为兼有信仰、希望和博爱的圣人；由于社会的不断发展，人们物质生活的极大满足，近代人追求一种人性的自由，这些智慧常见于卢梭等人的著作中。也就是说人们应该成为公民自由、平等、博爱的自由人。这些不同时代的智慧铸造了西方人的民族精神。因此将中国人的智慧、中国文化精神中的优秀和积极成分不断与社会发展相结合，形成了中华民族精神。

当人们谈及中华民族精神，即会想到爱国主义精神。在源远流长的历史长河中，屈原、林则徐和抗日战争中那些不怕流血、勇于牺牲的革命战士，以及为了祖国的存亡、力求改革图新的义士，都是广义的爱国主义者。19 世纪以来中华民族饱受外来民族的欺凌、压迫和剥削。人们将爱国主义作为中华民族精神的主要特征，用爱国主义来凝聚人心，努力奋斗，从而获得民族解放。随着人们对社会发展和个人发展的理性理解，爱国主义越发成为中华民族精神的核心部分。除了爱国主义外，人们还认为勤劳、勇敢，热爱和平、不屈不挠、自强不息等是中华民族精神各种具体的表现。其实，在对中华民族精神的内容探讨问题上，许多专家学者见仁见智：张岱年认为中华民族精神是指导中华民族延续发展、不断前进的思想精粹，它集中表现在《周易》中的两个命题上，这就是："天行健，君子以自强不息" 和 "地势坤，君子以厚德载物"；而方立天认为中华民族精神具体包括 "重德精神"、"务实精神"、"自强精神"、"宽容精神"、"爱国精神" 等五个方面，其中 "自强精神" 是中华民族精神的核心。刘纲纪则认为中华民族精神可概括为 "理性精神"、"自由精神"、"求实精神"、"应变精神" 等四个相互联系的方面。也有学者将中华民族精神的发展划分为：古代以崇古、征圣、宗经为表现，以唯伦理思维为特征的守成精神；近现代以浪漫主义和英雄主义为表现，以唯政治思维为特征的革命精神；当代以改革开放为表现，以唯经济思维为特征的开拓创新精神。江泽民在党的十六大报告中指出："在五千多年的发展中，中华民族形成了以爱国主义为核心的团结统一、爱好和平、勤劳勇敢、自强不息的伟大民族精神。" 这是对中华民族精神核心内容和基本思想的高度凝练和概括，为我们准确把握中华民族精神提供了正确指南。实则是民族精神的统一归纳。

（二）中华民族精神文化的诠释

"文化" 是中国语言系统中古已有之的词汇。"文" 的本义，指各色交错的纹理。《易·系辞下》载："物相杂，故曰文。"《礼记·乐记》称："五色成文而不乱。"《说文解字》称："文，错画也，象交文"均指此义。在此基础上，"文"又有若干引申义。其一，为包括语言文字内的各种象征符号，进而具体化为文物典籍、礼乐制度。《尚书·序》所载伏羲画八卦，造书契，"由是文籍生焉"，《论语·子罕》所载孔子说"文王既没，文不在兹乎"，是其实例。其二，由伦理之说导出彩画、装饰、人为修养之义，与"质"、"实"对称，所以《尚书·舜典》疏曰"经纬天地曰文"，《论语·雍也》称"质胜文则野，文胜质则史，文质彬彬，然后君子"。其三，在前两层意义之上，更导出美、善、德行之义，这便是《礼记·乐记》所谓"礼减而进，以进为文"，郑玄注"文犹美也，善也"，《尚书·大禹谟》所谓"文命敷于四海，祗承于帝"。

"化"，本义为改易、生成、造化，如《庄子·逍遥游》："化而为鸟，其名曰鹏"。《易·系辞下》："男女构精，万物化生"。《黄帝内经·素问》："化不可代，时不可违"。《礼记·中庸》："可以赞天地之化育"等等。归纳以上诸说，"化"指事物形态或性质的改变，同时"化"又引申为教行迁善之义。

"文"与"化"并联使用，较早见之于战国末年儒生编辑的《易·贲卦·象传》：（刚柔交错），天文也。文明以止，人文也。观乎天文，以察时变；观乎人文，以化成天下。

这段话里的"文"，即从纹理之义演化而来。日月往来交错文饰于天，即"天文"，亦即天道自然规律。同样，"人文"，指人伦社会规律，即社会生活中人与人之间纵横交织的关系，如君臣、父子、夫妇、兄弟、朋友，构成复杂网络，具有纹理表象。这段话说，治国者须观察天文，以明了时序之变化，又须观察人文，使天下之人均能遵从文明礼仪，行为止其所当止。在这里，"人文"与"化成天下"紧密联系，"以文教化"的思想已十分明确。

西汉以后，"文"与"化"方合成一个整词，如"圣人之治天下也，先文德而后武力。凡武之兴，为不服也。文化不改，然后加诛"

(《说苑·指武》),“文化内辑,武功外悠”(《文选·补之诗》)。这里的“文化”,或与天造地设的自然对举,或与无教化的“质朴”、“野蛮”对举。因此,在汉语系统中,“文化”的本义就是“以文教化”,它表示对人的性情的陶冶,品德的教养,本属精神领域之范畴。随着时间的流变和空间的差异,现在“文化”已成为一个内涵丰富、外延宽广的多维概念,成为众多学科探究、阐发、争鸣的对象。

对于文化的概念,外国学者从文化的层次进行分析和探究。泰勒(Tylor,E. B.)定义文化是指“知识、信仰、艺术、道德、法律、惯习等,以及人作为社会成员所获得的能力和习惯的复合总体”。马林诺斯基(Malinowski,B. K.)也把文化作为功能主义的一个一般性公理指出“文化是物体、行动、态度的体系”,“是由相互依存的种种要素所构成的总体”。石田英一等人在《人类学》中对文化的概念更为明确,书中将文化分为“技术文化”、“价值文化”、“社会文化”三大类。“技术文化”中包括粮食采集技术、粮食生产和生活技术(衣、食、住);“价值文化”中包括宗教、巫术、神话、艺术等;“社会文化中”包括家庭、婚姻、亲属、年龄群体、性别群体、地缘群体,甚至还包括社会阶层与人种的复合、政治组织(行政、司法、军事)和社会规范(法律、习惯、道德),并将其与意识方面、行动方面和物质方面相关联,做出了大致的框架。

社会文化中虽然没有物质方面,但这些各个种类的各个方面以语言为媒介形成了总体文化。其实,由于人或社会群体是历史的社会产物,所以将它们全部包括在社会的产物中,称其为“广义的文化”。但在研究中,对创造文化的主体与被创造的产品应加以区分。因为即使在同样的产品中也需要区分超越代际传承的、学习的、大部分社会成员共有的象征体系与除此之外的产品,这两者的交换过程乃至转移过程采取截然不同的形式。象征是传播的,而物财是转移的。象征体系中不伴随转让,接收者即使获得了某种象征,传播者也并没有先“去它”,而是共同拥有。而物财则伴随着转让,当接收者获得东西的同时,另一方将会失去东西。无论是象征还是观念有了著作权,取得了专利就成了商品,物财虽也由按“共有”、“共同共有”这些所有权形式分，但这里仍存在着本质的不同。也就是说，“物质文化”与“制度文化”及“精神文化”也是截然相反的。就像约翰逊（Johnson, H. M.）提出的主张：“文化在行动以及表现为行动结果的意义上是抽象的，但它既不是行为本身，也不是其有形的结果。”在文化人类学中，“文化”的含义又不像以往的人类学中所使用的那么广泛，若把文化按物质文化、制度文化、精神文化所分，物质文化中的一部分的“技术文化”、“价值文化”、“社会文化”命名为“文化”（culture），旨在把物质文化中的人工制品作为文化产物（culture objects）或物财（artifacts）与文化本身相区别。人的行为、社会、群体当然也都不是文化。文化的要素有知识、信念、价值、规范，包括信号、象征在内的意义上的符号，以及各种行为方式。

综上所述，中华民族精神文化是中华民族全体成员在信念、价值、规范、道德及行为方式中形成的，具有以爱国主义为核心的团结统一、爱好和平、勤劳勇敢、自强不息的民族精神的总和。

二、马克思主义文化

马克思主义文化理论作为马克思理论系统中最有成绩的一个领域，是现代文化中极具学术竞争力和现实关联性的理论。马克思主义文化观是马克思主义关于文化的性质、地位和作用的根本观点以及在此基础上的文化建设思想。文化观以文化这一概念为基础。关于文化，马克思主义经典作家从未作过具体界定。马克思著作中很少使用“文化”这个概念，总是强调“精神”内在于人类社会的一般“生产”之中。在更多情况下，马克思用“意识形态”来指称“文化”。也就是说，在马克思看来，文化是一个与社会的经济基础、政治法律等上层建筑密切联系的概念。进一步解释说，马克思的“文化”观念是在与经济（生产方式）、政治（阶级政治）的复杂关系中得到澄清与解释的。

（一）马克思主义文化理论的形成

在马克思创立其理论的时代，正是西方现代性强劲展开、“文化”

被日益自觉地用作批判工业文明的理据时代。在这样的时代氛围中，“文化”的概念被提炼出来，用以对现代生产方式和中产阶级价值观进行批判。正如伊格尔顿所说：“文化在传统上几乎意味着资本主义的对立面，文化的概念是作为对中产阶级社会的批判，而不是作为它的盟友成长起来的。文化讨论的是价值而不是平庸市侩。”① 在马克思的视野里，文化是不被单独地看做社会生活总体中的一个领域的。虽然他认为文化依然是某种深刻的、几乎总是被赋予积极评价的现象，但必须置于唯物史观的系统中才能得到科学说明。马克思逐步建构了若干类型的文化理论。其主要动力有：

1. 在西方社会，文化不但成为经济和政治的内在组成部分，同时也成为资本主义社会的批判理论。摆脱了物质短缺的人们开始要求文化的极大丰富，而当时的经济的发展为文化的大生产提供了物质条件。同时，统治阶级在对人们的统治方式和控制方式也需要随着其政权的稳定而对民主政治的发展实行“文明化”，统治者采取引导、说服、推荐等的软性文化政策一方面达到承担本阶级规训的职能，一方面也满足了公民的愿望。20 世纪，资本主义生产方式已经全面侵入精神文化领域，阶级斗争和反抗政治同时在文化领域展开，这就需要发展出一套马克思主义的文化批判理论。

2. 在社会主义国家，马克思主义作为一种意识形态，必须建构一套文化理论以指导政党宣传并规范文化实践。马克思主义经典作家所期待的文化能够塑造新的政治主体、焕发革命精神以弥补物质力量的不足，因此，更期待革命不仅发生在经济发达的西方国家，更应发生在贫穷落后的东方国家。革命成功后，破坏旧文化、建设新文化，巩固新的政治经济制度。

所以我们说，马克思主义文化理论并不只是对文化的一种解说和研究，而是直接介入当代政治斗争的批判理论和意识形态的实践。马克思主义文化理论是以马克思的唯物史观、批判旧文化、创造新文化为基

① 特里·伊格尔顿：《理论之后》，商正译，商务印书馆 2009 年版，第 25 页。

石，以人类社会实践来实现人的自由、全面发展的理想。既是批判理论又是意识形态，既是革命武器又是建设指南的马克思主义文化理论具有统一性：其一，它们都是以唯物史观的解释为基础，是在人类社会实践的总体进程中解释文化的发生、发展；其二，无论是资本主义国家的文化批判理论，还是社会主义国家的意识形态理论，它们都具有革命抱负，是以革命为中心来讨论文化问题。这就让我们清楚地认识到马克思主义文化理论是建立在马克思主义统一性基础之上，具有唯物史观的观点、批判旧文化的态度、创造新文化的理想，自觉地阐释、使用、发展马克思的某种观点、方法，并具有内部的差异性、多样性和矛盾性。

（二）马克思主义文化理论基石

马克思的文化思想是对19世纪西方社会运动的一种反映和概念化，也是对西方文明伟大传统的一种继承和转化。马克思的文化思想具有内在联系的完整结构：一是有关文化史、文化人物、文化作品的分析、评论和使用，二是在唯物史观中的意识形态论述，三是有关人的生存方式和人的发展的基本理论。具体地说，马克思的文化观具有三大理论基石。

1. 人化自然论。人化自然与“自在自然”相对，是指与人的实践活动相关联的、由人的本质力量所创造并为社会的人所占有的对象世界。也就是说，“自在自然”是对自然的直接改造，包括外部的自然和内在的自然（人自身），自然因此成为人的产品，成为人的景观，当社会发展到一定阶段，人和自然的关系发生根本改变。“文化”就是人类总体实践活动及其总的成果。“文化上的每一个进步，都是迈向自由的一步。”[①] 马克思关于“人化自然”的论述，为“文化即人化”这一共识提供新的解释。

2. 精神生产理论。精神生产理论是在一般性的社会生产的基础上，通过物质生产与精神生产的比较来研究“精神生产”即文化生产的特

---

① 恩格斯：《反杜林论》，见《马克思恩格斯选集》第3卷，人民出版社1995年版，第455页。

殊性。在人类历史发展的广阔背景下，马克思分析了分工所导致的“全面生产”的分化，指出精神生产与物质生产、与统治秩序生产的关系问题。

3. 意识形态理论。在《政治经济学批判》序言中，马克思分别用“适应”、“制约”、“决定”三个概念描写经济基础与上层建筑及意识形态的关系。恩格斯后来反复论述上层建筑与意识形态领域的相对独立性、相互影响及其对经济基础的反作用，同时强调“经济条件归根制约着历史的发展”。

马克思主义的文化思想是一种文化政治。马克思主义思想展望了人类进入其潜能和价值全面实现的自由王国、人类可以进行自由的创作和享受的文化理想。无情的、不妥协的批判是马克思主义文化政治的基本品格，致力改造社会环境以实现理想社会是马克思文化政治的基本涵义。在对人类文化历史充满激情的宏伟叙事中，马克思展望了“普遍历史”到来并同时关照人类文化的多样性。

马克思的文化思想也是历史的、实践的和开放的。对马克思来说，“理论”不是以一种超历史的形式将自身叙述为一种普遍有效的、完全可以应用于与它本身仅有偶然联系的各种对象的“方法”，不是以概念与范畴自我推演和运动并组成一个自治和封闭的“体系”。马克思的研究从来不是纯理论性的智力活动。他也从来不想建立一种新的理论体系去取代旧的理论体系，而是要根本超越建立在传统分工基础之上的、以“解释世界”为特征的纯理论形态的学说，形成一种历史的实践的批判理论。其宗旨是人类的解放和人的自由，是建立“自由人的联合体”。虽然马克思的文化思想是探索的、未完成的。但在建立“自由人的联合体”这一理想还未实现之前，马克思主义文化理论依然具有开放性。随着中国现代化建设对文化的深切召唤和中国文化建设高潮的到来，马克思主义文化理论必须，也完全有可能在中华民族文化的深厚土壤中不断创新，不断发展。

（三）马克思主义文化的中国化

对现代中国来说，马克思主义和社会主义体现了另一种现代化。中国共产党成立后，特别是20世纪30年代的“左翼”文化运动中，马克思主义文化理论开始进入中国文化生活。马克思主义文化理论的主要成果是毛泽东文化思想。它的理论基础是他所理解的唯物史观，是马克思主义普遍真理与中国革命实践的结合。一方面，毛泽东强调上层建筑、意识形态必须适应经济基础的发展；另一方面，在一般性地坚持经济基础的决定作用的同时更重视上层建筑的反作用，明确认为“当政治文化等上层建筑阻碍经济基础发展的时候，对于政治上和文化上的革新就成为主要的决定东西了。”因此，突出了文化的阶级性、政治性，建立一整套文化服务于政治的理论、政策、机制、组织，使之为国实践。

20世纪70年代末之后，中国进入改革开放的新时代。中国特色社会主义理论体系（邓小平理论、“三个代表”重要思想和科学发展观）是在总结中国革命和建设的经验和教训基础上而建立起来的，是中国改革开放的理论指导，是以发展为中心，把文化问题置于更合理的社会整体发展的过程和体系之中。马克思主义作为揭示人类社会发展规律的科学理论，给中华文化注入了先进的思想内涵，是指引文化建设正确方向的根本指针，为社会主义先进文化建设提供了理论指南。坚持马克思主义在意识形态领域的指导地位，坚持用中国特色社会主义理论体系研究解决文化改革发展面临的问题，努力在纷繁复杂的社会文化生态中辨析主流与支流、区分先进与落后、划清积极与消极，正确处理经济效益和社会效益的关系；坚持用中国特色社会理论体系和科学的世界观、人生观、价值观武装全党，教育人民，推动学习实践科学发展观向深度和广度拓展，推进马克思主义中国化、时代化、大众化，用发展着的马克思主义指导新的实践，就能确保文化建设始终沿着正确方向健康发展。马克思主义中国化是被实践证明了其正确性的、揭示人类社会发展规律和社会主义历史必然性的科学理论体系，是中国特色社会主义的指导思想，也是中国特色社会主义文化的指导思想。

（四）马克思主义文化的展望

在一个基本没有专门文化论述的思想基础上，提炼、重建、形成一套遍及全球、可以解释整个文化史，并能够与任何种类的文化理论相竞争的文化理论，这是马克思主义文化理论在现代世界创造的一个奇迹。显然马克思主义文化理论有着充沛的发展活力。

1. 马克思主义文化理论发展的连续性。马克思主义是作为一种改造世界的理论而与世共存的，它与以往的一些解释世界、探寻世界本源的思想有所不同。而世界正像我们所看到的，是无时无刻不在变化的，因此一种思想、一种理论只有在改造世界的实践中不断地丰富自己，不断地证明其本身的真理性，才能被认可，才能永久地发展下去。社会在发展，社会文化在发展，解释和改造社会文化的马克思主义文化理论当然也必须随之发展。在马克思主义文化理论的发展过程中，是前后连续的。它在一定程度上具有“向上”或“完善”的性质。从卢卡契到法兰克福学派的批判理论，从葛兰西、阿尔都塞到“后马克思主义”，从毛泽东思想到科学发展观的中国马克思主义，都是连续发展的过程。当代中国正面临民族崛起、文化复兴的现实，这就需要我们重新面对传统，充分评估传统的价值和现代意义，这样就有了马克思主义与中国传统文化相结合的课题。在对马克思主义文化理论中，我们也时刻保持其发展中“向上”或“完善”的性质，对马克思主义的大众化也不能做庸俗的理解。马克思主义的大众化并非大众文化，而是一种指导思想和科学理论。我国在重视保障人民基本文化权益、丰富社会文化生活的同时，在尊重群众首创和实践经验的同时，必须对群众中自私、落后、保守与庸俗加以批判。

2. 马克思主义文化理论发展的新课题。面对世界不断变化的经济、政治、文化和科技所提出的挑战，马克思主义文化理论发展需应对如下几个新课题：第一，文化的问题。民族主义、女权主义和种族斗争是20世纪末以来世界的三大潮流运动。其运动的核心为文化，而其间所要表达的政治诉求也得以形成和宣扬。今天的文化已经扩展到人类生活的全部世界，其在整个社会结构中的地位和作用得到重新解释，精神生产和物质生产、经济基础和上层建筑已经越来越难以分解，在承认唯物史观对文化已经做出科学说明的前提下，用文化来平衡、矫正日益滋长的膨胀主义是摆在我们面前的新课题。第二，全球化问题。当今的世界全球化日趋严重，一方面跨国资本并吞八方，另一方面以宗教、民族等为凭借的各种本土化力量生长，世界处于全球化的复杂和矛盾中，怎样对资本的逻辑和文化的逻辑、全球化与国家、西方与非西方之间种种对立进行解释，这需要马克思主义文化理论的提供。第三，马克思主义与中国文化相结合的问题。马克思主义进入中国的背景之一是新文化运动对传统的批判，而结合主要体现在与中国革命的结合。中国人民经历近一个世纪的被压迫、被侵略后崛起，其文化理论是受惠于马克思的。今天，我们的文化与社会整体的各个方面，特别是经济、政治与技术是相互关联的，并不是孤立、抽象的精神活动。虽然，我们的文化政策所依据的马克思主义文化理论没能完美地体现出马克思的理想，但马克思主义的社会主义价值将在一种新的文化和生活方式中实现，必将与中国现代的社情、民情相结合。

第二节　中华民族精神文化培育雷锋精神形成

民族精神是民族文化中优秀价值观的集中表现，特定的历史现实创造了特定的民族精神，最终被民族发展的历史所选择。相反的，一个民族如果失落了它的民族精神，没有形成一定的民族精神文化，它就不可能是一个持久发展的民族。中华民族精神文化是培育雷锋精神形成的根基。

一、中华民族精神文化的内涵

民族精神文化既是民族文化的核心内容和精神部分，也是民族精神的一种浓缩。在历史的长河中，它与民族的兴衰共同发展，并在长期的民族共同生活中塑造了该民族知识、信念、价值、规范，包括信号、象征在内的意义上的符号共识，形成该民族的共同价值信念、心理思维和生活方式和各种行为方式，表达了一个民族的共同价值取向和所认同的核心理念，是广大民众的共同利益和理想追求，显示出一个民族的公共意志。所以说，民族精神文化是一个民族栖息的精神家园，是一个民族安身立命、获得精神支柱的保障。中华民族精神是一个博大精深的思想体系，在不同的历史时期会形成或悲壮慷慨或昂扬激越的不同乐章，为中华民族精神文化提供不竭的发展动力。

（一）爱国主义是中华民族精神文化的根基

爱国主义是爱故土、爱人民、爱国家的统一和情感、思想、行动的统一，是中华民族千百年来凝聚成的对祖国和民族最深厚感情，是中华民族精神的核心内容。不同时代，爱国主义有着不同的主题。屈原“九死不悔”对故土的眷恋，陆游“天下兴亡、匹夫有责”的责任感，鲁迅“我以我血荐轩辕”的坚强决心，当代青年“振兴中华”的呼唤，如为了中华民族的振兴毅然回国的李四光、钱三强等，无一不饱含着对祖国、对人民的诚挚热爱。纵观历史，但凡成功的民族都有强烈的爱国主义情怀。在当代，爱国主义不仅是一种民族精神和民族情感，更是一种政治原则、道德规范、法律义务和起码的人生职责。它约束着我们每个中华民族的子孙热爱中国共产党领导下的社会主义祖国，树立强烈的民族自尊心和自信心，对祖国的前途抱有坚定的信心。在以加快建设繁荣、富强的社会主义现代化国家为目标的中国，中华民族精神文化成为一种新型的现代文明屹立于世界之林，爱国主义彰显出其独特的意义。

（二）自强不息是中华民族精神文化的具体化

在五千年的历史进程中，中华民族处在持续不断、内忧外患的苦难中，从虎门销烟到三元里抗英，从甲午海战到戊戌变法，从辛亥革命到五四运动，从抗日战争到解放战争，中华民族不但没被击垮，反而团结得更加紧密，从而使中华民族精神得到不断的历练和升华。《易传》中有“天行健，君子以自强不息”。正是这种自强不息的奋斗精神支撑着中华民族的发展，激励着中华儿女在困境中崛起，在逆境中奋进，永不屈从于外来的压迫。自强不息还体现为一种自立和自尊的人格特征，形成中国人讲名分、重气节的民族精神。正如孔子曰：“三军可夺帅也，匹夫不可夺志也。”孟子道：“富贵不能淫，贫贱不能移，威武不能屈，此之谓大丈夫”。这些中华民族传统文化中的精髓构筑成民族精神，成为人们为国家、为民族奋争的精神力量，形成中华民族精神文化，并推动着社会的发展。

（三）厚德载物、以德化人是中华民族精神文化的支柱

厚德载物出自《周易》：“地势坤，君子以厚德载物”，就是以宽厚之德包容万物。中华民族不论是对自己的生存环境，还是对人与人之间及民族与民族之间的关系处理，都表现出宽容、宽厚的精神。厚德载物已经成为中华民族精神中一个重要的、独特的，并为世界所公认的伦理思想，在中华民族精神文化中占有重要的地位。以德化人是春秋时期的管仲把道德与国家的存亡联系起来，并把礼义廉耻提高到国家兴亡的高度。孔子则更是以礼释仁，认为“仁”与“礼”是相互制约、相互统一的，而“仁”与“礼”的统一就是德。孔子所强调的“德”，一是指统治阶级的统帅之德，要求以此德来统治百姓，拥有百姓。二是指感化之德即伦理之德，以此德来感化百姓，保持和谐。这种崇德思想不断发展和泛化，并在家庭伦理中得到完全的体现。这使得我国古代在文化传递和教育过程中始终把道德放在第一位，如孔子进行教育的内容是礼、乐、射、御、术、数，他把礼放在首位，这是崇德思想在教育活动中的典型反映。这一思想的目的是主张以德化人，利用道德的作用和力量来寻求家庭伦理的和谐，寻求社会政治秩序的一致和整个社会秩序的稳定。这种思想的根本与实际社会发展相一致，在物质极大丰富而道德理念颓废的今天，更能有助于人们唤起对美好事物的向往，更有助于中华民族精神文化的深入发展并走向世界。

（四）和谐是中华民族精神文化的目标

由《周易》中“天地感而万物化生，圣人感人心而天下和平”而出的“天人合一”思想，是中华民族五千年来传统文化理念的优秀思想精髓。“天人合一”本身并不简单地等同于人与自然和谐，它首先指出了人与自然的辩证统一关系，指明了人与自然应是和谐共处的关系；再者它指出每一个事物都应按照其自身的规律自然地发展。儒家所讲的

“修身、齐家、治国、平天下”，这其中包括人与人的和谐。个人自我身心的和谐及人与自然的和谐。正确处理人与自然的关系、人与人之间的关系，才能促进社会环境的和谐。在和谐的社会环境中，人才能做到遇事宠辱不惊，进退有据；人与自然的和谐就能互得其利，持续发展。“天人合一”体现了人类生生不息、前仆后继，与天地万物共同存在、发展、创造的完美主义理想和拼搏进取精神，这种精神是产生民族凝聚力的整合力量，传达民族共识、会聚民族信念的重要支撑。一个民族真正地把本民族的精神与共同价值理念、共同利益目标整合起来，形成真正的文化意识来认识把握自己的民族精神文化，才可能产生真正强大的民族凝聚力。

二、中华民族精神文化对雷锋精神的育成

一个民族创造了自己的辉煌文化，这个文化反过来也会造就一个伟大的民族和众多的民族英雄。中华民族正是因为有一个共同的精神家园——中华优秀传统文化，这才使中华民族的精神血脉得以一代代延续，中华民族的传统美德得以一辈辈传承。中华民族传统文化源远流长、博大精深，是一个在漫长的历史发展过程中逐步形成的以儒家文化为主体和核心，以道家文化、佛家文化为补充的中华文明综合体系。中华传统文化蕴含的丰富人文精神，其中优秀、健康的文化被中华儿女传承和发展，形成的中华民族精神不但养育着亿万中华儿女，更培育出了历代无数的志士仁人和英雄才俊。中华民族精神文化是孕育雷锋精神的沃土，对于雷锋精神的形成和发展产生了极其深远的影响。

（一）中华民族精神文化是雷锋精神的源头活水

雷锋精神产生于文化悠久的国家，因此具有鲜明的中国特色。雷锋精神凝聚了中华民族传统美德的精华，是中华民族精神在社会主义革命和建设中的升华。中华民族几千年文明积淀，深深地渗入民族的文化心理、伦理观念、交往规则中，影响了一代又一代人。作为一种时代精神，雷锋的许多品德，如无私奉献、助人为乐、勤俭节约等都闪耀着中华民族传统美德的光辉，雷锋精神既是社会主义道德规范的内涵，也是

中华民族传统美德的体现。雷锋短暂而又光辉的一生，始终以无私奉献的行动实践着自己对人生的追求。雷锋精神和中华民族的传统美德是一脉相承的。透视雷锋的一系列优秀品质，从中可以看到雷锋精神是对中华民族传统美德的继承和发展。

（二）中华民族精神文化为雷锋精神提供道德内核

雷锋精神是中华文明的重要组成部分，是中华民族优秀文化与传统美德的结晶。在近半个世纪的历史发展过程中雷锋精神对中国文化的传播、社会主义文明的构建和社会发展进程的推动产生深远影响，对中华民族的民族心理、民族性格和民族凝聚力的形成及维系起着难以估量的作用。雷锋精神在实现中华民族复兴的宏伟进程中，在我国精神文明建设体系中创造出宝贵的精神财富；在雷锋精神的形成中，中华民族精神文化为其提供深远的道德支撑。

中华传统文化重视人的德性品格，强调道德培养和人格提升，中华民族精神文化对于道德尤其推崇。道德，作为一定社会调整人们之间以及个人和社会之间关系的行为规范和准则，早在三千多年前的西周初年就已较系统地记入国家典册。春秋时期《左传·文公七年》记载的晋国贵族的言论即有了“三事”之说：“正德、利用、厚生，谓之三事。”其中的正德，即端正品德，提高精神生活。《周易·系辞下转》里更讲到“崇德”。孔子说“朝闻道，夕死可矣”，是把对真理和道德的追求看得比生与死还重要。从我国古代伦理思想的自身特点看，首先是仁、义、信重大道德原则；其次是关于忠、恕、孝、悌、慈、廉、节等基本道德规范；再次是被视为“至德”的最高道德标准——中庸，以及被看做“儒者第一义”（朱熹语）的义利观问题。而“仁”是中国古代伦理思想的核心，包括了人类美德及其道德规范。孔子讲“仁者爱人”，第一个用“爱人”来解说“仁”。墨子主张“兼爱”，就是“爱人若爱其身”，即强调爱人如爱己。促进了中华“礼仪之邦”社会风尚的形成。在中华民族精神文化中也非常重视道德，孔子说“杀身以成仁”，孟子说“舍生而取义”，都是讲坚持道德信念不受物质条件影响。孟子更是提出“富贵不能淫，贫贱不能移，威武不能屈”，鼓舞人们追求坚定独立的人格尊严。

雷锋参加工作的年代正是新中国的社会主义建设如火如荼的年代。也是我们的国家外受帝国主义经济封锁和前苏联停止援助、国内又遭受严重自然灾害的最困难时期。这个时候最需要有面旗帜来鼓舞全国人民的建设士气。雷锋对此有清楚的认识。他在日记中说："现在，我们国家处于困难的时期。我们是国家主人，应处处为国家着想……我们要奋发图强，自力更生，克服当前存在的暂时困难。"雷锋以极大的热情积极投身社会主义建设，以哪里需要去哪里，哪里艰苦去哪里，干革命不分分内分外，干一行爱一行的实际行动和雷锋精神所体现出的那种"奋不顾身的无产阶级革命斗志"成为激励全国人民自力更生、艰苦奋斗的一面鲜艳的旗帜。在当时那种困难的情况下，雷锋对革命理想和信念坚定不移，对社会主义的建设事业充满信心，使他能胸怀祖国、心系天下，不为任何困难所吓倒，勇于承担任何艰苦中重大责任。雷锋精神张扬了自强不息的民族精神，也充分体现了厚德载物的博大胸怀。我们的民族精神因为有了雷锋精神而更加生气勃勃，雷锋精神也由此而成为中华民族精神的重要内容。正是有这样的精神影响并为历代中国人普遍道德认同，在中华文化长期发展中就渗透在中华民族的血液中，铸就了中华民族的德性品格。

（三）中华民族精神文化为雷锋精神提供伦理沃土

人活着不是为了自己，必须处理好群己关系，应当以利他、利群为先，使人伦关系更美满。中华传统文化重视人的伦理关系，强调群体优先和天下国家。把人作为一定伦理关系（君臣、父子、夫妇、兄弟、朋友）中的人、在一定伦理关系中负有家庭和社会责任的人，"群体利益为公，个人利益为私，于是关心天下之事和国家大事就成了中国人发自内心的责任"。

从家乡来到鞍钢，雷锋从农业战线走上了工业战线。这是雷锋世界观形成的一个重要里程碑，是雷锋成长道路上的一个重要转折点。来到部队后，雷锋直接汲取了人民军队的营养和精华，雷锋入伍后的第一天就下定决心向英模学习，从众多的先进人物身上雷锋感受到了：一个人要想成为别人学习的榜样，首先就要具备高度的主人翁责任感，要对党、对社会主义建设事业有赤胆忠心，要具备“毫不利己，专门利人”的国际共产主义战士的思想境界，要热爱同志和集体、爱护国家的财产和人民的生命安全、兢兢业业为党工作、谦虚好学渴求进步、刻苦钻研技术。这样的思想再一次与雷锋的个人价值观相融合，形成了雷锋人生哲学的统一。他在日记中写道：今天我学习了毛著，主席有一段话对我教育最深刻，启发最大：紧紧地和中国人民站在一起，全心全意地为人民服务，这就是这个军队的唯一宗旨。我是人民的子弟兵，一定要永远牢记党和毛主席的教育。雷锋确立了“生为人民生，死为人民死”的全心全意为人民服务的价值观。他勉励自己：牢牢记住，并且要贯穿在自己的生活和实际行动中去。“革命利益高于一切，处处为集体利益而不惜牺牲自己一切。永远愉快地多给别人，毫不计较个人得失。”是雷锋对待集体主义的准则，因此，雷锋在处理个人利益与集体主义利益的关系时，始终自觉地把“党和人民的利益”放在第一位，把个人利益的实现建立在维护国家、集体利益的基础之上。孔子给士人规定的大任是“修己以安百姓”；孟子也说，君子要“自任以天下之重”，还说“乐以天下，忧以天下”。北宋范仲淹自颂其志说“先天下之忧而忧，后天下之乐而乐”，清初顾炎武说“天下兴亡，匹夫有责”，清代林则徐说“苟利国家生死以，岂因祸福避趋之”。在这种“以天下为己任”、“舍身为国”的爱国主义情怀里，不仅个人对他人、对群体的责任意识始终被放在首位，也凸显了小我成就大我，以牺牲个人局部利益维护整体和全局利益、以国家和民族利益为上的价值取向。正是中华民族精神文化的熏染，雷锋才实现了集体主义价值观与个人价值观的统一。

（四）中华民族精神文化是雷锋精神自强不息的根基

中华民族精神文化强调进取、乐观、自强，重视人的刚健有为。《周易·需卦·彖》说：“需，须也，险在前也。刚健而不陷，其义不困穷矣。”《周易·乾卦·象传》又云：“天行健，君子以自强不息。”这都从不同侧面体现了中华民族自强不息的精神。《论语·子路》又载有孔子这样的话：“刚、毅、木、讷近仁。”可见，“刚”在中华传统文化中具有价值魅力。《孟子·滕文公下》中记载：“居天下之广居，立天下之正位，行天下之大道，得志，与民由之；不得志，独行其道。富贵不能淫，贫贱不能移，威武不能屈，此之谓大丈夫。”意思是大丈夫应有独立的人格，遵守一定的准则，不屈服于外在的压力。孔子认为在日常生活中应该“有为”，他说：“饱食终日，无所用心，难矣哉！不有博弈者乎？为之，犹贤乎已。”孔子虽然早年奔波于列国，历尽辛苦，晚年退而修书讲学，一生不得志。但他不畏惧，不逃避，而是以一种乐观的态度对待人生。他自称：“默而识之，学而不厌，诲人不倦，何有于我哉？”这正是中华民族精神文化所表现出的具有乐观向上、自强不息精神的重要体现。

雷锋从一个普通的士兵成长为一名平凡而伟大的共产主义战士，成长为一名世人瞩目的楷模，这与雷锋自强不息的精神有重大的关系。雷锋在部队工作虽然很忙，但他起早贪黑抽时间去学习。他不断地从《毛泽东选集》中汲取理论知识，对《毛泽东选集》的阅读使雷锋在思想觉悟和政治理论上有了一个质的跨越。一方面，他用马列主义、毛泽东思想的立场、观点和方法观察、认识事物，把马列主义、毛泽东思想比作“粮食”、“武器”、“方向盘”，他认为不学习，就会辨不清前进的方向，就容易思想迷惘。另一方面，他用马列主义、毛泽东思想来武装自己的头脑，作为自己行动的指南，并把马列主义、毛泽东思想与现实结合起来，把共产主义的远大理想与现实统一起来，这才有了雷锋对人的生命意义的理解，才有了他人生的方向，也有了他对人生存在的价值和目的的独特解读。我们翻开《为人民服务》一文，雷锋就在最后一页的空白处写道：“我觉得一个革命者活着，就应该把毕生的精力和整个生命为人类解放事业——共产主义事业全部献出。我活着只有一个目的，就是做一个对人民有用的人。”他下决心“勤学、苦学、发奋学、学习一生”，在思想上，他产生了像钉子一样“善于挤和善于钻”的学习劲头，很好地完成了各种学习任务，并坚持刻苦学习，做到理论联系实际，始终坚持用学到的理论、观点对照、联系自己的思想、劳动和周围的一切实际事情。“人的生命是有限的，可是为人民服务是无限的，我要把有限的生命投入到无限的为人民服务之中去……”雷锋把中华民族自强不息的精神体现到自己人生旅途中，为自己的人生寻找到一条普通但伟大的道路。

（五）中华民族精神文化是雷锋精神和谐特质的源头

内涵丰富的中华民族精神文化还表现出一种以“普遍和谐”为特质的文化。“和”是事物自身及众多不同事物之间的和谐，“同”是简单的同一。《国语·郑语》记载西周末年史伯的言论说：“夫和实生物，同则不继。”意思是聚集不同的事物而得其平衡，叫做“和”，这样就能产生新事物。中华民族精神文化中崇尚“天人合一”，天道寓于人道之中，天道即人道，要在人道的统一性中见出天道的统一性，达到天人相知、相通、和谐的境界。孟子也提出“天时、地利、人和。”并从人性上解释天人合一，“尽其心者，知其性也，知其性，则知天矣。”西汉董仲舒提出“天人合一”的天人感应，肯定了天与人、自然与人类社会的统一性，并视其为和谐的最高境界。在中华民族精神文化中“中庸”被视为最高美德：“中庸之为德也，其至矣乎。”子思提出：“君子之中庸，君子而中。”进而提出“致中和”思想：“喜怒哀乐之未发，谓之中；发而皆中节，谓之和。中也者，天下之大本也，和也者，天下之达道也。致中和，天地位焉，万物育焉。”就是说，喜怒哀乐没有表现出来的时候叫做“中”；表现出来以后又符合节度，叫做“和”。“中”是天下万物的根本；“和”是天下共行的规则。“致中和”即人、自然、社会之间的和谐均衡。这是几千年来中华民族精神的最高追求，是中华民族精神文化的最终体现。

雷锋从辽宁省鞍山钢铁公司到辽阳弓长岭工作的时候，他写下日记这样要求自己：“努力学习政治，开展思想斗争和批评与自我批评，加强学习，注意团结。”1960 年 1 月 8 日参加中国人民解放军这天，他在日记中写下了：“尊敬领导，团结同志，互帮互爱互学习。”从这些文字中我们可以体会到雷锋高尚和火热的心灵，他在不断调整自己的人生坐标，他告诫自己：一滴水只有放在大海里才永远不干，一个人只有当他把自己和集体的事业融合一起的时候才能有力量。他认识到：力量从团结中来，智慧从劳动中来，在中华民族精神的熏陶下，雷锋表现得更加珍视团结，服务社会，越是困难、越是艰苦的地方，别人不愿意去的地方他就越是抢着去。他说：“行动从思想来，荣誉从集体来……我要永远戒骄戒躁，不断前进。”

中华民族精神文化孕育雷锋精神。雷锋精神既继承了美德，又使中华民族精神文化得到提升，它融会共产主义的道德理想，寄托了人类认同的道德理想，成为不朽的精神典范。

（六）雷锋精神是对中华民族精神文化的升华

雷锋精神体现了我国传统文化的精华，是中华民族特有的民族精神与共产主义道德在当代社会的完美结晶。从民族精神文化的视角来审视雷锋精神，其根源在于此。雷锋精神不仅得到了全面的传承，而且使民族精神文化得到升华。

1. 雷锋精神升华了传统文化的进步思想。“民本”思想和“仁爱”观念，是传统文化中的最富人民性和进步性的思想精华。传统文化讲“民为帮本”（《尚书·五子歌》）；认为“天地之性，人为贵”（《孝经》）在此基础上产生的中华传统美德是“仁者爱人”（《孟子·离娄下》）；是“四海之内，皆兄弟也”（《论语·颜渊》）和“老吾老，以及人之老；幼吾幼，以及人之幼”（《孟子·梁惠王上》）的“泛爱众而亲仁”（《论语·学面》）的道理追求；是“己欲立而立人，己欲达而达人”（《论语·雍也》），“己所不欲，勿施于人”（《论语·卫灵公》）的忠恕之道。雷锋视人民为亲人，雷锋精神的核心是全心全意为人民服务，毫不利己、专门利人，他牢记毛主席教导的“紧紧地和中国人民站在一起，全心全意地为中国人民服务。”雷锋对人民群众无比热爱的深情，他对“人的生命是有限的，可是为人民服务是无限的”认识，以及他把有限的生命投入到无限的为人民服务之中去，毫不利己、专门利人的实际行动充分表明，雷锋的精神境界已经超越了传统文化的“民本”思想和“仁爱”道德观念，把他们升华为一种全新的世界观和人生观。

2. 雷锋精神升华了传统文化的“和”思想。传统文化的“贵和”，是说在任何情况下，“和”都是事物发展所不多追求的目标。传统文化讲“知和而和，不以礼节之，亦不可行也。”（《论语·学而》）强调不能无原则地为求和而求和。周总理概括雷锋精神的题词中赞扬雷锋有“爱憎分明的阶级立场”。雷锋日记中写道：“对待同志要像春天般的温暖，对待工作要像夏天般的火热，对待个人主义要像秋风扫落叶一样，对待敌人要像严冬一样残酷无情。”这表明，雷锋精神准确地把握“和”文化的真谛。

雷锋精神也准确地把握了中华民族自古遵循的“和”文化的深刻内涵。“和”文化充分反映了中华民族的人生之道和哲学智慧。“和”的理念包括对和谐的追求，与对“和为贵”的哲学思想的运用等内容。人内心的和谐，人与人的和谐，整个社会的和谐，一直是传统文化追求的理想境地。儒家尤其重视人内心的和谐，因为这是人际和谐与社会和谐的基础。他们在论及道德高尚、内心和谐的君子人格时说：“言忠信而心不德，仁义在身而色不伐，思虑明通而辞不争，故犹然如将可及者，君子也。”（《荀子·哀公篇》）强调的是，做君王就要忠诚守信又不自认为有德行，道德高尚又没有自夸意思，思虑明晰周全又不自以为是，体现出自然平和的样子，让大家都觉得可以赶上自己。如果按照这样的标准，雷锋的品行可以说比儒家赞赏的君子人格有过之而无不及。雷锋虽然生前就已经是一个全国全军都很有名的先进人物，但是他的心态非常谦逊平和。他把一切荣誉都看成是党的教育、领导的培养、同志们帮助的结果，他从不认为自己比别人强，非常善于团结每一个同志，关心每一个同志，同大家友好相处，并且总是在帮助和带领大家一道进步，这种精神正是我们在构建社会主义和谐社会中应大力发扬的。

第三节　社会主义先进文化引导雷锋精神演化

文化的先进性是一个动态的历史尺度。我国的先进文化有着鲜明的、与时俱进的品格。在我国社会发展的不同时期，在社会主义先进文化的引导下，雷锋精神也在新的时代条件下具有新的内涵和新的时代特征。

一、马克思主义为雷锋精神提供价值引导

马克思主义深刻地揭示了共产主义代替资本主义的历史必然性，是科学的理论，是人类文化的精华，是先进文化的代表。人是文化的主体，人创造了文化，而文化又熏陶人、塑造人、发展人。文化对人的塑造，主要表现在理想价值的建构，形成特定的理想人格，并把特定的文化规范，包括思维模式、行为方式，作为言行的准则。马克思主义的产生是人类思想史上的伟大革命，它为无产阶级和广大人民群众提供了正确认识世界和改造世界的世界观和方法论，提供了革命和建设的行动指南，提供了人们追求崇高的准则。

马克思主义文化理论创建于原始资本主义到资本主义的晚期，这也正是落后的东方专制主义国家到社会主义国家的历史时期。马克思主义所处的环境同时也是它所需要改造的环境，因此，马克思主义的形成过程是在理论和现实的互动中创新的过程，它的文化理论在历史的进程中得以伸展。马克思主义文化理论的多样性和发展性能够解释马克思主义是与不同国家和民族文化交流的产物。同时，也正是马克思主义文化理论在历史时间中的伸展性和在空间中的扩展性，使得马克思主义自诞生之日起，成为全世界学者争相研究的理论，使马克思主义理论走向世界。即在这个意义上体现出的马克思主义文化理论的多样性和发展性，使它能够融入新的社会、文化和政治环境中，而无论是东方还是西方社会。如卢卡契的“物化”理论受到德国马克斯·韦伯“理性化”思想的影响，葛兰西的“霸权”理论受到马基雅维利、克罗齐等意大利思想家的启发；阿尔都塞的“多元决定论”与法国结构主义有关，马克思主义在西方各国都有鲜明的民族特色。在不同的文化传统和社会历史空间的交流与结合中，马克思主义日益获得自身起源之外的理论资源而不断进行理论创新，由欧洲社会主义的一种理论发展成为一种具有全球

普遍意义的文化理论。因此马克思主义不只是一种单纯的、理论上的传统，它是社会发展进程中的最有力的、最有效的解释者，它的文化理论是一种跨文化的理论实践。

马克思主义文化理论具有的一种其他理论所难以替代的关键作用，是因为它虽然产生于西方，但它的理论视野和人文关怀却并不局限于西方，而是建立在追求全人类的全面自由发展之上。在马克思主义的指引下，中华民族精神文化以中华民族精神为精神动力的文化基础，使马克思主义真正地深化到中华民族的灵魂深处，中华民族精神更需要通过马克思主义中国化来实现自我的提升、培育和弘扬。也只有这样，中华民族精神才能不断在新的时代条件下得以升华。这不仅为我们指明了当代境遇下在马克思主义中国化进程中推进中华民族精神的具体方式，也明确揭示了中华民族精神现代化对于马克思主义文化理论的关键意义。其目的正如胡锦涛同志所说："要扎根于中国土壤，把马克思真理的力量深深熔铸在民族的生命力、创造力、凝聚力之中，使当代中国的马克思主义具有更加鲜明的民族特色。"①

马克思曾指出："全部社会生活在本质上是实践的。"② 民族精神就是在一个民族长期的社会实践基础上积淀形成的，它服从于特定民族生存发展实践的需要，同时也以文化传统的形式深刻作用于特定民族的实践创造。因此，民族精神作为一个社会意识范畴，本质上是以一定民族的社会物质生活条件为基础的客观存在，它并非是某种有形物，只能通过各种载体和民族成员的具体行为表现出来。由于这一特性，民族精神虽然无处不在、无时不在地发挥着其巨大的能动作用，但这种作用的发挥是深层的、隐性的。雷锋精神是中华民族精神的典型代表，是中华民族精神在我国社会发展中的具体实践。以雷锋精神中人本、奉献、自强的时代精神，以中华民族精神创新、团结、和谐的思想的时代精神对引

---

① 胡锦涛：《在纪念红军长征胜利70周年大会上的讲话》，《光明日报》2006年10月23日。

② 《马克思恩格斯选集》第1卷，人民出版社1995年版，第56页。

导人民群众价值认同、目标一致都起到了重要作用。

毛泽东指出："自从中国人学会了马克思列宁主义以后，中国人在精神上就由被动转入主动。从这时起，近代世界历史上那种看不起中国人，看不起中国文化的时代应当完结了。"① 马克思主义正是在这样的背景下得以深入到文化精神领域，开始摆脱片面发展的局面，进入了整体推进阶段，成为指引民族精神重新凝聚、提升和高扬的起点。从此，马克思主义不断为中华民族精神赋予新的时代内涵，促使升华后的中华民族精神向马克思主义中国化、时代化、大众化提供文化助力。第一，雷锋精神的传承和发展使中华民族的成员有着共同的精神纽带，跨越外来文化充斥的心理，更好地接纳、认同马克思主义。第二，雷锋精神是中华民族精神现代化的充分体现，是提升本民族成员整体素质的重要途径，民族精神的现代化可以从思维方式、价值取向和社会心理等方面有效地带动中国文化的创造性转化，从这种意义上讲，马克思主义为中华民族精神的发展提供了理性的态度，防止教条主义的发生。第三，雷锋精神成为中华民族精神现代化的表现形式时，中华民族的传统精神与时代精神就发生了互动，这就实现了传统精神与时代精神的统一，给了人们克服困难、开拓进取、持续发展的精神动力。

党的十六届六中全会决议指出，"坚持以马克思主义为指导，推进马克思主义中国化、时代化、大众化，用中国特色社会主义理论体系武装头脑，指导实践、推动工作，确保文化改革沿着正确道路前进"。我们把党的文化发展与执政兴国、民族的生存和发展、社会主义社会的全面协调发展联系起来，深刻体现了其在中国特色社会主义文化事业中的重要地位，更加突出地体现了马克思主义对于我国社会主义文化建设的重要意义。马克思主义所倡导的文化观是科学、理性的文化。追求科学、合理性就是追求对客观真理的掌握，追求对规律的认识。自然科学和社会科学都有鲜明的理性追求。其实，人的情感中也包含理性因素，因此，雷锋精神中所包含的人类美好情感成为人民群众追

① 《毛泽东选集》第4卷，人民出版社1991年版，第1516页。

求的目标。人们越是掌握了事物的客观规律，掌握了真理，就越有条件从被动的“必然王国”走向马克思所说的主动的“自由王国”。“自由是对必然的认识”，因此恩格斯说：“文化上的每一个进步，都是迈向自由的一步。”

雷锋生在旧社会，长在红旗下。他从小就受到先进文化的熏陶，从小就非常执着地追求进步。翻身得解放的生活使他从心底感到“社会主义好”，看到了社会主义建设热潮使整个社会充满着活力和生机。而建设中所遇到的困难，又使他深切地感受到建设社会主义实现共产主义事业的艰巨性。雷锋精神，鲜明地反映他的人生价值取向，也是时代的主旋律。

雷锋有坚定的理想信念。雷锋未满 16 岁就参加工作，先后当过农业社的记工员、县乡政府的通讯员、农场的拖拉机手、工厂的推土机手、人民解放军的汽车兵。他常说，是党的教育给了他无产阶级的思想，给他指出了前进的方向。不管到哪里，他都坚持不懈地学习马克思主义，学习毛泽东思想，学习政治理论。他在日记中表达出最强烈的思想感情，是为共产主义献身，是做真正的共产主义战士。在任何艰难困苦的条件下，他的理想信念都从不动摇，还经常主动要求到最困难的地方去经受锻炼。

雷锋有崇高的人生追求。人生的问题是多方面的，极其复杂的。它涉及人与自然的关系问题，人与人的社会关系问题，涉及人的物质生活和精神生活的关系问题，也涉及现实生活和理想生活的关系问题。但它所涉及的根本问题，是人生的目的和意义，要解决的是人为什么活着的问题。马克思主义以辩证唯物主义和历史唯物主义看待人生，主张无产阶级和人民群众的利益高于一切，是历史上最进步的人生观。雷锋志存高远，力求上进。他激励自己：“我愿做高山岩石之松，不做湖岸河旁之柳，我愿在暴风雨中——艰苦的斗争中锻炼自己，不愿在平平静静的日子里度过自己的一生。”雷锋经常以刘胡兰、张思德、董存瑞、黄继光等英雄模范为榜样要求自己，把自己的生命和党的事业连在一起，和祖国人民的利益连在一起。国家需要钢铁，他不远万里奔赴鞍钢，盼望成为炼钢工人。然而工厂安排他当洗煤工他就当洗煤工，安排他开推土机他就开推土机，从无怨言，积极向上。为了保卫祖国他踊跃参军，后来也服从需要当了汽车兵，并且就在这个岗位上，成为伟大的共产主义战士，实现了人生的辉煌跨越。雷锋生活勤俭朴素，甘于奉献。他把省下来的钱物支持国家建设，捐给灾区人民。坚定的理想信念，崇高的人生追求，这就是雷锋最本质的品德和风格。

二、毛泽东思想是雷锋精神产生的理论基础

以毛泽东为核心的第一代领导集体创造性地运用马克思主义的立场、观点和方法，提出了一套建设新民主主义文化和社会主义文化的理论、路线、方针和政策。毛泽东关于建立民族的、科学的、大众的新民主主义文化的理论，关于文艺为人民群众，首先为工农兵群众服务的原则，关于坚持马克思主义在思想文化领域里的指导地位，实行“百花齐放”、“百家争鸣”，“古为今用”、“洋为中用”的方针等，都是对马克思主义文化理论的继承和发展，理应成为我们建设中国特色社会主义文化的科学指南。

毛泽东思想是党的指导思想的一个组成部分，是关于中国革命和建设的正确理论原则和经验总结。毛泽东作为中国共产党的第一代中央领导核心，在推进马克思主义中国化的历史进程中发挥了巨大作用。正是在以毛泽东为核心的第一代中央领导集体的领导下，我们党才实现了马克思主义同中国革命的第一次结合，形成了马克思主义中国化的第一大理论成果——毛泽东思想。在历史的发展进程中，毛泽东思想的地位经历几个不同阶段的演变。在土地革命时期被称为“农民意识”、“枪杆子主义”而受到排挤和打压；党的七大上，毛泽东思想被确立为全党的指导思想，这之后有一段时间内没有宣传毛泽东思想；但到 1958 年以后，毛泽东思想出现了“大树特树”的局面。党的十一届三中全会后，全党思想路线得到拨乱反正，否定了“两个凡是”，科学、全面地理解毛泽东思想。

毛泽东思想是马列主义在中国的运用和发展，是被实践证明了的关

于革命和建设的正确的理论原则和经验总结，是中国共产党集体智慧的结晶。《关于建国以来党的若干历史问题的决议》指出：“毛泽东思想是我们党的宝贵的精神财富，它将长期指导我们的行动。”“毛泽东同志的重要著作，有许多是在新民主主义革命时期和社会主义改造时期写的，但我们仍然必须学习。这不但因为历史不能割断，如果不了解过去，就会妨碍我们对当前问题的了解；而且因为这些著作中包含的许多基本原理、原则和科学方法，是有普遍意义的，现在和今后对我们都具有重要的指导作用。”毛泽东确立的把马克思主义同中国革命实际相结合的思想原则，形成了党的实事求是的思想路线；而他倡导的一切为人民群众高度负责的观点，转化成为党的工作路线和工作方法。毛泽东作为一个伟大的马克思主义哲学家，始终强调要把马克思主义的世界观和方法论运用于中国的实际，解决好“矢”和“的”的关系。在他看来，辩证法、唯物论是无产阶级的世界观，又是无产阶级认识周围世界和革命行动的方法，是宇宙观和方法论的一致体。他用这种马克思主义哲学思想实践告诉我们，要深入考察客观实际，指导自己的行动，把实事求是的思想原则付诸于实践。

雷锋是在毛泽东的思想哺育下成长起来的一名共产主义战士，雷锋生活的年代是新中国成立后党中央团结各族人民发展壮大我们祖国的年代，这是一个特定的历史年代。在这个时期涌现了很多闪光的人物，从他们身上，处处闪耀着中华民族自强不息、艰苦奋斗的不朽光辉，他们为新中国的建设和社会主义事业振兴贡献了自己毕生的精力。

如马克思所言，任何人都无法超越自身生活的限度，这意味着雷锋精神的培育有其所依赖的特定环境和意识形态，正是在这样一个历史时期，正是有这么多人物对雷锋的影响，雷锋才能同亿万人民一样，把个人的命运与国家、集体、人民的命运紧紧联系起来，把艰苦奋斗与实现共产主义的远大理想结合起来，积极参与，为社会主义建设贡献力量。雷锋从无数的英模人物身上汲取了丰富的思想根基，以他们为榜样，时刻把党和人民的利益放在高于一切的位置，把远大理想化为实际行动，无私地为党、为人民、为社会主义建设事业默默奉献，成为众多典型中的典范。也正是毛泽东思想的影响，雷锋精神才在其特定的土壤中，不断滋养、壮大，具有穿透时空的价值而迈向未来。

在《毛泽东选集》第四卷 136 页中，有这样一段话雷锋加了重点符号：“像兴国与赣东北的同志们，他们把群众生活和革命战争联系起来了，他们把革命的工作方法问题和革命的工作任务问题同时解决了。他们是认真地在那里进行工作，他们是仔细地在那里解决问题，他们在革命面前是真正负起了责任，他们是革命战争的良好的组织者和领导者，他们又是群众生活的良好组织者和领导者。”雷锋之所以在这样一段话下做了标记，那是因为雷锋读懂了《毛泽东选集》所蕴含的理论联系实际的重要原理，认为“革命的工作方法问题和革命的工作任务问题”是密不可分的，是密切相关的，认为“革命战争的良好组织者和领导者”和“群众生活的良好组织者和领导者”是相对统一的，于是在此处写到：工作方法好！

雷锋逐渐摸索出一套学习的方式、方法，并把它运用到实际生活和学习中，对《毛泽东选集》的阅读使雷锋在思想觉悟和政治理论上有了一个质的跨越。一方面，他用马列主义、毛泽东思想的立场、观点和方法观察认识事物，把马列主义、毛泽东思想比作“粮食”、“武器”、“方向盘”，他认为不学习，就会辨不清前进的方向，就容易思想迷惘。另一方面，他用马列主义、毛泽东思想来武装自己的头脑，作为自己行动的指南，并把马列主义、毛泽东思想与现实结合起来，把共产主义的远大理想与现实统一起来。我们翻开《为人民服务》一文，雷锋就在最后一页的空白处写道：“我觉得一个革命者活着，就应该把毕生的精力和整个生命为人类解放事业——共产主义事业全部献出。我活着只有一个目的，就是做一个对人民有用的人。”这就是共产主义战士应有的品格。这些更是他长期坚持不懈地学习毛泽东著作，徜徉在马列主义、毛泽东思想的伟大哲学海洋中不断学习和求索的结果。

在学习中，他还逐渐掌握《毛泽东选集》中的精华，进一步领悟到《毛泽东选集》中的哲学内涵。雷锋写道：“我是在 1958 年夏开始学习毛主席著作的。经过学习，提高了阶级觉悟，武装了头脑，增强了本领。我在学习过程中，始终坚持用学习到的理论、观点对照联系自己的思想、劳动和周围的一切实际事情。这么一联系，不仅加深了对理论的理解，而且更有助于政治理论的提高。”所以说，用雷锋的日记作为这套《毛泽东选集》对他的成长所起到的作用是最有说服力的，也是最真切的。

1961 年 11 月 26 日，雷锋在他的日记中这样写道：“学习了《毛泽东选集》一、二、三、四卷以后，感受最深的是，懂得了怎样做人，为谁活着……我觉得要使自己活着，就是为了使别人过得更美好。我要以黄继光、董存瑞、方志敏等同志为榜样，做一个热爱祖国、热爱人民，永远忠于党、忠于人民革命事业的人。”有了对《毛泽东选集》全面的阅读、理解、领悟，才有了雷锋对人的生命意义的理解和诠释，才有了他人生的方向，也有了他对人生存在的价值和目的的独特解读。“人的生命是有限的，可是为人民服务是无限的，我要把有限的生命投入到无限的为人民服务之中去”，雷锋思想从《毛泽东选集》中得到提高和升华。毛泽东思想使他逐渐地懂得了人生的目的和意义在于全心全意为人民服务的深刻道理，雷锋精神的形成不置可否地是从毛泽东思想中汲取营养的结果。

三、邓小平理论是雷锋精神的时代指引

在改革开放和现代化建设的实践中，以邓小平为核心的第二代领导集体，通过总结和概括社会主义精神文明建设的新鲜经验，创造性地提出了社会主义精神文明建设理论：不但要有高度的物质文明，而且要有高度的精神文明，两个文明都搞好，才是有中国特色的社会主义；要继承和发扬民族的优秀文化传统和党的优良传统，吸收和借鉴人类社会创造的一切文明成果，反对封建主义残余影响，抵制资本主义腐朽思想的侵蚀；要教育人民成为“四有”人民，教育干部成为“四有”干部，特别要教育好青年；要尊重知识、尊重人才，培养一大批优秀的科学家、教育家、文学艺术家和其他各种专家。他关于精神文明建设的重要论述，作为中国特色社会主义理论的有机组成部分，将长期对我国的文

化建设发挥指导作用。

“文化大革命”后，邓小平同志领导党和全国各族人民走上了建设中国特色社会主义的新道路，不仅实现了我国经济的腾飞，还创建了中国特色社会主义理论。在中国特色社会主义理论建立的过程中，邓小平充分考虑实际，在研究了社会主义概念的基础上，具体地分析和提出了怎么建设社会主义及在建设过程中会遇到的问题，并在不断的研究过程中，逐步形成了社会主义现代化建设道路。邓小平理论在分析新情况，解决新问题的基础上不断丰富和完善，使其能够适应现代化社会发展，全面、详细地回答了在社会主义道路上出现的一系列问题，包括其根本任务、外部条件、战略要点和领导与依靠力量等，这一回答应用了政治经济学、哲学、社会主义学科多重领域知识，同时也形成了政治、经济、科学、文化、军事、民族和外交等各个方面的、较为完备的科学理论体系。

（一）邓小平注重将雷锋精神融入新时期社会主义精神文明建设之中

为了保证我国社会主义现代化建设的“三步走”战略顺利实施，在集中建设社会主义物质文明的同时，进一步提高社会主义精神文明建设高度，因此，社会主义精神文明建设思想成为邓小平理论的重要组成部分。1963 年雷锋的事迹在全国传开，毛泽东主席提出“向雷锋同志学习”的号召，包括邓小平等党和国家领导人都为雷锋同志题词。全国形成了学习雷锋精神的可贵精神风貌和良好的社会氛围。雷锋精神唤起了全国人民团结一致进行社会主义建设的积极性和创造性。雷锋精神是新生的社会主义国家精神文明建设的伟大成果，是新中国宝贵的精神财富。邓小平作为第一代领导集体的重要成员直接领导和见证了这一精神建设成果诞生的历程，他深刻认识到这一社会主义的精神建设成果的价值。在“文革”期间，人和人的关系变得非常紧张，社会关系也变得复杂混乱，人们之间没有了信任和友爱。邓小平在一次军委扩大会议的讲话中说：“过去军队同志坐公共汽车，向来是给老人、带娃娃的妇女让座的，现在有的同志不在了。有个同志坐车。一位妇女抱着娃娃，他不让座，娃娃哭了他也不理。旁边有位老人说，雷锋叔叔不在了。”在我国社会混乱严重的时候，邓小平提醒我们恢复雷锋精神的本来面貌，使雷锋精神成为社会健康风气的代名词，可见雷锋精神就是邓小平心目中的社会主义精神文明的象征。从此，人们时常记起邓小平讲的笑话，每当社会出现不良风气，人和人的道德状态出现滑坡时，人们就用“雷锋叔叔不在了”这句话来感叹和忧虑；当社会风气向文明健康转化时，人们会用“雷锋叔叔又回来了”表达心中的赞叹和欣喜。这种用雷锋精神的发展状态昭示社会精神风貌的做法，在邓小平同志首肯和引用后，更加真实、可信。党的十一届三中全会后，在邓小平同志领导下，开始了改革开放的新时期，社会秩序恢复到正常轨道上来，以经济建设为中心，大力发展生产力，提高人民生活水平。随着物质文明的不断进步，精神领域却受到自由主义、个人主义、拜金主义、享乐主义的侵蚀。针对社会上出现的一些不良风气和现象，邓小平严正指出：我们在新民主主义时期，就已经用共产主义的思想体系指导整个工作，用共产主义道德约束共产党员和先进分子的言行，提倡和表彰“全心全意为人民服务”。在新中国的建设中，要抓精神文明建设，一天不放松地抓，从具体事件抓起。要把革命和拼命精神，严守纪律和自我牺牲精神，大公无私和先人后己的精神，压倒一切困难的精神，坚持革命乐观主义精神推广到全体人民、全体青少年中间去，使之成为中华人民共和国精神文明的主要支柱。邓小平同志对雷锋精神中蕴含的崇高的精神十分珍惜，他用新的概括使这一精神得到继承和发扬，把它融入新时期的社会精神文明建设中。

（二）邓小平将雷锋精神融入新时期社会主义精神文明建设理论之中

20世纪五六十年代我国国民经济恢复时期，雷锋精神蕴含的勤俭节约、艰苦奋斗的精神对于全国人民克服困难、发展经济起到了非常大的作用，并形成了可贵的传统。改革开放后，社会上出现了追求物质享受、铺张浪费的现象，败坏了党风和社会风气。1989年邓小平总结说，最近十年的发展是好的，我们最大的失误是教育方面，思想政治工作薄弱了，教育发展不够。我们经过冷静思考，认为这方面的失误比通货膨胀的问题更大。最重要的一条是，在经济得到可喜发展，人民生活水平得到改善的情况下，没有告诉人民，包括共产党员在内，应该保持艰苦奋斗的作风。邓小平提出党风是社会风气的关键，转变党风，是社会主义精神文明建设的重要方面。1990 年 3 月 12 日，中共中央十三届六中全会通过《中共中央关于加强党同人民群众联系的决定》，第一次通过党中央文件提出领导干部学雷锋。2003 年，胡锦涛重申毛泽东主席在党的七届二中全会上提出的“两个务必”，提出我党务必保持谦虚谨慎、不骄不躁的作风，务必保持艰苦奋斗的作风。雷锋艰苦奋斗精神已经在邓小平同志的倡导下得到了继承。

（三）邓小平将雷锋精神融入新时期构筑中国特色社会主义的共同理想之中

1963 年邓小平为雷锋题词：“谁愿当一个真正的共产主义者，就应该向雷锋同志的品德和风格学习。”从题词的内容中，我们可以看到，邓小平对雷锋精神的理解最早是从理想教育的角度入手。雷锋精神体现了共产党员的社会理想和人生观、价值观。20 世 80 年代邓小平总结经验时指出：“现在中国提出‘四有’，有理想、有道德、有文化、有纪律。其中我们最强调的，是有理想。根据我长期从事政治和军事活动的经验，我认为，最重要的是人的团结，要团结就要有共同的理想和坚定的信念。我们过去几十年艰苦奋斗，就是靠用坚定的信念把人民团结起来，为人民自己的利益而奋斗。没有这样的信念，就没有凝聚力。没有这样的信念，就没有一切。”① 在邓小平的倡导下，培养适应社会主义现代化要求的一代又一代有理想、有道德、有文化、有纪律的公民，逐渐形成有中国特色社会主义文化建设的重要任务。理想建设成为精神文明建设的重要内容，经过不断的探索和总结，我们终于在理想问题上取得共识。雷锋精神既是崇高的人类美好的共同目标——共产主义精神的典范，又是每个公民为党、为祖国、为人民的阶段性理想——建设中国

① 《邓小平文选》第 3 卷，人民出版社 1993 年版，第 190 页。

特色的社会主义的要求。

四、“三个代表”重要思想是雷锋精神的精神内核

党的十六大的一个历史性决策和重要贡献，就是确立了“三个代表”重要思想的指导地位。我们党之所以要做出这一历史性的重大决策，正如胡锦涛总书记强调的，是因为这一重要思想反映了当代世界和中国的发展变化对党和国家工作的新要求，是面向21世纪的中国化马克思主义。江泽民同志2000年2月25日在广东省考察工作时，从全面总结党的历史经验和如何适应新形势新任务的要求出发，首次对“三个代表”重要思想进行了比较全面的阐述。江泽民指出：“总结我们党七十多年的历史，可以得出一个重要结论，这就是：我们党所以赢得人民的拥护，是因为我们党在革命、建设、改革的各个历史时期，总是代表着中国先进生产力的发展要求，代表着中国先进文化的前进方向，代表着中国最广大人民的根本利益，并通过制定正确的路线方针政策，为实现国家和人民的根本利益而不懈奋斗。”①

“三个代表”重要思想的本质在坚持执政为民，关键在坚持与时俱进，核心在保持党的先进性。学习贯彻“三个代表”重要思想必须以最广大人民的根本利益为根本出发点和落脚点。坚持立党为公、执政为民，必须落实到党和国家制定和实施方针政策的工作中去，必须落实到各级领导干部的思想和行动中去，必须落实到关心群众生产生活的工作中去。雷锋是全心全意为人民服务的典型。他的一生，是平凡而伟大的一生。他生前走到哪里，就会把好人好事做到哪里，表现出了一种高尚的助人为乐的共产主义风格。他对党对祖国有无比深厚的感情，把党比作自己的再生父母。他对工作充满了无比的热情和干劲。他当过农民、工人、士兵，开过拖拉机、推土机、汽车，不管干哪一行都取得了优异的成绩。他对待同志亲如兄弟，关心别人甚于关心自己。他在生活上，艰苦朴素，“节约箱”、“千层底”成了勤俭节约的象征。雷锋牺牲时年

① 《江泽民文选》第3卷，人民出版社2006年版，第2页。

仅22岁，生命虽然短暂，但生命的价值却是永恒的。他“把有限的生命投入到无限的为人民服务之中去”，成为千百万人学习的榜样，成为一代又一代人学习的模范。雷锋精神是“三个代表”重要思想生动的体现。

“三个代表”重要思想是党的长期指导思想，主要特点是解决我们党在新世纪里举什么旗、走什么路、实现什么目标的重大问题。强调的是“做什么，怎么做”的问题，是理论命题；而雷锋精神强调的是“做”的问题，是实践命题。只有把理论命题和实践命题统一起来，才能成为一个完整的命题。用“三个代表”重要思想指导新的实践，并努力在实践中继续发展马克思主义，这是一个把学习贯彻“三个代表”重要思想不断引向深入的基本要求，务必在武装思想和指导实践两方面都取得新的成效。这就要注重坚持学习理论和指导实践相结合，坚持改造客观世界和改造主观世界相结合。雷锋精神最基本的是爱，是无私奉献，是乐于助人，是艰苦奋斗，这些是人类公认的美德。雷锋精神就是爱国、爱民，用自己所能及之力完善这个世界。这一精神代表了中国共产党人的奋斗方向，具有共产主义的思想特征。雷锋说：一个革命者，当他一进入革命的行列的时候，首先要确定坚定不移的革命人生观。当他看完《纪念白求恩》后，他说：“一个人能力有大小，但只要有这点精神，就是一个高尚的人，一个纯粹的人，一个有道德的人，一个脱离了低级趣味的人，一个有益于人民的人。”并且明确表示：我要做一个对人民有用的人。雷锋把这些从书籍中汲取的理论和知识，真正看做是指导自己行为的指南，因此雷锋精神体现了理论与实践的统一。雷锋的日记是他一生的真实写照，是雷锋精神的具体体现，他始终保持着昂扬的精神状态和高尚的革命道德，在平凡的岗位上做出了不平凡的成绩，用生命践行了为共产主义事业毕生奉献的誓言。

“三个代表”重要思想的内容之一，是代表先进文化的前进方向。历史证明，文化对人类社会的发展具有巨大作用，先进的文化推动社会发展，落后的文化阻碍社会发展。中国先进文化是指以马克思主义为指导，以培育有理想、有道德、有文化、有纪律的公民为目标，发展面向现代化、面向世界、面向未来的，民族的科学的大众的社会主义文化。这种先进文化，是坚持马列主义、毛泽东思想和邓小平理论在思想文化领域指导地位的；是坚持以爱国主义、集体主义、社会主义的思想为内核，大力弘扬这个主旋律的；是坚持继承和发扬中华民族的优秀文化传统，使文化发展有着鲜明的中国特色的；是坚持借鉴和吸收世界一切文明成果，使文化发展有着鲜明的时代特色的；是坚持文化的大众化，为广大人民群众喜闻乐见，不断满足群众多方面、多层次精神文化需求的。在这种意义上讲，雷锋精神具备中华民族的先进文化的特征，成为中国先进文化的代表。雷锋精神诞生在20世纪60年代，体现了中华民族的优良传统和美德。雷锋毫不利己、专门利人、无私奉献、一心为民的精神，是对中华传统美德的传承，具有鲜明的民族特征；同时雷锋精神又充满了共产主义精神的气息，因此它是中华民族精神和共产主义精神的融合。雷锋精神不仅是当代中国的精神财富，而且也是世界先进文化的一部分。雷锋的共产主义精神是无产阶级和广大人民利益的体现，同时也是人类最高利益的体现，它吸引世界不同肤色、不同民族、不同语言的广大人民对真、善、美的执著向往与追求。雷锋精神是现实人格典范、社会主义新型人际关系的象征，是我们宝贵的精神财富。其精神实质与“三个代表”重要思想的实质要求相契合。“三个代表”重要思想是我们党获得力量的源泉，丢掉了“三个代表”重要思想，党就丧失了生命力和战斗力。

五、科学发展观是雷锋精神的发展动力

科学发展观是中国特色社会主义理论体系的重要组成部分，是发展中国特色社会主义必须坚持和贯彻的重大战略思想。科学发展观是在探索和回答中国特色社会主义的理论主题，即什么是社会主义，怎样建设社会主义的问题。胡锦涛等党和国家领导人从新世纪，新阶段我国面临的新情况，从解决我们党当前存在的突出问题入手，把求真与务实相结合。胡锦涛提出：“关键是要引导全党同志不断求我国社会主义初级阶段基本国情之真，务坚持长期艰苦奋斗之实；求社会主义建设规律和人

类社会发展规律之真，务抓好发展这个党执政兴国的第一要务之实；求共产党执政规律之真，务全面加强和改进党的建设之实。”[①] 胡锦涛同志对如何认识中国新世纪、新阶段社会主义的思考，集中体现在我们应该实现什么样的发展问题上。他把这一问题上升到发展观的高度。对于发展观的重要性，他有着清晰的认识。他指出：“经验表明，一个国家坚持什么样的发展观，对这个国家的发展会产生重大影响，不同的发展观往往会导致不同的发展结果。”[②] 科学发展观深化了对社会主义文化建设本质规律的认识，丰富和发展了马克思主义文化理论。

科学发展观的核心是以人为本。科学发展观进一步揭示了社会主义文化发展的根本目的和主体力量。坚持以人为本，是我们党根据历史唯物主义关于人民是推动历史发展的根本力量的基本原理提出来的。它蕴涵着发展的主体是人民群众，发展的目的是最大限度地满足人民群众的需要，发展的最终目标是实现人的全面发展等思想观点。这集中体现了我们党全心全意为人民服务的根本宗旨和立党为公、执政为民的执政理念，集中体现了我们党坚持以最广大人民群众的根本利益为出发点和落脚点的根本立场。坚持以人为本，是指导我国经济社会发展的一个核心理念，也是必须贯穿于社会主义文化建设的一个根本原则。以人为本的丰富内涵，充分体现了社会主义价值理念和我们建设社会主义的根本目的。因为马克思主义认为，“人不仅有物质需要，还有精神的需要，不仅有生存的需要，还有享受的需要、发展的需要”。雷锋精神的核心是全心全意为人民服务，就是以人为本。进入新世纪、新阶段以来，随着人民生活总体上达到小康水平，人民群众的需求层次提高了，内容多样化了，因此，弘扬雷锋全心全意为人民服务的精神，就要坚持科学发展观，坚持社会各个领域全面发展，满足人民群众不同层次的需求。

---

① 中共中央文献研究室：《毛泽东、邓小平、江泽民论科学发展》，中央文献出版社 2009 年 1 月版。

② 《新华月报》编：《十六大以来党和国家重要文献选编》（上），人民出版社 2005 年版，第 849 页。

科学发展观的基本要求是全面协调可持续发展。科学发展观拓展了社会主义文化建设的战略布局和现实路径。科学发展观昭示人们，文化与经济、政治、社会既相互紧密联系，又各自有特殊领域和规律。文化建设为经济建设、政治建设和社会建设提供精神动力和智力支撑，经济建设、政治建设和社会建设又分别为文化建设提供物质基础、政治保证和社会条件。社会发展要全面协调可持续，作为社会组成部分的文化发展也是这样。科学发展观内在地规定了我们的文化建设必须按照中国特色社会主义事业的总体布局，坚持社会主义先进文化前进方向，着力推进文化的内容形式、方法手段、体制机制的改革创新，推动社会主义文化大发展大繁荣，使人民文化权益得到更好的保障，使社会文化生活更加丰富多彩，使人民精神风貌更加昂扬向上。我们不仅要有自觉的发展意识，坚持“两手抓”，一手抓公益性文化事业，一手抓经营性文化产业，推进文化的全面协调可持续发展，而且要促使我国的文化建设与经济建设、政治建设、社会建设、生态建设相适应，有力地推动社会主义物质文明建设、政治文明建设与和谐社会建设。这是把科学发展观贯彻到文化建设中的本质要求。雷锋精神是中华民族传统美德的延续，是中国共产党全心全意为人民服务宗旨的具体标志，是社会主义先进文化的集中体现。以科学发展观为发展动力，在现代社会文化的变迁中，具有独特的思想内涵、表现形式、活动方式和社会影响力，构成了社会主义理想和共产主义精神的特殊价值体系。筑造了新思想、新观念、新品德、新人格，展现了崭新的、令人向往的精神风貌。毛泽东主席的“向雷锋同志学习”的题词，为今后持久学习雷锋精神留下了无限的空间，雷锋精神是可以超越时间、空间的。在 21 世纪的今天，我们完全可以看到雷锋精神全面、具体地体现了社会主义核心价值体系。他的崭新精神和时代风貌引领着时代潮流和社会走向，为精神文明建设和物质文明建设注入了无穷无尽的生机和活力。雷锋是与时俱进的。雷锋作为一种先进文化，具有鲜明的时代特征、科学的思想理论、广泛的群众及其强大的凝聚力和感召力，也具有自身的拓展潜力和自我更新能力，表现了自我发展、自我完善、自我超越的与时俱进的开放精神。雷锋在他

走过的人生道路上是与时俱进的，所表现出来的精神也是与时俱进的。16 岁高小毕业后不久，他便到望城县委机关当公务员。他积极响应国家号召，驾驶望城县第一台拖拉机，开赴团山湖农场，垦荒耕地；1958 年，国家要加强工业建设，雷锋便响应祖国的召唤，毅然来到东北的鞍钢，成为一名钢铁工人；1960 年，雷锋踊跃报名，入伍应征，加入了人民解放军的行列，一边保卫祖国，一边建设祖国。雷锋以时代的发展和祖国人民的需要，奉献出了自己的全部热血和力量。他月一种平静的和贴近时代的方式表现出来具有普遍意义的精神，引领时代的潮流。他的这种精神具有划时代的意义。

构建社会主义和谐社会，是科学发展观的社会观。实现社会和谐，建设美好社会，始终是人类孜孜以求的一个社会理想，也是包括中国共产党在内的政党不懈追求的一个社会理想。社会和谐是发展中国特色社会主义的基本要求，是实现经济社会又好又快发展的内在需要。促进社会和谐，是建设中国特色社会主义的两大基本任务之一。雷锋精神中蕴含着丰富的社会和谐思想，深入挖掘和实践这些和谐思想，会为和谐社会的构建提供强大的精神动力和可靠的思想保证。雷锋在日记中写道："对待同志像春天般温暖，要处处为别人着想。"互相帮助有助于在全社会形成"我为人人，人人为我"的和谐人际关系。雷锋时刻告诫自己："如果你是一滴水，你是否滋润了一寸土地？如果你是一缕阳光，你是否照亮了一片黑暗？如果你是一颗最小的螺丝钉，你是否坚守在你生活的岗位上？"雷锋的这种奉献意识有利于化解社会矛盾，促进社会和谐，树立良好的社会风气，实现社会安定。

《中共中央关于构建社会主义和谐社会若干重大问题的决定》明确指出："建设和谐文化，是构建社会主义和谐社会的重要任务。"和谐文化是和谐社会的思想基础。建设社会主义和谐文化，是建设富强、民主、文明、和谐社会主义现代化国家的客观要求。一个社会要和谐，在本质上体现为一种和谐的文化精神。没有和谐文化，就没有和谐社会的思想根基。建设和谐文化，是构建社会主义和谐社会的重大任务。充分利用雷锋精神中的社会和谐思想资源，倡导和谐的价值，建设和谐文化，可以为社会主义和谐建设提供更坚实的思想基础，为雷锋精神的发展提供动力。

时代在不断变化，然而我们党实现共产主义的最高理想和最终目标没有变，我们党坚持全心全意为人民服务的宗旨没有变。中国需要雷锋精神，世界需要雷锋精神，时代需要雷锋精神，我们在发展中国先进文化的同时，雷锋精神也将在新的时代条件下具有新的内涵和新的时代特征。在社会主义先进文化的引导下，雷锋精神不但没有“过期”，反而不断地通过一个又一个具有鲜明的时代特征的伟大精神而得到发扬，得到延伸。

第三章 雷锋精神反哺先进文化

古往今来，有多少人勒石立碑，想使自己千古留名；有多少人修史撰志，想叫自己永垂史册。然而，那些显赫一时，喧嚣一时的名字，又有多少能随着时光的流逝而永远深深地植根于人民群众的心中，能鲜活地存在于人民生活的每一个角落？在中国的煤都抚顺，耸立着一位平凡英雄的雕像。他身穿棉军装，头戴棉绒帽，捧书扛枪，昂首阔步，行走在一个永不消逝的生命镜头里。这位平凡的人就是镌刻在中国人民心扉上的英雄，共和国的一名普通士兵——雷锋。

第一节 雷锋精神是先进文化的重要元素

不能忘却的是雷锋，永恒存在的是雷锋精神。雷锋的先进事迹数不胜数，雷锋用他短暂的生命向世人诠释了全心全意为人民服务的真谛，展现了无私奉献、先人后己、关心国家、关心集体的社会主义道德和共产主义精神。人类认识的发展规律要求我们在实践的基础上，总结、论证、学习、宣传经验，雷锋精神是概括社会人即雷锋在实践的过程中所形成和创造的一种精神文化。对雷锋事迹的发现、挖掘、总结和宣传，逐渐形成了雷锋精神。长期以来，雷锋精神接受了实践的检验，随着时代的前进而与时俱进，这充分显示出了雷锋精神的生命力。雷锋精神已经成为时代精神文明的同义语，先进文化的表征。

一、雷锋精神文化的先进性特征

雷锋精神本质上是一种文化创造、一种文化建设、一笔文化财富。雷锋精神能够成为一种文化与其丰富的内涵有着密切的关系。文化本身有着极其复杂的结构，包括知识、情感、伦理、信仰等各种要素。雷锋精神已经内在地包含了文化的构成要素。对雷锋事迹的提炼概括而形成的雷锋精神，是教给人们如何助人为乐，践行社会主义价值观的知识理论。雷锋精神包含着文化的情感。雷锋为他人服务，为集体服务，为国家服务时，是充满了对人们的真挚情感的，是发自内心的。只有这样，他才能乐在其中，才能持之以恒地坚持。不是做一件好事，也不是做一天好事，而是做无数件好事，做一辈子好事。雷锋精神是一种伦理规范，它协调了人与人、人与群体之间的利益关系，告诉人们如何实现真善美，如何协调个人利益与集体利益，协调眼前利益和长远利益，并发挥其在社会中的影响力，潜移默化地影响普通人的行为。雷锋精神是先进文化的体现，应该成为人们的信仰。雷锋精神为人们找到精神上的归宿和寄托。

雷锋精神文化如何成为先进文化？这是我们解决雷锋精神文化先进性特征首先要理清的问题。先进文化是一个历史性的范畴。一种文化的先进性就在于：它既能为当下时代的发展提供强大的精神动力和智力支持，焕发该文化群体的生命力、创造力、凝聚力，同时又能超越具体的时代环境，而具有普遍和持久的价值。毛泽东在民族革命时期提出了“民族的科学的大众文化”，指明了先进文化及先进文化建设的内容、目标和方向。邓小平同志提出“面向现代化，面向世界，面向未来”的三个面向原则，赋予了先进文化以开放的、与时俱进的时代精神和先进性标志，“三个代表”重要思想将文化、生产力和人民利益统一起来，从党的使命和社会全面发展的高度进一步阐明了先进文化的本质内涵和建设先进文化的根本途径，从而确立了今后我国先进文化建设的根本指导方针。即发展面向现代化、面向世界、面向未来的民族的科学的大众的社会主义文化。雷锋精神形成于激情燃烧的年代，成为那个时代

的精神主流，感染了千千万万名朴实的中国人民。雷锋精神发展并创新于中国现代化发展的进程中，具有永恒的超越时间限制的价值。

（一）雷锋精神文化在深入群众中奠基先进性

雷锋精神植根于、发展于人民群众之中。雷锋没有做过惊天动地的大事，他的先进事迹都是人人可以做到的小事，但正是这些小事，体现出了雷锋精神文化的先进性，即伟大的人格、伟大的思想和伟大的精神境界。建设先进文化就是要自觉地在内容上反映人民群众的心声，表达人民群众的精神诉求。

雷锋是一个平凡的人，一个开着拖拉机种地收粮的农家子弟，一个开着推土机建设铁矿的青年工人，一个驾驶着解放牌汽车的普通士兵。但他始终能在自己的岗位上，干一行爱一行，仔细钻研，刻苦努力，乐于助人，奉献自己。并不是所有人的成功，都需要惊天动地。如果每个人每一天都是充实奋斗的一天，个人能够实现自己的价值就是对社会做了贡献，为社会价值的实现出了一份力。雷锋用个人的行动实现着自我价值，并且形成了一定的社会影响力，使那个时代出现了更多的“雷锋”。雷锋身上所体现出来的集体主义、社会主义、共产主义的精神，是那个时代所孕育的精神，代表了那个时代发展的主流和方向。

雷锋是一个平凡的人。他儿时失去父母，身后未留子孙，仅有小学文化，却用自己坚实的人生足迹写了一部人生大书。关于劳动创造和人生价值，关于人为谁生，人怎样活，关于自我实现和自我超越，关于内在美与外在美，关于人格修养和知识修养，他都给人们提供了一个学习的榜样。让我们感受到：雷锋并不遥远，雷锋就在我们的身边。雷锋精神形成和发展于当代，当代人的精神价值指向和需求决定着雷锋精神价值实现的效能和人民认同度。人人可以学雷锋，人人可以当雷锋，人人可能是雷锋。雷锋精神作为先进文化当之无愧。

雷锋是一名共和国的战士。“全心全意为人民服务”是党的宗旨。“为人民服务”是马克思主义人生观的精辟概括，也是它的核心、灵魂和基本特征。雷锋生在旧社会，长在新中国。在旧社会，他感受到的是冷漠、残酷，使他非常地渴望关爱；在新社会里，他感受到了共产党的关心，人民政府的哺育，使雷锋，也是那个时代的许多人都在强烈的反差中产生了一种感恩的情感，要回报党，回报社会。

雷锋精神是社会主义所倡导的精神文明，是先进文化建设的重要组成部分。人是文化的创造者，也是文化的享有者、传承者。雷锋在生活实践的过程中创造的雷锋精神文化，是代表着人民群众利益，代表着人民群众愿望，代表着人民群众追求的文化。要在人民群众中广泛地传播，由大众传承。新时期建设中国特色社会主义文化，归根结底就是为了满足人民群众日益增长的精神文化需要，不断丰富人们的精神世界，增强人们的精神力量，促进人的全面发展。雷锋精神文化为人们正确处理个人与他人关系、个人与集体关系提供了引领和指导。

在社会主义市场经济发展的过程中，随着文化多元化的发展，各种各样的文化充斥着人们的精神世界，对雷锋的理解也出现了不同的声音。有人说，为人民服务的思想，在雷锋生活的那个年代值得提倡，但如今市场经济讲的是等价交换，雷锋精神过时了；有人说，在改革开放的年代，人们关注的是自我价值的实现，雷锋那种奉献社会、服务人民的价值观，已经过时。然而，正是在这样的时代，正是有了许多不同的观点和态度，才更加凸显出了雷锋精神的时代意义和重要性。人们会崇尚雷锋的远大理想，珍视雷锋的艰苦朴素，怀念雷锋的集体主义精神。

这样，在雷锋离开的日子里，对雷锋精神的认识和传承就提出了新的要求。但正是因为雷锋精神是从群众中成长起来的，他不高高在上，他不遥不可及，他就在我们身边，雷锋精神随处可见，雷锋精神才永葆青春活力。先进文化必须要反映人民群众的理想愿望和审美要求，必须要代表人民群众的根本利益，必须要满足广大人民群众的不断增长的精神生活需求，必须对人民群众有陶冶、教育和愉悦作用。如果脱离了人民群众的文化而成为少数人的贵族文化，那就不是保障人民群众利益的先进文化，就不能形成民族的科学的大众的社会主义文化。雷锋精神就是这样一种先进的社会主义文化。

（二）雷锋精神文化在求真务实中体现先进性

所谓“求真”，就是“求是”，也就是依据解放思想、实事求是、与时俱进的思想路线，去不断地认识事物的本质，把握事物的规律。所谓“务实”，则是要在这种规律性认识的指导下，去做、去实践。求真与务实的统一，是马克思主义认识论的必然要求和本质体现。求真务实是我们党的思想路线固有的特征，是每个共产党人应有的政治品格。

雷锋是在社会主义、共产主义的思想教育下成长起来的，雷锋精神是在马克思主义理论体系的指导下发展的。中国共产党一直都把马克思主义作为自己的世界观和行动指南。江泽民曾指出：没有先进理论武装的党，不可能是先进的党；没有先进理论武装的共产党员，不可能发挥先进战士的作用。马克思主义的基本立场、观点和看法，是我们在任何时候都要坚持的根本。如果背离了马克思主义的基本原理和科学精神，就会丧失根本，就会导致思想混乱和方向迷失。马克思主义要构建人的全面发展的自由王国，必然要求人的精神境界提高到共产主义道德、共产主义精神的层面。雷锋精神闪耀着共产主义的光辉，体现着为人类的最高理想而奋斗的追求和实践。当然，这种远大理想是以社会主义思想道德为基础的，离开了这一基础，共产主义只能是空谈，雷锋从本职工作，从身边小事做起，用自己的实际行动努力实践这一理想，把理想和实践结合起来。这种实践是以全部实践为基础的，不仅体现在某一时段，某些方面，更体现在要从小事做起，最终达到质变，实现灵魂净化和实践的升华。

社会中的人有根据自己的需要对外部文化世界的价值和意义进行选择、吸收和控制的能力。当在人生一定阶段需要某种人生价值和生活意义的时候，他就会对文化世界的价值和意义进行积极、主动的选择和吸收。人们正是根据自己的需要进行文化价值和意义的选择，所以他的选择是有组织能力和控制能力的。人们永远会对他需要的那些价值充满兴趣，进而对符合他们需要的东西主动地加以选择和吸收，对不符合他们需要的东西则抑制、排斥。正是这样的社会实践及通过生物心理机制的思维、理解、体验、联想、想象、感悟等活动，人们产生了自己的思想和自己的精神。雷锋精神体现了有机体个人根据自己的需要和兴趣，选择正确的、有利的精神追求和思想。将雷锋事迹，雷锋现象提升概括为一般的精神和规律，并向社会推广，让社会中的人在雷锋精神的指导和熏陶下，提升个人思想境界。

雷锋精神与社会主义荣辱观所展示的道德境界完全一致，也是全社会应该遵守和奉行的价值标准和道德要求。求真务实地发展雷锋精神，还要求我们要以科学的态度来对待雷锋和雷锋精神，要实事求是地把握雷锋精神，恢复雷锋精神的本来面目。雷锋精神的实质是热爱祖国，是甘于奉献，是乐于助人，是服从大局、不计较个人名利得失，是在平凡的岗位上做出不平凡业绩的“螺丝钉”精神。雷锋所追求的价值目标是集体主义和全心全意为人民服务。这是在集体中实现个人价值，在个人价值的实现中提升集体价值的“双赢”互动。在和谐社会的构建中，个人的自我价值目标不是孤立存在的，社会价值目标有赖于无数自我价值目标的有序整合。只有以自我价值目标促进社会价值目标，以社会价值目标带动自我价值目标，才能实现社会和个人的两个价值目标的完美统一。

（三）雷锋精神在与时俱进中发展先进性

任何先进的理论和学说在历史长河的运动中都必须发展和创新，这样才能永葆生命力。“面向现代化，面向世界，面向未来的，民族的科学的大众的”中国先进文化，凝聚了中国共产党几代领导集体的智慧，也是随着时代的发展而逐步完善的。

中华人民共和国成立63载，中国共产党成立91年，改革开放34年，我国的政治、经济、文化、社会建设都取得了重大的成就，但同时也面临着许多新问题、新情况，这就要求我们以更加深邃的历史眼光和更加广阔的世界视野，深刻认识和把握发展要求和根本趋势，不断研究新情况，解决新问题，形成新认识，开辟新境界。如果雷锋精神不能始终站在时代前列和实践的前沿，如果我们故步自封地面对雷锋精神，雷锋精神就不能发展，学雷锋的方式方法就不能进步，雷锋精神就有被遗忘、被淡漠的危险，甚至会被时代淘汰。

与时俱进体现和要求雷锋精神的进取性。与时俱进昭示和要求人们要有一种紧迫感，一种深切的忧患意识，一种昂扬向上、奋发有为的精

神状态，一种不甘落后、奋起直追、实现民族复兴的雄心壮志和能力。雷锋精神所展示的就是一种不怕吃苦，乐于奉献的精神状态。我们要像雷锋那样刻苦学习，努力钻研。用现代科学文化知识武装自己，提高自己，完善自己。要像雷锋那样把有限的生命投入到无限的为人民服务中去，全心全意为人民服务。要像雷锋那样干一行，爱一行，要从自己的具体岗位出发，爱岗敬业，诚实劳动，勤奋工作。

与时俱进要求雷锋精神具有时代性。与时俱进要求理论要与时代同步，正确反映时代的主题和本质，更要具有一定的前瞻性，认清并把握时代和世界发展的大趋势，进而始终站在时代发展和世界潮流的前列，否则就要落伍，甚至被淘汰。这与教条主义、主观主义、因循守旧的思想方法和思想作风是相对立的。一切要以变化了的时间、地点、条件的转移为转移。我们要深刻把握雷锋精神的内涵和实质，不能纠结于形式，要在实践中把握内涵，创新形式，贯彻雷锋精神。雷锋精神也体现了世界上一切向往真善美的人们的共同追求。雷锋精神不仅是中华民族的，也是人类文明殿堂中宝贵的财富，开辟了人类道德实践的新境界。

与时俱进要求雷锋精神具有创新性。认识的最终目的和最高价值是发现和掌握真理。与时俱进的真谛是昭示和要求人们不断发现和掌握新的真理，从而避免真理可能因跟不上事物的发展变化而变为“谬误”，避免认识可能因跟不上事物的发展变化而产生偏差，使我们始终在科学理论的指引下，进行卓有成效的社会实践。邓小平多次指出：“不以新的思想、观点去继承、发展马克思主义，不是真正的马克思主义者。”①“真正的马克思主义者必须根据现在的情况，认识、继承和发展马克思列宁主义。”② 与时俱进要从思路上创新。即学其精神，不能停留在简单的模仿上。要从方式上创新，要反对主观主义、本本主义、教条主义。

雷锋的事迹影响了一代又一代青年奋发向上。雷锋的精神激励和鼓

---

① 《邓小平文选》第 3 卷，人民出版社 1993 年版，第 292 页。

② 同①，第 291 页。

舞了无数的人。一个先进模范人物对群众的影响如此之深、之大、之久，在历史上是罕见的。雷锋的事迹和精神具有如此大的感染力和影响力，从根本上说，是因为它适应了时代发展的要求，代表了社会进步的方向。

二、雷锋精神对先进文化建设的时代价值

雷锋精神是在实践的过程中不断形成的。雷锋精神深深地植根于现实的经济、政治、生活当中。马克思主义认为：一定的文化是一定的社会经济和政治在观念上的反映，同时又对经济、政治的发展提供精神动力和智力支持。随着社会的发展与进步，社会经济、政治的发展，雷锋精神也不断地充实新的内涵。改革开放之后，经济主体利益多元化的特征日益明显，在经济领域经济成分和情况的复杂性，必然造成文化领域先进与落后，健康与腐朽，进步与反动等多种文化类型的同时并存、相互较量的复杂局面，由此而形成了多样的文化格局。为了保证社会前进与发展的正确方向，必须要弘扬和倡导先进文化。雷锋精神文化要不断地与社会主义市场经济相适应，与社会主义和谐价值体系相统一，为全面建成小康社会而提供坚实有力的精神支撑。

（一）雷锋精神是深化改革开放时期的精神倡导

中国特色社会主义的现代化进程在改革开放的指引和推动下，加快了前进的步伐。改革开放 30 多年风雨兼程，有过挫折和磨难，有过猜测和怀疑，但人民生活水平提高的现实不容置疑，现代化发展的进程不可逆转。有两点是无法否认的事实，一是中国已经成为世界第二大经济体；二是以马克思主义为指导的社会主义核心价值体系，是中国的主流意识形态。

当今中国发展所取得的成就已经使中国成为世界瞩目的焦点，对它的钦佩、赞誉、惊叹固然不胜枚举，但是对它的猜测、怀疑、担忧和嘲讽也出现在许多国家特别是西方主要国家媒体和政客的言论中。即使在国内，由于社会发展变化以及各种矛盾问题的发生、积累和激化，人们也时常表现出种种不满的情绪、心态和言论。在改革开放的社会浪潮

中，各种思想相互碰撞滋生出了个人主义与集体主义、利己主义与利他主义、拜金主义和理想主义的相互对立，在这三种主义相互激荡、相互博弈的过程中，以代表集体主义、利他主义、理想主义的高度升华和凝聚的雷锋精神成为时代主旋律。有些人在追求自己利益最大化的过程中，往往就会把个人与社会对立起来，把社会利益的实现看做是对自身利益的一种损害；主张一切都要从个人的需要和利益出发，使个人利益高于集体利益，从而为了实现自身的利益而不择手段，损害集体和他人利益。法国的存在主义哲学家萨特认为：他人就是地狱。人只有自己独处的时候，才是真实的自己，才是自由的自己。而只要和他人发生联系，和他人交往时，自己的自由就要受到限制而不能快乐。很显然的，这是一种个人主义的错误认识，这样只会导致人与人之间关系的淡化和冷漠，迫使个人对他人不信任，只相信自己、依靠自己，逐渐变得孤独、自我。这样的文化不应该也不能成为社会主义社会文化倡导的主流。

那么面对波澜壮阔的社会主义现代化建设洪流，中华儿女应该以什么样的精神风貌和思想状态，既继承前人文化成果又直面现实情况，且能创造性地弘扬以改革创新为核心的时代精神，全面推进我们的经济、文化建设，成为总结历史、开拓未来的重大课题呢？体现艰苦奋斗，勤俭节约，反对拜金主义，享乐主义，极端个人主义的奋发有为精神的雷锋精神就是在继续深化改革开放时期承前启后，继往开来，奋力开拓创新，实现跨越发展的精神。

改革开放是旧思想与新思想的碰撞，是东方思维与西方思维的摩擦，在这样一种新旧思维的碰撞中，雷锋精神所承载的宝贵品质和高尚道德情操占据了主导并对社会主义现代化建设起着积极的影响与作用。先进文化建设所要倡导和培育的道德规范在雷锋精神里面都有所体现。雷锋精神为培养理想人格，完善个人内在道德精神，创造和谐精神世界树立了现实的人格楷模。

雷锋精神是主流的时代精神。雷锋精神体现的是社会主义社会所倡导的社会公德，职业道德，家庭美德。社会主义道德规范要求人们爱岗敬业，诚实守信，尊老爱幼，扶贫济困，礼让宽容等。这些基本内容和要求在雷锋精神里面都有所体现。在雷锋的具体平凡事迹中，我们看到了集体主义，利他主义，看到了利于人与人之间构建和谐关系的道德精神。同时我们也看到雷锋现象中所蕴涵着的理想。理想是动力，理想是目标，理想更是一种超越现实自我的一种态度。从理想的层次和高度出发，理想不是也不应该是关于个人私生活的，而是完美的、为集体大众利益服务的道德观念，是大公无私的精神追求。

在改革开放三十多年后的今天，我们正处于一个转型期，多元价值观的存在更加呼唤崇高的道德价值观念在全社会的弘扬。社会主义市场经济的发展，大大增强了人们的自立意识、竞争意识、效率意识、民主法制意识和开拓创新精神，推动了经济发展和社会进步。同时，市场经济活动的一些消极影响反映到人们的思想中来，反映到人与人的关系上来，极容易诱发拜金主义、享乐主义、极端个人主义和消极腐败现象。党的十八大报告中对全面建设小康社会和深化改革开放的目标做了具体的部署，要求文化软实力显著增强。这就要求文化发展要满足深化改革开放时期的新要求，要更加体现出社会主义道德文化的作用和规范力量。

坚持雷锋精神，宣扬雷锋精神，引导我们树立社会主义社会所倡导的人生观、价值观和道德观，为一个崇尚美德的社会注入宝贵的精神给养和不懈的前行动力。

（二）雷锋精神是全面建成小康社会时期的精神支持

雷锋曾说：一滴水只有放进大海里才能永远不干，一个人只有当他把自己和集体事业融合一起的时候才能有力量。在坚持走中国特色社会主义道路，全面建设小康社会时期，坚持和弘扬雷锋精神，努力把个人的价值、追求融入民族振兴、国家发展的伟大实践中至关重要。

雷锋是一名平凡的战士，是一名普通的工人。无论处在哪个岗位，他都能脚踏实地地学习、工作，发自内心地帮助他人，奉献自己。处于和平年代发展时期，每个人未必都能够经历生死考验，我们绝大多数人都身处平凡岗位从事普通工作，每个人都要像雷锋那样干一行爱一行，立足本职，忠于职守，艰苦奋斗，努力奉献，在平凡的工作中奉献青春和热血，尽显人生价值。每个人都要像雷锋那样，继承和发扬中华民族的传统美德，言行一致、勤勉自强，胸怀宽广、谦虚忘我，常为善小、持之以恒。要像雷锋那样，继承和发扬宝贵的中国革命精神，光明磊落、襟怀坦白，立场坚定、爱憎分明，英勇无畏、无私奉献，抵制腐朽思想文化的侵蚀。我们自觉地发扬雷锋精神，要坚持马克思主义的指导思想，自觉用中国特色社会主义理论体系指导客观世界和主观世界的改造，提高马克思主义理论水平，提高运用科学理论解决实际问题的能力。

弘扬雷锋精神具有坚实的现实基础。党的十八大报告中提出：社会主义文化强国建设中要求“必须走中国特色社会主义文化发展道路，坚持为人民服务，为社会主义服务的方向……”社会主义的文化必然要与人民群众紧密相连。只有为人民群众服务，才能为文化的发展找到更多的载体，才能让雷锋精神文化发扬光大。现实生活中个人无论多么富裕、强大，总是会碰到这样、那样的困难，而政府的关爱之手不可能触及社会的每一个角落，因而人们总是需要他人的帮助、支持甚至救助，雷锋精神所蕴涵和倡导的助人为乐、友爱互助正是人民大众所需要的。雷锋精神形成于平凡的工作岗位上和日常的社会生活中，具有平凡、真实、生动的特点，因而更容易被社会群众接受，更容易对人们的行为产生示范作用。

培育雷锋精神具有重要的主观条件。现代社会，随着科学技术的突飞猛进、社会分工的细化、市场经济的发展以及社会结构的转型，多元价值观并存，导致人们极易陷入精神危机，比如精神空虚，自我迷失，幸福感匮乏，灵魂无家可归，道德信仰缺失，理想信念动摇。而雷锋精神能让人找到个人存在的价值和意义，让个人感受到坚持和弘扬雷锋精神是对个人精神境界的提升。雷锋精神所宣传和蕴涵的精神境界使人们愿意自觉地去遵守法律和社会的道德规范，使人在实现自我价值的同时也感受和体会到社会的和谐与温暖。如果说底线伦理对于维护社会秩序和共同体的利益有着基础作用的话，那么诸如包括雷锋精神在内的德性伦理对于人们摆脱外在物欲追求、去除低级趣味、陶冶心灵、获得精神上的愉悦和平衡及彰显人的尊严则具有独特的功效。

践行雷锋精神具有可贵的和谐价值。雷锋精神的和谐价值首先体现在促进身心和谐上，雷锋精神作为积极向“善”的德性人格有助于人们的精神得到安顿，心灵得到安抚，解决了“我应该成为什么样的人”的困惑，有助于人们找到自我价值，同时也为人们正确对待困难、挫折和荣誉提供了依据，使人们减少内心的斗争与纷扰。雷锋精神还有助于维系人际关系和谐。雷锋精神所蕴含的团结友善、助人为乐、尊老爱幼、扶贫济危、宽容谦让等美德与和谐理念是一致的，有助于培育和谐精神，构建和谐的人际关系，推动“我为人人、人人为我”相互关爱的良好道德风尚与社会氛围的形成。

全面建成小康社会，要构建和谐互助的社会关系，营造团结友善的社会局面。雷锋精神对于化解人与人之间，人与社会之间的矛盾具有十分重要的作用。现代社会的飞速前进确实提高了人民的物质生活水平，但还有许多问题需要解决。社会分工的日益细化使人的全面发展受到了限制，他们对于“共建和共享”社会发展成果的愿望容易受挫，因而极易出现偏激情绪和对社会的敌意。这些无疑都是社会和谐发展的不良因素。因而，如何消除人与社会的疏离感和人们对于社会的各种不良情绪，就成了现代化国家必须面对的问题。而雷锋的“螺丝钉”精神倡导人们“干一行、爱一行、钻一行”，蕴含了社会地位和社会角色的认同意识、爱岗敬业和服务社会的责任意识，对于化解人与社会的矛盾、增强人的主人翁意识和社会认同感具有重要意义，有利于“促进和谐人人有责、和谐社会人人共享”生动局面的形成。最后，需要强调的是，弘扬郭明义精神有利于提高公务员、企事业单位行政人员的服务奉献意识，有利于增强中国共产党的执政能力，更好地发挥政府的公共服务职能，从而有利于维系政府与人民的和谐关系，营造安定团结的政治局面和社会氛围。

（三）雷锋精神是社会主义核心价值体系的精神主旋律

文化是民族的血脉，是人民的精神家园。作为社会主义社会精神导向的社会主义核心价值体系，是凝聚人民精神力量的纽带，是中国人民团结在一起的精神基础。在全面建成小康社会，实现中国民族的伟大复兴时期，弘扬社会主义核心价值体系，让社会主义核心价值体系深入人心，是新时期文化建设的总体要求。

雷锋精神是以马克思主义为指导的精神。马克思主义指导思想，是社会主义核心价值体系的灵魂，也是社会主义核心价值体系的理论基石。我们是社会主义国家，马克思主义是我们立党立国的根本指导思想，是社会主义意识形态的旗帜，是我们必须始终坚持不能偏离的方向。马克思主义也是关于无产阶级解放全人类、最终实现共产主义的学说。无产阶级只有先实现自身的解放，才能解放全人类。个人也只有不断实现自我超越、自我提高、自我创新，整个社会、整个人类才能实现进步与发展。雷锋精神体现的助人为乐、甘于奉献的品质符合人民的利益，不仅有利于个人的身心愉悦和个人的精神解放，也有利于全社会，以致全世界人们的精神解放。

中国特色社会主义共同理想，是社会主义核心价值体系的主题。中国共产党领导全国各族人民在长期的奋斗实践中，创造了中国特色社会主义道路，中国特色社会主义理论体系，中国特色社会主义制度。中国特色社会主义是当代中国进步的旗帜，是符合人类社会发展规律的科学的理想信念。

坚定中国特色社会主义共同理想是践行社会主义核心价值体系的基本前提。只有不断加强学习修养，掌握科学理论，才能坚定共同理想。践行社会主义核心价值体系，就应当像雷锋那样，发扬“钉子”精神，善于挤时间学习中国特色社会主义理论，不断坚定中国特色社会主义共同理想。

以爱国主义为核心的民族精神和以改革开放为核心的时代精神是社会主义核心价值体系的精髓。爱国主义是中华民族精神的核心，是中华民族几千年凝聚、积淀起来的最深厚、最纯洁、最高尚、最神圣的情感，深植于民众的心灵深处。在五千年历史演进中，中华民族形成了以爱国主义为核心的团结统一、爱好和平、勤劳勇敢、自强不息的伟大民族精神。在改革开放新时期，中华民族形成了勇于改革、敢于创新的时代精神。两者共同构成中华民族自立自强的精神品格，成为推动中华民族伟大复兴的精神动力；雷锋精神是在继承和弘扬中国民族优秀传统文化基础上的创新，并且增加了新的时代内涵。

以“八荣八耻”为主要内容的社会主义荣辱观，把与社会主义市场经济体制相适应、与社会主义法律规范相协调、与中华民族传统美德相承接的社会主义思想道德观念有机融合在一起，为人们在社会主义市场经济条件下判断行为得失、作出道德选择、确定价值取向，提供了基本规范。干一行爱一行、专一行精一行的敬业精神作为雷锋精神的构成要素，与社会主义荣辱观的“以辛勤劳动为荣，以好逸恶劳为耻”原则相契合，是这一原则的深化和细化。艰苦奋斗、勤俭节约的创业精神作为雷锋精神的构成要素，几乎与“以艰苦奋斗为荣，以骄奢淫逸为耻”具有相同的话语表达。雷锋精神为我们新时期新阶段社会主义道德建设提供了价值引领和导向。

党的十八大提出了社会主义核心价值体系的三个倡导。即在国家层面上倡导富强、民主、文明、和谐；在社会层面上倡导自由、平等、公正、法治；在个人层面上倡导爱国、敬业、诚信、友善。雷锋精神体现出了热爱祖国和人民，热爱社会主义，热爱党的崇高思想，也体现出了全心全意为人民服务，发展人与人之间团结、友爱、互助关系的高尚道德，同时也是个人实现自身价值的伟大境界。雷锋精神是一种服务精神，奉献精神。雷锋已经成为了人们心目中热心公益、乐于助人、扶贫济困、见义勇为、善待他人、服务社会的代名词。雷锋精神准确、完整地阐述了新时期社会主义核心价值体系的科学内涵，为雷锋精神的发扬提供了更加广阔的空间。

第二节　雷锋精神丰富中华民族精神文化

中华民族的精神文化是由中华民族创造的，体现着中华民族的精神方向、生活方式和价值观念，维系全体中国人的精神纽带。中华文化博大精深，源远流长，具有强大的生命力。中华文化是一面旗帜，凝聚着整个中华民族为中国的现代化和中华民族的复兴去努力奋斗。

一、雷锋精神是中华民族精神的文化诠释

中国传统文化的精髓主要可以概括为诚信文化、求实文化、仁爱文化、尚贤文化、耻感文化、礼仪文化、忠孝文化、爱国主义以及人道主义精神等。雷锋精神成长于中华大地上，深受中国传统文化的熏陶，其精神实质和内涵反映出中国人的世界观、人生观、价值观、荣辱观、义利观、道德观。

（一）中华民族的优秀传统文化是雷锋精神产生的血脉

诚信思想是中华民族的传统美德，中国传统的诚信观非常重视实事求是的精神，其基础是“求真”、“求实”。它不仅从伦理学上注重实事求是是诚信的根据，而且从实践的层面上阐述明达事理与“诚”之间的互动关系。这种强调和重视实事求是的思想，在今天具有非常重要的现实意义。实事求是不仅是我们党的思想路线、工作作风，更是一个重要的伦理原则。实事求是不仅是诚信道德要求的思想前提，也是诚信道德观念中所要求的不可分割的最为重要的思想内涵。了解传统诚信观的这个特点，有助于我们在建设社会主义信用体系中，自觉地解决深层次的道德问题。雷锋就是一个诚信的实干家，他能把崇高的理想落实到本职岗位上，坚持理想和现实的统一，说到做到，表里如一。

仁爱思想是中华民族治国平天下的法宝，“仁、义、礼、智、信五者，性也。”保持人的这些先天的善良本性，并把这种善性加以发扬光大，使得每个人都能够从容处理，就可建立良好的社会秩序，实现社会的和谐。传统中国社会的主要特点是以人与人之间的关系为取向，在与他人的社会联系中体现个体生命的价值。“仁”是由孔子所创立的儒学的核心内容，仁者爱人。他说：“仁者，莫大于爱民。”孔子的仁者爱人思想，提倡的是一种做人的原则，那就是推己及人、将心比心的已欲

立而立人，己欲达而达人，己所不欲，勿施于人。孔子之后，孟子则明确提出了民贵君轻的民本思想。他说："民为贵，社稷次之，君为轻。是故得乎丘民而为天下。"他主张的仁政是爱民、惠民、利民之政。仁政以天下黎民百姓的安居乐业为内涵，要求对社会成员普遍施以人道。墨子把兼相爱，交相利作为自己重要的政治主张，用兼爱取代儒家的仁爱。这种爱比孔子的亲亲之爱要求更高，但又不乏太多理想的成分，这种爱实际上体现更多的是墨子的一种道德理想和对其理想社会的一种憧憬。墨子指出："视人之国，若视其国；视人之家，若视其家；视人之身，若视其身。"因此我们可以理解墨子的兼爱是一种自发的平等之爱。就兼爱的作用问题，墨子曾说："诸侯相爱，则不野战；家主相爱，则不相篡；人与人相爱，则不相贼。君臣相爱则惠忠，父子相爱则慈孝，兄弟相爱则和调，天下人皆相爱，强不执弱，众不劫寡，富不侮贫"。这种兼爱是无阶级差别的爱，体现了其原始而朴素的人道、博爱精神。由此可见，中国的人道主义精神早在千年之前就已深深地积淀在中国传统文化中，并在社会发展过程中不断趋向成熟、完善，对于当代中国仍然产生出重大而深远的影响。马克思曾说：超越对人的依赖性、以物的依赖性为基础的人的独立性这两个发展阶段，也只有如此才能通往人的第三个发展阶段——人的全面自由发展。也正是这样的一个人，才具有真正的"仁"的德性。一个人只有克服和战胜自己的私欲，才会去爱。雷锋身上的公而忘私、助人为乐的精神与"仁"的中华传统道德是一致的。

居安思危是中华民族长期繁荣并持久发展的意识动力，尤其是忧患意识的产生和历史上的人文主义传统的恰当结合。传统忧患意识发微于殷末周初，体现了殷末周初的政治家对殷人宗教天命观的破除和对人的责任的最初肯定。从传统忧患意识的形成来看，在社会历史积淀中，忧患意识不断地丰满和深化，最终被先秦儒家加以系统化。作为一种人文精神，忧患意识成为人自身的构成要素，体现了对人类自身价值存在的肯定；它彰显着一种高度自觉的主体意志，体现着个人对自我完善和社会责任的自觉担当；这种自觉意志落实到人的心性培养和人生实践上，就是对终极信念的执着，就是“苦其心志，劳其筋骨”的忧患磨砺，以及积极入世品格与刚健自强的精神。体现在雷锋精神上，便是“干一行，爱一行”的“螺丝钉”精神，是“业精于勤，自强不息”的拼搏精神。

中国的传统文化思想，对人的意识、观念、行为、举止的养成都有着举足轻重的作用。雷锋精神作为中国传统思想文化发展的美好成果，保持着中国传统文化思想，是中国传统文化长久发展的最强的文化保证和人格载体。正是中华民族的传统美德，雷锋精神的高尚道德境界，使不同时代，不同处境，不同性别，不同信仰的华夏儿女的心灵得到净化，精神得以振奋，斗志受到鼓舞。

（二）中华民族的革命奋斗历程中催生了伟大的雷锋精神

中国共产党在领导中国革命、建设和改革开放的伟大事业中，把马克思主义的普遍真理与中国具体实际和时代特征相结合，形成了一套具有中国共产党特色的光荣传统。这些传统，既是对中华民族传统美德的继承和发扬，又与时俱进地赋予其新的时代特征。既是一种优良的工作作风，又是具有强大道德约束力的伦理规约。

在十月革命的影响下，马克思主义在中国得到了广泛的传播。中国共产党接受了马克思主义并将马克思主义作为自身文化建设的思想指导。中国共产党对马克思主义的大力宣传和深入研究，扩大了马克思主义的影响，使马克思主义深入人心。

在新民主主义革命时期，代表中国先进文化前进方向的中国共产党致力于建设民族的科学的大众的新民主主义文化。“所谓新民主主义文化，一句话，就是无产阶级领导的人民大众的反帝反封建的文化，”[①]“民族的科学的大众的文化，”“就是中华民族的新文化”[②]。新民主主义文化是科学的文化，它反对一切封建思想和迷信思想，主张实事求是，理论联系实际。雷锋是一名战士，深受马克思主义的教育和影响，

---

① 《毛泽东选集》第 2 卷，人民出版社 1991 年版，第 698 页。

② 同①，第 709 页。

自觉、刻苦地研究、学习马克思主义理论，把共产主义的远大崇高理想与现实的平凡工作结合起来，实现个人的价值追求。在党的第七次全国代表大会上，毛泽东提出了“理论联系实际”、“密切联系群众”、“批评与自我批评”的三大作风。这是党在革命时期形成的一套优良作风的高度概括。党的三大优良作风也是对党员提出的标准和要求。从雷锋成为一名战士起，他就仔细学习党的相关理论知识，不断地超越自我，尽自己所能去帮助他人，服务他人，奉献社会。

党在领导全国各族人民进行革命建设的过程中，始终把“全心全意为人民服务”作为党的宗旨。把党的各项工作的出发点和立足点都放在人民群众中。雷锋把全心全意为人民服务贯彻在他的一言一行中。他用短暂的一生教会人们什么是理想、青春和幸福，教会人们为谁活着，怎么样活着。

经历了革命的年代，在社会主义建设的和平时期，共产党人能够始终坚持艰苦朴素，不懈奋斗。雷锋对自己提出了两个要求：“在工作上，要向积极性最高的同志看齐；在生活上，要向水平最低的同志看齐”。这两个要求体现了共产党员“吃苦在前，享受在后”的原则。雷锋总是从一点一滴的小事做起，坚持艰苦奋斗。他一双穿破了的袜子补了一层又一层，实在不能穿了，也舍不得把它扔掉。看见破烂、废品，他就拾起来，放在节约箱里。在物质财富十分丰裕、浪费现象随处可见的当今时代，弘扬雷锋精神显得尤为重要。

无产阶级的品德和风格是在长期革命斗争中形成的宝贵的精神财富，是革命事业发展的强大动力，是革命取得胜利的重要保证。雷锋精神就是在革命奋斗历程中，在共产党的哺育下，形成的无产阶级的伟大道德。

（三）中华民族的现代化建设历程是雷锋精神发扬光大的土壤

马克思主义认为，人类社会是一个不断向前发展并不断完善的历史过程。人类社会发展的最终决定力量是生产力。只有生产力得到了充分的发展，先进的生产力不断取代落后的生产力，人类不断发展的需要才能够不断地得到满足，社会才能得以进步。特别需要指出的是，随着生产力、生产关系、劳动生产率的快速发展，必然会使参加劳动生产的工人群众得到大量的从事生产的机会，随之而来的必然是工资水平的提高，物质生活得到极大程度的满足，人们不会再把生存放在生命的第一位。相反，生活会代替生存成为生命的第一位，人们关注的不再是能否吃饱的生活基本问题，而是更加关注精神文明的满足，文化活动的丰富程度。老百姓也会更加注重自身的修身养性，道德修养也从以前的无人问津到现在的全国人民共同学习、共同提高。当然在这其中必然会有永存于人们心中的雷锋精神。

现代化建设与发展的伟大工程离不开劳动人民的努力，离不开普通大众的辛勤付出。人民群众是历史的创造者，是历史的主体。在历史的发展中，中国之所以能够战胜各种困难、风险和挑战，一个重要原因就在于拥有团结一心、辛勤劳动、不懈奋斗的工人阶级和广大劳动群众这支主力军。在当今世界上，科学技术早已经成为推动生产力发展，乃至推动整个社会发展的具有决定性力量的因素。要实现现代化建设，关键是把科学技术搞上去。现代化在经济领域的最明显特征就是工业化。科学技术在我国工业化中的关键性地位和作用，反映到精神层面上，就是要面向工业化的科学技术性。邓小平曾经明确指出："科学技术是生产力，这是马克思主义历来的观点。"① "社会生产力有这样巨大的发展，劳动生产率有这样大幅度的提高，靠的是什么？最主要的是靠科学的力量、技术的力量。"② 而实现对技术的掌握和应用需要不断学习，需要把集体利益放在首位的意识，需要无私奉献的情怀。雷锋是普通大众之中的一员，但他能够忠诚事业，立足本职岗位，爱岗敬业、默默奉献，助人为乐、关爱他人，在平凡的工作和生活中作出了不平凡的事迹。

雷锋精神在新时期的继承者郭明义用自己的行动再现了雷锋。郭明义是新时期我国企业职工的杰出代表。参加工作 30 多年来，他始终关

---

① 《邓小平文选》第 2 卷，人民出版社 1994 年版，第 87 页。

② 同①。

心企业发展，干一行爱一行，刻苦钻研、自学成才，创新管理、提高效率。他始终视职工为亲人，热情帮助有困难的工友，主动反映工友的愿望和呼声，促进企业的和谐。他始终关注社会发展，关爱弱势群体，热心公益事业，节衣缩食、捐资助学，义务献血、奉献社会。郭明义的先进事迹，集中体现了中国工人阶级的伟大品格，体现了做人的高尚境界，体现了中华民族的传统美德，他不愧为助人为乐的道德模范，不愧为新时期学习实践雷锋精神的优秀代表。他始终保持工人阶级本色，充分发挥先锋模范作用，从工作和生活中的点滴做起，矢志不渝地履行职责和义务。

雷锋精神在后工业社会时期仍具魅力。人类社会是一个从农业社会向工业社会再向后工业社会发展的过程，封建社会的意识形态在工业革命以及相应的启蒙运动中已经被消解，而在启蒙运动中建立起的资产阶级意识形态也仅仅适应工业社会的要求。现在人类正处在一个从工业社会向后工业社会转型的过程中，虽然中国社会还有着繁重的工业化任务，但是，在全球化浪潮的冲击下，中国社会不能满足于工业社会对政治文明以及意识形态建构上的已有成就，而是要面对后工业化的课题，勇于承担起解决后工业化带来的所有问题。所以，摆在我们面前的迫切任务，就是要根据人类走向后工业社会的现实而重建意识形态。一个民族的发展与强大，不仅是在物质资料生产上的雄厚，更是要注意其文化软实力在国际上的角逐。雷锋精神是提高国家的文化软实力的重要内容和组成部分。

纵览人类历史，劳动是人类文明进步的源泉，劳动创造世界。正是像雷锋一样的一代又一代的劳动者用辛勤劳动、伟大创造和英勇斗争，把人类文明不断推向前进。

二、雷锋精神是中华民族精神的承接和转换

五千年悠久灿烂的中华文化，为人类文明进步作出了巨大贡献，是中华民族生生不息、国脉传承的精神纽带，是中华民族面临严峻挑战以及各种复杂环境屹立不倒、历经劫难而百折不挠的力量源泉。

（一）雷锋精神传承中华民族的传统美德

雷锋忠于国家，忠于人民的品德自古就是我们中华民族的美德。“忠”最初不是后世忠君的概念。《左传》中，季梁主张“上思利民，忠也”。曹刿论战认为鲁庄公的“小大之狱，虽不能察，必以情”是“忠之属也”。晋人荀息认为“公家之利，知无不为，忠也”。楚人子囊认为“将死不忘卫社稷，忠也”。忠强调的主要是国君忠于人民，官员忠于国家。而孔子将忠从政治伦理扩展到人际关系的准则，主张“主忠信”，“与人忠”，“言忠信”。忠的观念造就了中华民族的优秀爱国传统，“国家兴亡，匹夫有责”，“位卑未敢忘忧国”，国破家亡的危急时刻，多少英雄志士毁家纾难，甚至献出自己的生命。雷锋没有身居高位，也没有轰轰烈烈的业绩，他只是用自己极为平凡的言行，努力做好自己的本职工作，关爱国家、集体和他人，把有限的生命投入到无限的为人民服务中去。无论时代发生什么样的变化，雷锋那种一心报效国家，一心向着党、向着社会主义的坚定的政治立场，是必须坚持和不能动摇的。

毫不利己、专门利人，全心全意为人民服务是共产党人的革命传统，是中华民族“己立立人、己达达人”传统美德的升华。雷锋时刻把人民群众的利益和冷暖挂在心头，雷锋对待群众像春天般的温暖，把群众的困难当做是自己的困难。他竭尽全力地为群众办好事，办实事，解难事的思想情怀，以及他满腔热情，耐心细致地做群众工作的优良作风，是中国民族传统美德的最美好展现。

爱岗敬业精神是中华民族的优秀传统。孔子就主张“事思敬”，“执事敬”，“修己以敬”，“工欲善其事，必先利其器”，“事君，敬其事而后其食”，做任何事情都要严肃认真，要提高自己的工作能力，先做好事情然后才去考虑报酬。雷锋就是爱岗敬业的最好典范。在工作中，雷锋刻苦认真，不断学习，不断提高自身素质，为了集体的利益牺牲个人的利益，把每一个岗位都当做是最珍贵的奉献机会。

严于律己，自省修身是中华民族的传统，儒学本来就是内圣外王之学，重视自身道德的修养。孔子主张要“修己以安百姓”，要“见贤思齐，见不贤而内自省”。赞扬颜回“退而省其私”，曾参说自己“吾日三省吾身”，都非常重视自己品德的修养。修身是根本，修身才能齐家、治国、平天下。现实生活中，总有一些抱怨的声音，抱怨自己的工作不如意，不顺心，认为不能在自己理想的岗位上实现人生的价值。雷锋在小学毕业的时候，是唯一一名选择回乡做农民的小学毕业生；他身材矮小，却放弃了在省里当公务员的机会，应征成为一名强体力劳动的钢铁工人；在成为一名技术熟练的技术工人后，他放弃了每月 38 元的工资，主动报名参军，成为一名每个月只有 6 元津贴的普通战士。无论在什么样的岗位上，雷锋都能尽职尽责地把工作做好，所以，人应该有高尚的追求，有崇高的人生目标，并且为了最终的目标能够执着奋斗。

这些精神是中华民族的心理特征、文化理念和思想情感的综合反映，集中展现了中华民族以爱国主义为核心的价值取向，毫不利己，专门利人的道德规范，全心全意为人民服务，无私奉献的思想追求。弘扬和培育民族精神，发扬民族文化的优秀传统，促进民族文化的创新，要与时俱进地发展雷锋精神，在继承优秀文化传统的基础上，不断丰富和发展民族精神的内涵。

（二）雷锋精神升华中华民族精神

雷锋精神在继承中华民族的优秀文化传统的基础上孕育，贯彻了中国传统文化中所蕴涵的精髓，升华了中华文化。中华文化的创新和发展要求先进分子的继承和升华。雷锋精神正是中华民族精神在社会主义建设时期的创新和升华。

雷锋所处的时代是计划经济的时代。计划经济条件下所倡导的社会主义道德是以集体主义为基本原则的，其道德生活的重点正是集体主义。但由于这种体制绝对排斥个人的物质利益，合理的利益需求都被当作自私自利的个人主义而遭到贬斥，因此这样的集体主义是一种被片面理解的抽象的集体主义。由于这种集体主义把社会整体利益的重要性，把国家利益的首要性理解为唯一性，把个人对集体的服从，把自我为他人的牺牲理解为无条件性，在这样一种集体主义基点上它所倡导的社会主义道德实际上是一种乌托邦道德。在市场经济条件下，只有社会成员中的极少数先进分子才乐于践行这种道德。由于它失去了广泛的群众基础，因此其道德生长的空间十分有限，这也正是目前道德价值失范现象的重要原因之一。市场经济打破了禁欲主义伦理观，它承认个人追求正当物质利益的合理性，承认个人既是道德的主体又是利益的主体。在新的条件下必然要理解雷锋精神的本质和精髓，发扬符合时代特征的雷锋精神。

市场经济带来人们道德观念的全面更新。计划经济时期将道德神圣化、空泛化，并以绝对的集体主义作为道德的核心，在义与利的关系上重义轻利，在公与私的关系上重公轻私，在理与欲的关系上重理轻欲。在这种价值取向的引导下所建立的道德体系已经随着它的时代的结束而失去其生命力。市场经济价值观充分肯定主体经济利益的合法性，崇尚效率和效益，主张通过合乎规则的竞争来实现主体活动的经济价值和社会价值。市场经济的发展使个体的主体性原则代替了绝对的集体主义，物质利益的追求代替了未来的社会憧憬，公平的竞争代替了温情的平均主义，多元的价值取向代替了单一的政治理想，开拓创新代替了封闭保守。不难发现，在市场经济发育较早的经济特区，人民的自主自律意识、勤奋竞争意识、开拓创新意识、时间效率意识、公平合理意识、公开公正意识等与市场相契合的新的伦理精神正在不断生长，使新的社会道德体系的形成成为可能。

社会主义市场经济是一种全新的经济运作模式。根据马克思主义经济基础决定上层建筑的基本原理，社会主义市场经济的建立必然要求构建与之相应的一套道德文化，以借助道德文化对经济基础的能动作用，促进社会主义市场经济的良性运作和健康发展。雷锋精神就是这样一种道德文化，因此，有必要在社会主义市场经济体制下弘扬雷锋精神，培育与之相适应的道德文化。

社会主义市场经济的建立过程就是培育和构建与社会主义市场经济相适应的道德文化的过程。社会主义市场经济能否成功建立起来，与道德文化建设的成效有直接联系。道德文化本身对人们精神和行为具有整合功能和激发功能。从道德文化的整合功能来说，一个社会，当道德文化正常发挥作用时，也就是这种道德文化的价值原则和行为规范被人们普遍接受时，人们就会产生价值认同和行为认同，并在精神上尊奉这种道德文化，在行为上遵循与之相应的原则。这种道德文化符合人们的预期，使人们能够在一定程度上把握自己的生活。另外，人们可以增进沟通，减少摩擦，降低交际成本，使文明交往和协作成为可能，为人们提供了基本的安全感。从道德文化的激发功能来说，道德文化所蕴含的价值观导向，不但是人们活动的内在精神动因，而且也不断提升着人们的精神境界和行为方式。弘扬雷锋精神，培育与构建与社会主义市场经济相适应的道德文化，其目的就在于实现道德文化对经济主体行为规范的整合功能，以维护良好的市场秩序，并提供明确的价值导向，引导社会主义市场经济健康发展，消除市场经济和市场机制的负面道德影响，为人的全面发展提供精神导向和行为方式。

任何一种道德文化都是以一系列的道德价值准则以及相应的道德规范作为框架的。根据对我国传统道德文化的特征分析和价值分析，结合发展社会主义市场经济的实际需要，在规定与社会主义市场经济相适应的道德文化主要价值准则时要注意整体与个体、义与利、效率与公平、竞争与协调的统一和平衡。

（三）雷锋精神在中国传统文化现代化中的地位

雷锋精神是中华民族优秀传统文化与马克思主义学说相结合的产物，是一种文化的继承和升华。

中国传统文化的现代化是对中国传统文化的自我改造过程，它并不是自然或自发形成的，而是在文化危机中做出的反应，是在外国文化冲击下对本土文化的护卫和反思基础上的自我超越过程。“传统文化现代化是人类主体为了自身的进步发展所进行的持续不断、永不停息的改造旧文化，建设新文化，迈向未来走向世界的过程。”因此，它关注的应是传统文化如何实现创造性转化的具体途径问题，而不是对西方文化或传统文化的盲目肯定与否定。雷锋精神包含着批判地继承和弘扬民族优良传统文化传统的价值选择的内涵，包含着科学地解决新生文化主体的价值观念的形成、确立和发展同本民族优良文化传统的联系的价值要求。

1840年鸦片战争，中国被外国列强用坚船利炮打开大门之后卷入了现代潮流之中。中国传统文化成为其首当其冲的攻击对象。鉴于传统的村社制度的古老文明体系在与商品经济的新型文化体系的较量中日见衰颓、消沉的历史文化境遇，国人开始声讨中国传统文化，将其视为旧道德的典型和使中国积贫积弱的祸首，因而竞相把关注的视野投向西方，主张向西方学习，全盘接受西方文化，认为现代化即是“西方化”，西方化是人类文化发展必由之路，并在主张“全盘西化”的同时，坚持个人主义和利己主义的道德导向，以此作为他们反观传统文化和重估传统文化价值的参照物。

毛泽东所指出的：“中国固有的伦理文化不切于现实的道德生活，西方近现代的伦理文化亦未必尽是。”五四新文化运动后的中国人民，在对中国传统文化的批评之后又带来了对西方近现代文化的失望，这一特定的历史文化境遇使中国人民从心灵深处加速了对马克思主义的选择过程。先进的中国人选择和传播马克思主义学说，“不仅是因为马克思主义学说是人类历史上一种科学而先进的思想体系，而且是因为借助于马克思主义学说可以较好地实现中国文化的现代化转型，可以创造出一种社会主义的崭新文化。”不可否认，雷锋精神对于构建我国社会主义的道德文化，起到了巨大的作用。我们也更应该看到，在未来的社会主义新型文化的建设中，雷锋精神也必将起到积极的推动作用。这种作用将不仅表现为内容上的继承发展、方法上的参考借鉴，它还将在这种积极的推动中，成为构筑中华民族精神文化大厦的宝贵原料。

弘扬雷锋精神和发展社会主义市场经济是有机统一的。市场经济作为一种商品生产经济，它固然要追求个人利益，但只有在为别人提供优质产品和优质服务的前提下才能实现其为己谋利的目的。这就是说，市场经济本身具有利己和利他的双重功能，这两者是辩证统一的。社会上有些人认为市场经济追求个人利益，而雷锋精神强调全心全意为人民服务，两者是矛盾的、不协调的。当市场经济与不同的经济制度结合时，其利己和利他的功能在这个矛盾统一体中的地位是不同的。因此，我们发展社会主义市场经济，就必须提倡那种服务的精神，即为人民服务的精神。或者说，社会主义市场经济为“为人民服务”的社会主义价值观提供了日益强大的物质基础；同时，也只有在这种价值观念下，社会主义商品生产才能健康有序地发展。

现今，我们弘扬雷锋精神不是简单地把他当做一个在我们的时代中曾经留下深深印记的符号，而是为了在新时代重新发现雷锋精神的更大价值。无疑，我们是在创造着历史。不可否认的是，历史演进过程从某种程度上来说就是价值体系的不断破解与重构。

三、雷锋精神是中华民族精神的时代诉求

（一）中国市场经济的社会主义性质凸显雷锋精神

中国特色社会主义市场经济就是在社会主义的制度下发展市场经济。既要坚持以公有制为主体，又要实行市场经济，这是一个前无古人的伟大创举。创就创在中国市场经济有“姓”。姓“社会主义”，就得有社会主义基本特征，就得讲社会主义、讲集体主义，甚至利他主义，因此，利己主义、拜金主义就没有市场，就遭到唾弃。

社会主义市场经济有别于资本主义的市场经济。在政治上，中国共产党领导、人民政府有力调控的社会主义市场经济，决定了社会主义、集体主义、爱国主义等一直是核心价值体系中的内容。改革开放以来，我国各条战线取得举世瞩目的伟大成就，中国市场经济不是新自由主义的市场经济，而是党和政府政策引导、宏观调控的市场经济。2008 年爆发了全球金融危机，而中国这边“风景独好”，中国通过经济社会政策、经济法规，辅以必要的行政管理，为市场经济创造了一个稳定、安全、有序、公正的社会经济环境，体现了社会主义调节市场经济的优越性。

以实现共同富裕为根本原则的社会主义市场经济，为互帮互助理念的发扬光大提供了现实的环境。共同富裕思想是同“先让一部分人富裕起来”的思考同步的。“先富”的最终目的是共同富裕，这是中国市

场经济体制之所以成为“社会主义市场经济”的根本原因之一。共同富裕思想充满中国特色，是与马列主义一脉相承的。马克思、恩格斯创立的科学社会主义理论中包含着“共同富裕”的内涵。我国实行市场经济，允许合理的收入差距，鼓励一部分人先富起来，但最终是要达到共同富裕，这是社会主义的本质。现在中国社会确实出现了贫富差距拉大等问题，百姓关注，党和政府更关注，现在正在通过经济和法律等手段促使先富带后富，最终实现共同富裕。

新的时代弘扬的雷锋精神，是在批判继承中华民族传统价值观、道德观的基础上，吸取社会主义市场经济的时代精华而形成的精神文明，体现了社会主义的优越性，又实事求是地立足于社会主义初级阶段的基本国情。

（二）经济发展方式转变时期呼唤雷锋精神

当今时代是知识经济的时代。传统的经济发展方式已经跟不上市场前进的步伐，不能最大限度地满足人们追求利益的欲望，因此，新世纪的发展就要求政府、企业必须转变经济发展的方式，即科学、绿色、健康地发展。

知识经济的兴起使原有的生产力要素发生了根本性改变。一方面，促使生产力中的首要因素——劳动者，从原来工业经济条件下的“体力型”、“技能型”转化为知识经济条件下的“科技型”、“知识型”。高科技专业技术人员在社会生产中的作用日益增强，特别是那些掌握高科技知识、具有开拓创新能力的高科技人才，成为企业和经济发展的关键，直接决定着企业的竞争能力和最终命运。另一方面，生产工具原来在很大程度上被作为人的肢体和体力的延伸，所以在工业文明的条件下，人们主要依靠普通机器进行生产；而在新科技革命的条件下，人的智能在生产工具中得以进一步延伸，人类生产越来越多地依赖智能机器。建立在新科技革命基础上的知识经济，将使高科技含量的智能机器成为社会生产各个领域的必备工具，为人类的社会生产开辟一个新的广阔的空间。同时，知识经济的兴起将使社会经济的发展最终摆脱了自然资源的羁绊，大量新型的人工合成材料和复合材料的出现，使新材料作为一个高科技含量的产业脱颖而出。这就对劳动者自身的素质提出了较高的要求，劳动者应该不断学习，用现代科技知识武装自己，用现代化发展的最新知识成果充实自己，像雷锋一样严格要求自己，刻苦钻研。

在人的发展进程中，变化发展的实践不断给人们提出新的问题和挑战，为了达到全面自由的发展，人们就必须不断向自然开战，向束缚自身的社会关系及社会观念开战，不断地去进行新的探索和研究，使自己能够不断拥有获得解放和自由发展的强大的物质动力和精神动力。正是为了人的各种发展的需要，才产生了各种知识和科学技术。20 世纪以来，适应工业、农业、军事和科学技术发展的需要，产生了许多新的学科知识和技术。从某种意义上说，没有人的全面自由发展这一主题，就没有知识经济。

（三）科学技术发展“双刃剑”需要雷锋精神

对于科技所带来的问题的控制和解决，许多国家的政府和人民，或先或后地采取措施，做出了不同程度的努力。但是，总的情况仍没有根本性的好转，很多问题仍然十分严重。正如德国古典主义哲学家本雅明说：“科学是一把‘双刃剑’，这一点人类迟早会明白”。当代世界的发展验证了本雅明的预言。人类以科技接近自然，但却在某种程度上破坏了人与自然的关系。以高科技为主导的强大的物化系统，对自然的控制征服已使自然“伤筋动骨”。一方面，自然界被当作“原料库”，人类生存和发展的一切资源都是取之于大自然，但自然资源不是无穷无尽的，于是就出现了自然资源有限性与人类需求无限性之间的矛盾，其结果必然是资源枯竭；另一方面，自然界又被当作“回收站”，在社会生产、生活中有大约 96% 的物质以废物的形式返回自然界，而人们并不会去思考这种做法会给大自然带来什么影响，如此日积月累，人类的“不道德”行为大大超出自然界自我调节恢复平衡的能力，引起环境污染、生态失衡。

科学技术的发展使人过分依赖于科技从而造成人本身的退化以及精神困扰和人性的异化。美国哲学家爱默生说：“人类拥有车辆的同时也丧失了双足的力量。”一切依靠机器的后果，导致人的退化。在卢梭看来，有了技术的“文明人”在体能和许多技巧上远远比不过没有技术的野蛮人。

当代通信技术和计算机技术高度发达，人类已经进入信息时代。知识更替越来越快，新理论、新技术层出不穷。今天掌握的技巧、知识，明天可能就淘汰了。过去那种靠一种技艺就可以混一辈子的时代一去不复返了。为能生存和发展，人们必须永不休止地进行知识创新和技术革新。日新月异的技术进步使生产方式、工作方式以及生活方式都不断急剧变化，它催促着每一个人毫不懈怠地努力跟上发展的步伐。随着信息的大幅度更新、高速流动，社会生活日新月异。人们要适应新的变化就必须付出巨大的努力，忙于学习、忙于工作、忙于交流、忙于竞争，这势必加快生活节奏、加重人们的心理负荷，造成一种普遍存在的紧迫感。如果社会持续给个人造成紧张状态和生存压力，就可能出现病变的后果。随着城市人口的急剧增长，城市的空间相对缩小，建筑群越来越多，越来越高，人们在钢筋混凝土铸造的高楼大厦面前，不免会产生压抑和窒息感。城市里人流滚滚，车水马龙，人们生活在这样的环境中，极易感到心烦意乱。高楼住宅的“封闭性”，也使得邻里之间不大往来，日久造成人际关系疏远，市民在狭窄的空间里，形成了狭隘的心理。

而最为严重的是，科技发展使人性异化。人类创造了科技，科技反过来奴役人类。在马克思看来，异化是一种反常的生存状态。德国哲学家海德格尔是存在主义阵营中悲观主义的最著名代表。他认为，现代技术在本质上有一种非人道的价值取向，其最大的危险就是人们仅用工具去展示人和物，将人置于“物”的统治之下，剥夺了人的自由。

现代社会是机遇与挑战并存的时代。科学技术革命改变了我们的生活方式，思考方式，生产方式。现代科学技术革命带给生活的是各种新事物，新理念，新现象，新文化。雷锋精神就像一缕阳光，在社会快速发展的今天，雷锋精神所蕴涵的为执着而奉献，为无私而坚持，为利他而不顾，为平凡而不凡的品质在科技革命发展的时代显得尤为重要。

第三节　雷锋精神体现社会主义先进文化

中华民族的复兴之路随着经济的稳步提高和政治民主的发展而不断向前迈进。更为重要的是，一个国家有高速发展的经济，但未必会有高度发展的文化。而一个先进的社会必然是社会各要素的先进发展。党的十七届六中全会提出了深化文化体制改革，推动社会主义文化大发展大繁荣的要求。新的历史发展阶段，文化对于维护社会稳定，团结民族力量的重要性将更加突出。雷锋精神不是一个人的精神，雷锋文化也不单单是一个人的文化。随着对雷锋精神的学习和贯彻，中华大地上的雷锋现象处处可见，雷锋精神已经成为了一种先进文化。

一、雷锋精神是社会主义文化先进性的现实表现

文化既是人的创造物，又是人的标志物，文化的意义就在于它对人之所以为人的价值性。特别是先进文化，更加能满足人们对于生存发展的需要，满足人们对精神世界完美性、高尚性的需要，雷锋精神文化作为一种先进文化，充实着人们的精神境界，提升着人们的道德素养。

（一）雷锋精神是一种先进文化

“三个代表”重要思想把先进文化建设与执政党的理念联系起来。即要求中国共产党要始终代表先进生产力的发展要求，代表先进文化的前进方向，代表中国最广大人民群众的根本利益。美国卡尔敦大学教授赵启光先生说“在整个世界上，没有一个国家的执政党把代表先进文化的前进方向作为自身的立党之本，中国共产党是第一个，这一点非常令人钦佩。”这实际上就是肯定了一种可贵的文化自觉。

身处异国他乡的中华儿女，只要看到了中国的文化形式，无论是语言文字还是服装、艺术、民俗，都会引起华人的共同感，他们能够通过文化意识到自己所属的国家，所属的民族。但作为“政治信条”或“政治原则”就很不容易引起民族的共鸣。在对执政党的要求中体现先

进文化的建设，对于发展社会主义先进文化，发展民族文化，增强中华民族的文化认同感，提高内在凝聚力有着极其重要的作用。

中国共产党是马克思主义的执政党。从中国共产党成立之日起，就将马克思主义作为坚定的指导思想，而马克思主义本身就是先进文化的代表。马克思主义从诞生到现在经历了一个半世纪的考验，仍然充满生机和活力。一百多年以来，马克思主义仍然保持勃勃生机，并对社会的发展起到如此巨大的促进作用。马克思主义之所以历久弥珍，是因为马克思主义是科学。党的十六大报告中提出了有关先进文化的论述“在当代中国，发展先进文化，就是发展面向现代化、面向世界、面向未来的，民族的科学的大众的社会主义文化，以不断丰富人们的精神世界，增强人们的精神力量。”发展建设先进文化，要用马克思主义的立场、观点和方法武装人们的头脑，树立正确的精神支柱。可以说，这种鲜明的意识形态性质，就是中国先进文化最根本的内涵。

雷锋精神体现着社会主义先进文化的内涵，雷锋精神文化是一种先进文化。雷锋有着爱党、爱国、爱社会主义的坚定信念。他是一名战士，他对中国共产党有着深厚的阶级情感。他有着为社会主义建设添砖加瓦的热情，有着为创造社会主义新生活，为共产主义而奋斗的献身精神。从雷锋的这些精神上体现着一种民族的国家的整体理念，也是中华民族具有的顾全大局，乐于奉献，公而忘私，以民族和国家利益为重的民族精神。同时，雷锋精神还有为他人服务，为他人谋利的宝贵思想。为人民服务是中国特色社会主义价值体系的基本道德，是社会主义市场经济及中国共产党宗旨的根本要求。社会主义社会就是为绝大多数人谋利益的社会。社会主义社会发展市场经济，就是为了不断地解放生产力、发展生产力，带动人民群众实现共同富裕。雷锋精神展现着艰苦奋斗的理念。勤俭节约、艰苦奋斗是雷锋精神锐意进取极具特色的本质内容，继承了中华民族艰苦奋斗、发奋图强的民族精神。艰苦奋斗是共产党的优良传统和作风，是凝聚党心、民心，激励全党和全体人民为实现国家富强、民族振兴共同奋斗的强大精神力量，是党保持同人民群众血肉联系的重要法宝。

雷锋精神文化作为一种先进文化，也是不断地创新和发展的。在先进文化建设、构建社会主义核心价值体系、创建和谐社会的过程中，雷锋精神必然会产生出新的思想，新的观念，新的品质，塑造出新的人格，也必将以崭新的精神风貌为世界文化发展和人类文明进步做出新的更大贡献。

（二）雷锋精神展示了社会主义核心价值体系的最高思想道德境界

雷锋精神的道德价值和社会影响远远超越了他所产生的时代。在构建社会主义和谐社会的今天，雷锋精神被定格为社会主义道德价值取向的一面光辉旗帜。

社会主义是人民当家做主的社会，社会主义事业是人民群众自己的事业。社会发展的主体是人民群众，社会主义要遵循发展为了人民，发展依靠人民，发展成果由人民共享的原则。雷锋怀着对党，对人民，对社会主义事业的无限忠诚，形成了以无私，拼搏，奉献为特征的高尚道德精神。时代造就了雷锋精神，雷锋精神引领了一个时代。

马克思在《共产党宣言》中曾经指出："代替那存在着阶级和阶级对立的资产阶级旧社会的，将是这样一个联合体，在那里，每一个人的自由发展是一切人的自由发展的条件。"确实，马克思主张"改变世界"、"重建社会"。追求崇高社会理想，首先是追求一种崇高的思想道德境界。思想道德作为社会意识形态的重要组成部分，既由经济基础决定又服务于经济基础；既具有相对的独立性和自身发展的特殊规律，又为一定社会的人们所自主建构和自觉践行，是合乎规律和合乎目的性的统一。

中国市场经济的社会主义性质为雷锋精神的弘扬和发展创造了广阔的舞台，蕴涵着许多与雷锋精神相通的元素。首先，在社会大生产条件下，个人越来越离不开群体，整个社会结成相互依存的有机整体，这在客观上有利于形成"人人为我，我为人人"的社会道德环境，有利于强化人们的群体意识、整体意识和服务意识；其次，在市场经济条件下，商品生产经营者追求的是商品的价值，而商品的价值能否在市场交换中实现，主要取决于该商品是否符合消费者的需求；再次，市场经济是一种竞争型经济。商品生产和经营者要在激烈的市场竞争中长期立于不败之地，就必须遵循诚实守信，平等互利，合法经营等原则。以个人的自由换来别人自由的道德境界则是崇高的道德境界。这正是雷锋精神与社会主义市场经济息息相通，并能不断发扬光大的根本原因之所在。

核心价值体系是一个社会意识形态的主体和灵魂，在所有价值目标中处于主导和支配地位，对社会意识和社会思潮具有强大的引领和整合功能。弘扬雷锋精神，有利于社会主义核心价值体系的继承和传播。弘扬雷锋精神，应紧紧围绕中国特色社会主义这一主题，与新的形势和任务紧密结合起来。唯有如此，学雷锋活动才能落到实处，才能真正体现雷锋精神的重大价值和时代意义。全党同志应发扬雷锋的“钉子”精神，把学习作为一种精神追求，认真研读马克思主义特别是中国特色社会主义理论体系基本著作，坚持并运用马克思主义的立场、观点、方法去分析问题，同时能把远大的理想与现实的平凡岗位结合起来，既胸怀共产主义远大理想，同时又脚踏实地地建设中国特色社会主义。雷锋在日记中写道：“世界上最光荣的是劳动。世界上最体面的人是劳动者。”在物质财富富裕的今天，我们尤其需要树立劳动光荣的理念，贬斥一切不劳而获、非法聚敛财富的丑恶现象。现在我们的生活水平大大提高，比当年的雷锋更具备帮助别人的条件，关键在于有没有这种意识。大家都应该学雷锋，积极倡导社会主义荣辱观、义利观、是非观。

弘扬雷锋精神，践行社会主义核心价值体系。党员尤其是领导干部要起带头作用。党的十三届六中全会明确提出：“全体共产党员和党员干部，都要带头学习雷锋，一切为群众着想，做人民的公仆。”在市场经济的背景下，见利忘义、损人利己、造假欺诈等各种道德失范、诚信缺失现象总在发生，人们不能正确地认识效率与公平、先富与后富、经济效益与社会效益等关系，容易产生一些错误的思想和看法。这就要求领导干部时刻牢记全心全意为人民服务的宗旨，用马克思主义的人生观、世界观、价值观来约束自己，努力保持共产党员的先进性，带头扬清风，树正气，影响周围的群众，影响社会风气，进而推动全党、全社会形成良好的思想道德风尚。

（三）雷锋精神展示了精神文明建设的最美现实成果

为了适应社会主义现代化建设的需要，社会主义精神文明建设要求培育有理想、有道德、有文化、有纪律的社会主义公民，提高整个中华民族的思想道德素质和科学文化水平。物质文明建设与精神文明建设都应该得到重视。物质文明的建设意味着生产力水平的发展，也标志着劳动者的技能、知识和文化素质的相应提高；反过来，劳动者的文化素质和整个社会的文化状况也必然意味着生产力的相应发展水平。物质文明的发展为提高人民群众的生活水平和生活质量奠定了雄厚的物质基础，精神文明建设的发展，则满足了人民群众丰富而高尚的精神文化追求，意味着人民群众整体文化素质的提高。

雷锋精神是社会主义精神文明建设的宝贵成果和财富。1963 年雷锋的事迹在全国传开，毛泽东提出“向雷锋同志学习”的号召。随着学雷锋活动的展开，全国形成了一股勤奋上进、刻苦学习、发奋图强、艰苦奋斗、勤俭建国、助人为乐、团结友爱、公而忘私、热爱集体、无私奉献的可贵精神风貌和良好的社会氛围。在 20 世纪五六十年代，雷锋精神对社会主义经济建设起到了巨大的促进作用。邓小平作为第二代领导集体的重要成员直接领导和见证了这一精神建设成果诞生的历程，他深刻认识到这一社会主义的精神建设成果的价值。

邓小平将雷锋精神融入新时期精神文明建设的主要内容中。在 20 世纪五六十年代，我国国民经济恢复时期，雷锋精神蕴涵的勤俭节约、艰苦奋斗的精神对于全国人民克服困难、发展经济起到了非常大的作用，并形成了可贵的传统。改革开放后，社会上出现了追求物质享受、铺张浪费的现象，奢靡腐败之风在一定范围内蔓延，败坏了党风和社会风气。邓小平提出党风是社会风气的关键，转变党风，是社会主义精神文明建设的重要方面。随着开创中国特色社会主义事业的深入，我们党只有保持和发扬良好的作风，才能始终成为全国人民的“主心骨”，成为建设有中国特色社会主义事业的坚强领导核心，带领全国人民全面贯彻党的基本路线和基本纲领，不断开创社会主义现代化建设事业的新局面。邓小平曾为雷锋题词：“谁愿当一个真正的共产主义者，就应该向

雷锋同志的品德和风格学习。”在邓小平的倡导下，全党始终把学习和弘扬雷锋精神作为推进新时期社会主义精神文明建设实践的有效途径，使雷锋精神成为建设有中国特色社会主义事业的重要精神力量。

雷锋以及无数雷锋式的先进人物都是社会主义“四有”新人的楷模。雷锋精神，蕴涵着社会主义精神文明的核心内容，所以精神文明的创建活动与弘扬雷锋精神在本质上是一脉相传的。在新的历史时期，雷锋精神成为推动社会主义精神文明建设的最普遍的形式。比如 1982 年的“文明礼貌月”活动，1984 年的“五讲四美三热爱”活动，1990 年“行业学雷锋树新风”活动等，都充分再现精神文明建设与雷锋精神在形式和内容上的统一。可以说，雷锋精神使精神文明建设有了鲜活具体的体现，社会主义精神文明建设使雷锋精神在新时期和新形式下得到了充分弘扬。

党的第三代领导集体将这一传统更加明确、更加具体地继承下来。1989 年 10 月，江泽民同志在纪念新中国成立 40 周年讲话中指出；我们要深刻吸取近几年来物质文明建设和精神文明建设“一手硬”和“一手软”的教训，在努力发展物质文明的同时，切实抓好精神文明建设。1990 年 10 月江泽民同志专程前往抚顺雷锋纪念馆，在雷锋墓前带头三鞠躬，并为沈阳军区雷锋纪念馆题写馆名，在会见雷锋团时发表讲话。他说“现在全国又普遍开展了学习雷锋活动，雷锋出在你们团，但是他的宝贵遗产是属于全军的，属于全党的，属于全国人民的。雷锋精神的实质，是全心全意为人民服务，为了人民的事业无私奉献”。江泽民为雷锋精神题词：“学习雷锋同志，弘扬雷锋精神”。全党要按照“三个代表”重要思想的要求，不断弘扬雷锋精神，真正代表先进的文化的前进方向。在全面建设小康社会的新的伟大征程上，我们应该更加不断学习和弘扬雷锋精神，把中国特色社会主义建设的伟大事业不断推向前进。

党的十六大以来，以胡锦涛为总书记的党中央依然重视倡导雷锋精神。2005 年 1 月全国加强和改进大学生思想政治教育工作会议上，胡锦涛强调要在大学生中倡导一切有利于国家富强、人民幸福的思想和精神，既大力弘扬民族优良传统，又大力弘扬井冈山精神、雷锋精神等革命传统和时代精神。党的十七届六中全会提出把社会主义核心价值体系融入国民教育、精神文明建设和党的建设全过程，号召“深入开展学雷锋活动，采取措施推动学习活动常态化”。

二、雷锋精神是社会主义文化科学性的当代诠释

（一）雷锋精神的发展植根于先进生产力之中

马克思主义认为，道德归根结底是由经济决定的，经济的发展必然引起道德观念的变化和发展。从人类道德发展的大趋势看，道德是随着经济的发展越来越趋于进步的。随着我国经济和社会的发展，社会主义经济制度不断得到完善，社会主义道德必然日臻高尚。一方面，社会主义市场经济的存在和发展将日益成为以为人民服务为核心、以集体主义为基本原则的新的社会主义价值体系赖以存在和发展的经济基础；另一方面，弘扬这种社会主义的价值精神又成为保证社会主义市场经济健康有序发展的内在要求。

雷锋精神产生于计划经济时代，发展于社会主义市场经济条件下。经历了经济体制的变革和转型，雷锋精神不仅没有过时，而且还随着新内涵的增加愈加凸显出其重要的地位和作用，并且与先进的生产力紧密相连。

在弘扬雷锋精神的过程中，出现了一些与高尚道德相悖的现象。在经济体制转型过程中，这样的现象容易扰乱人们对高尚道德的信念。如果计划经济体制在创造较高道德境界的同时，能不断地将生产力向前推进，创造日益丰富的物质财富，并迅速将在特定环境下培育出来的较高道德境界的物质基础缺口补上，使后续的道德提升建立在物质财富不断丰富的基础上，那么，前期超越物质基础的道德文明建设所达到的较高境界也能继续维持并推进。但问题在于，计划经济体制由于无法有效地提高社会生产力和增进社会物质财富，因而放弃计划经济，引入市场经济，已是各社会主义国家的必然选择。而市场经济之所以能促进生产力发展，是因为它以利益驱动为其前提。这样，过去20世纪五六十年代

营造的建立在否定物质利益基础上的较高精神境界，迟早要随市场经济的建立而自然回落到现实世界中来，脚踏实地后再重新开始向较高精神境界攀升。这虽然从现象、形态上看是对20世纪五六十年代道德文明的总体状况的滑坡，但它实质是正常的自然回归，是难以为继前提下的合理退却，是为了更快、更好前进所做的正确调整。这一退却迟早要发生，早退早起步，世界上任何一个计划经济向市场经济转型的社会主义国家都是如此，概莫能外。

社会主义市场经济是一种全新的经济运作模式，根据马克思主义经济基础决定上层建筑的基本原理，社会主义市场经济的建立必然要求构建与之相应的一套道德文化，并借助道德文化对经济基础的能动作用，促进社会主义市场经济的良性运作和健康发展。雷锋精神就是这样一种道德文化。它可以建立健全的社会主义市场经济体制，因此，有必要在社会主义市场经济体制下弘扬雷锋精神，培育与之相适应的道德文化。

社会主义市场经济的建立过程就是培育和构建与社会主义市场经济相适应的道德文化的过程。社会主义市场经济能否成功建立起来，与道德文化建设的成效有直接联系。道德文化本身对人们精神和行为具有整合功能和激发功能。从道德文化的整合功能来说，一个社会，当道德文化正常发挥作用时，也就是这种道德文化的价值原则和行为规范被人们普遍接受时，人们就会产生价值认同和行为认同，并在精神上尊奉这种道德文化，在行为上遵循规范原则。这种道德文化符合人们的预期，因此可以降低生活中的不确定性而能够在一定程度上把握自己的生活。另外人们可以增进沟通，减少摩擦，降低交际成本，使文明交往和协作成为可能，也为人们提供了基本的安全感。从道德文化的激发功能来说，道德文化所蕴含的价值观导向，不但是人们活动的内在精神动因，而且也不断提升着人们的精神境界和行为方式。弘扬雷锋精神，培育与构建与社会主义市场经济相适应的道德文化，其目的就在于实现道德文化对经济主体行为规范的整合功能，以维护良好的市场秩序，并提供明确的价值导向，引导社会主义市场经济健康发展，消除市场经济和市场机制的负面道德影响，提升人们的精神经济，为人的全面发展提供精神导向和行为方式。

(二) 雷锋精神是以马克思主义为指导思想的创新成果

我们党作为马克思主义政党，善于并长期坚持用发展着的马克思主义武装全党、教育人民。雷锋精神就是我们党高度重视理论武装，推动全体人民努力掌握科学理论，朝着自由而全面发展方向迈进的结晶。雷锋精神是在中华民族传统美德和中国革命精神的滋养中产生的，体现了社会主义一代新人珍视优良传统的优秀品质和奋不顾身的革命斗志。我们党一贯主张继承和发扬中华民族优秀传统文化，使之与当代社会相适应，同时又大力倡导在革命战争年代形成的伟大的革命精神，使之与现代文明相协调。在党的领导下，雷锋出色地传承中华民族传统美德，严于律己、宽以待人，勤劳简朴、戒骄戒躁，尊老爱幼、助人为乐；发扬董存瑞、黄继光、张思德等革命先烈大无畏英雄气概，锻造了为国家、民族和人民的利益百折不挠、视死如归、奋勇前进的革命斗志。这种优良品质与革命斗志，正是雷锋精神激发人们于平凡之中见伟大、细微之处见精神，在和平年代争当模范先进的力量所在。

雷锋精神是在党和人民关心哺育下产生的，体现了社会主义新人跟党走的执著追求和全心全意为人民服务的忘我境界。党的人民利益高于一切的宗旨、关心爱护每一名同志的作风，表扬先进鞭策落后的做法，以及全社会的热情呼唤和人民群众的积极鼓励，是雷锋精神形成的重要条件。翻看雷锋成长记录我们不难发现，尽管雷锋从心底里想做无名英雄，但他思想上的每一个进步，行动上的每一处闪光，党和人民都看在眼里，给予了热情鼓励和积极赞扬。这激励他更加满腔热情地实践党的宗旨，热血沸腾地为人民服务。江泽民同志指出："雷锋精神的实质，是全心全意为人民服务，为了人民的事业无私奉献。"雷锋精神的这种为了党和人民的事业鞠躬尽瘁、死而后已的境界，是党和人民悉心哺育社会主义一代新人的丰硕果实。雷锋精神，充分展示了社会主义一代新人以马克思主义为指导，长期孜孜以求社会主义建设规律和人类社会发展规律的高度自觉。

世界在变化，时代在前进，形势在发展，实践在深化，马克思主义必将随之不断丰富和发展。我们要始终自觉地把思想认识从那些不合时宜的观念、做法和体制中解放出来，从对马克思主义的错误和教条式理解中解放出来，从主观主义和形而上学的桎梏中解放出来，坚持以现代化建设为中心，站在时代前沿和实践的前列，不断深化对共产党执政的规律，对社会主义建设的规律，对人类社会发展的规律的认识，与时俱进，努力开拓马克思主义发展的新境界。

（三）雷锋精神的产生符合人类的认识规律

万物皆流，无物常驻。这是古希腊哲学家赫拉克利特的观点。他认为世间的事情每时每刻都在发生着变化，但哲学上的变与不变是相对的。在变化中会留下永恒的存在。雷锋做了许多有益于社会，有利于人民的事，他每天都在做着不同的事情，形式不同，内容不同，每天都在发生着变化。但这样一件件的事折射出的是不变的、永恒的、统一的精神——雷锋精神。

掌握雷锋精神需要我们运用哲学的思维方式。哲学本身是一种思维方法，要求我们不断地反思，追问。哲学本身也是一种提升，在反思，追问的过程中对于客体即认识的对象来说，是展露本质的过程，对于认识的主体即人来说，是认识方式即人的思维方式的进步，从感性上升到理性，从而得到提升。雷锋现象、雷锋事迹背后是雷锋精神的内涵和本质。可以将其概括为爱党、爱国、爱人民的忠诚精神，克己奉公、一心为民的奉献精神，勤奋学习、刻苦钻研的“钉子”精神，忠于职守、爱岗敬业的“螺丝钉”精神，艰苦奋斗、勤俭节约的“百宝箱”精神，与人为善、助人为乐的互助精神，英勇无畏、奋不顾身的牺牲精神，言行一致、表里如一的诚实精神。

雷锋精神是在实践中形成的。认识的发展要遵循从实践到认识再到实践的过程。在雷锋所处的时代形成的雷锋精神要经历实践的不断检验。这就要求雷锋精神随着时代的发展不断创新，不断增添新的内容，才能永葆青春活力。苦难家庭的出身，新旧社会的强烈对比，使雷锋在思想深处凝聚了对地主阶级、封建主义、资本主义和帝国主义的无比仇恨，对中国共产党和社会主义的无限热爱。经过党的教育和部队的历练，他将个人对社会知恩图报的中华民族的传统美德，上升为全心全意为人民服务的人生宗旨，在马列主义和毛泽东思想的哺育下，其朴素的感情上升到为绝大多数人谋利益的崇高而远大的理想，为全人类的解放事业奋斗终生，逐渐形成了平凡而伟大的雷锋精神。

先进性和广泛性相结合是雷锋精神的时代特征。雷锋精神的现实价值是其最本质的属性，是一种实然性的价值存在。雷锋精神所具有的价值现实可以从“质”和“量”两个层面来透析。雷锋精神价值的“质”，是指雷锋精神所具有的先进性的内在价值，在其现实性上所达到的最佳价值境界。雷锋精神的现实最佳境界不是望尘莫及的，而是先进性与广泛性的完美结合，是价值主体的最大需求度、认同度和实践上的可接受度的高度统一，这是雷锋精神之所以具有永久价值魅力的内在依据。雷锋精神是崇高的，充分体现了共产主义的世界观、人生观、价值观，具有经久不衰的时代穿透力；但它又是现实的，是现实的需要、现实的昭示，是现实生活中普遍可见的文明之光的投影和聚焦。正是雷锋精神的这一特质，即“先进性与广泛性相结合”的“质”的规定性，规定着它的价值现实的“量”的规定性，使之永葆青春。雷锋精神价值现实的“量”，是指它所具有的价值功能在现实中所能达到的客观效度。作为一种高尚的伦理精神，雷锋精神具有内在的价值导向功能，已经成为我国社会主义道德体系的重要内容，成为公民道德建设的重要价值目标，具有培养文明，健全人格，净化社会风气，调试人与人之间关系，实现团结友善，社会和谐稳定的作用。

在市场经济下弘扬雷锋精神，达到义务与权利，为社会、为他人与有益于自身等的统一，就必须把握雷锋精神“质”和“量”的规定性，把先进性与广泛性紧密结合起来。

三、雷锋精神是社会主义文化时代性的集中表达

（一）雷锋精神面向现代化，随着现代化建设历程而不断完善

现代化始于西方。现代化是一个蕴涵着丰富内容，包括经济、政治、文化等多方面因素发展的历史进程。中国的现代化要比西方晚。但

改革开放伟大政策的实行使我国的经济实现了快速发展，成为世界第二大经济体。这个时期最显著的成就就是快速发展。我们这样一个人口众多的发展中国家，以世界上少有的速度持续快速发展起来，经济实力、综合国力不断增强，基础设施和城乡面貌发生巨大变化。这个时期最突出的标志是与时俱进。然而，在这个特殊的历史阶段，我们深深地感到，时代迫切需要一种精神的产出顺势应运而生，需要一个能够承载中华民族精神，又能体现时代特征的民族精神文化，需要一个能在改革开放新时期，体现社会主义核心价值体系，凝聚亿万人民力量的精神文化。

雷锋精神是一个时代的缩影。雷锋精神体现着工人阶级的本质。社会主义国家建立的是无产阶级的专政，而无产阶级政权是为大多数的人民群众谋利益的。优秀的劳动人民在改革开放中充当主人翁，工人阶级是改革开放的主力军，有着全心全意为人民服务，无私奉献的崇高思想。被誉为新时期“雷锋传人”的郭明义，担任公路管理员 15 年来，坚持每天提前两个小时上班；20 年来累计无偿献血 6 万多毫升，相当于自身血量的近 10 倍；先后为“希望工程”、困难职工和灾区群众捐款 12 万元，资助贫困生 180 多名，自己却过着清贫的生活……但在他看来这就是幸福。这是一种精神的折射，反映着时代特点。

现代化发展最根本、最明显的特征就是经济的发展。改革开放是全中国人民进行一场波澜壮阔的伟大革命，是社会主义中国发展的生机活力之源。在新中国的历史上，改革开放是关系社会主义中国前途命运的抉择。正是这场新的伟大革命，使我们走出困境，经济持续、高速发展，人民生活水平显著提高，综合国力和国际地位大幅提升，普写了中国历史上最壮丽的史诗，最华美的篇章，创造了举世公认的奇迹。任何伟大革命的启动都是基于历史的动力和对时代大势的深刻分析，是在准确把握人民的愿望和历史潮流后做出的历史选择。改革开放这场新的伟大革命正是中国人民对中国社会主义建设历史和现实的清醒认识，对国际形势和历史潮流的准确把握，深刻体现了历史与现实的统一，国家的意志和人民的愿望的统一。

讲改革开放讲了好多年了，但是人们对改革内容的认识都是大概的、模糊的，甚至就知道改革开放改的是经济、开放的也是经济，殊不知思想与意识也是改革的重要内容之一，然而恰恰是这一方面总是被人们所忽视。改革，我们要改的是从多方面改变同生产力不相适应的生产关系和上层建筑，改变一切不适应的管理方式、活动方式和思想方式。改到位，才能使中央、地方、企业和劳动者都充分发挥主动性、积极性、创造性。

改革开放所带来最深刻的变化，首先体现的是中国人民面貌的变化。曾经长期禁锢人们思想的许多旧的观念、陈腐的教条受到了巨大的冲击，解放思想、实事求是、开拓创新、与时俱进开始成为人们精神状态的主流。中国人民以改革开放为动力，为建设一个富强、民主、文明的社会主义现代化国家，为实现中华民族的伟大复兴而不懈奋斗，中国人民成为先进生产力、先进文化的创造者。在这场深刻变革中，社会主义中国的面貌也发生了翻天覆地的历史性变化，思想大解放，社会大进步；国家实现了从“以阶级斗争为纲”到以经济建设为中心、从封闭半封闭到改革开放、从计划经济到市场经济的深刻转变，社会生产力大解放，社会财富急剧增长，物质生活丰裕，13 亿人基本上安居乐业。曾经满目疮痍、饱受欺凌、贫穷落后的中国已经变成政治稳定、经济发展、文化繁荣、社会和谐的、充满活力和生机的社会主义中国。

改革开放是决定当代中国命运的关键抉择。历史从哪里开始，思想进程必然也从哪里开始。在人类思想史发展的长河中，雷锋精神就与改革开放，与中国的现代化进程同步前进，创新发展。雷锋精神要在社会时代发展新特征的基础上，认真总结广大人民群众在改革开放伟大实践中表现出来的行为特征和价值追求，以积极的态度和科学的方法进行全面、深入的概括和总结，为构建中国社会新伦理文化奠定基础。

（二）雷锋精神面向世界，向世界展示社会主义的高尚道德

雷锋精神为个人的全面发展、社会的全面和谐提供了精神支撑。雷锋精神蕴涵了人类共同的优秀文明成果，广泛地拓展了雷锋文化的基础。雷锋精神不仅反映了中国共产党人的精神风貌，再现了中华民族的

传统美德，而且也体现了世界上一切向往真、善、美的人们的共同价值追求。

真、善、美的统一是雷锋精神的价值理想。雷锋精神所追求的价值目标，主要体现在两个层面上：在个人的自我价值实现的理想层面上，雷锋精神所蕴涵的一般价值目标是自强不息，艰苦奋斗的精神。“自强不息”是中华民族精神的重要特征，也是共产党人崇高的道德追求，它在不同的历史背景下彰显出不同的时代内涵。对于人生价值的自我实现来说，它蕴含着对真、善、美的不懈追求，蕴含着对理想人格的向往。雷锋之所以能从平凡生活中脱颖而出，成为时代的“风流人物”，就在于他具有这种价值理想，并深深地根植于时代的沃土之中。从社会对个人所规定的责任和使命的层面上看，雷锋精神所追求的价值目标是“集体主义”和“全心全意为人民服务”。雷锋精神所体现的集体主义价值理想，是在集体中实现个人价值、在个人价值的实现中提升集体价值的双赢互动理想。正如雷锋所说：人的生命是有限的，可是，为人民服务是无限的，我要把有限的生命，投入到无限的为人民服务之中去。这正是实现社会和个人“两个价值目标”完美统一的有效路径。

雷锋精神符合人的发展的需求。马克思认为人的发展是指个人社会关系趋向丰富。马克思指出：“人的本质并不是单个人所固有的抽象物。在其现实性上，它是一切社会关系的总和。”① 人的社会关系越丰富，他的本质发挥得越充分，他的发展就越全面。一个人，越是积极参与各领域、各层次、各方面的社会交往，他的潜能便越能得到发展。如果人同整个世界的物质生产和精神生产发生着相互之间的变换过程，使个人摆脱个体的、地域的、民族的甚至阶级的狭隘性，从而使他的发展更全面、更丰富。在一个闭塞的社会里，是谈不上人的发展的。人的发展的程度还可以从人的需要的内容和多样性中测出。早期人类，物质需要是主要内容，维持生命成了唯一需要。随着生产力发展，人们对维系生命所需的必需品逐渐得到满足后，便产生了精神方面的需

① 《马克思恩格斯选集》第 1 卷，人民出版社 1972 年版，第 18 页。

要，如对音乐、绘画及其他各种艺术的需要，从而使人的相关才能得以开发。他们创造出来的优秀作品又成为后人在此基础上再发展、再创造的条件。随着生产力的继续发展，人们又产生对政治、军事、理论、科学技术等的需要，从而从多方面开发了人的智力和能力，使人得到更全面的发展。雷锋精神所体现出的集体主义、利他主义的精神和价值教导人们与他人和谐相处，为他人的利益着想，为他人而奉献自己。鲁迅先生曾经说，愈是民族的就愈是世界的。雷锋精神是中华民族悠久思想道德和文化长河中的一道亮丽的风景，同时也是人类文明殿堂中宝贵的精神珍藏，代表了整个社会发展进步的要求，开辟了人类道德实践的新境界。

今天，雷锋已经走进了世界的许多国家。美国一所著名的军事学校将雷锋日记中的一句话“人的生命是有限的，为人民服务是无限的”印在学生守则上，作为鼓励学员的格言。在德国，许多学生都读过《雷锋日记》和《雷锋的故事》这两本书。一些外资企业展开学雷锋活动，实行“雷锋卡”，对员工的劳动态度、工作效率、工作质量、团结互助等方面进行考核。雷锋精神不仅属于中国，也属于全人类，是全人类共同享有的精神财富。随着世界交往的进一步扩大，各民族思想文化交流的进一步增多，雷锋精神将会获得更强大的生命力和更广泛的社会影响力。

（三）雷锋精神面向未来，是一个开放的价值体系

先进文化的先进性，必然表现于积极面向现实，面向未来，敢于突破陈规旧习，敢于用创造性行为来为社会营造解放思想的氛围，敢于用新的观念取代旧的观念。面对文化，我们必须要有世界眼光，对所有能够凝聚人心，统一意志的文化形式和方式，大胆地借鉴和采用，要把增强感召力看做是文化建设成功与否的重要标准。雷锋精神文化是中国的先进文化。在实现中华民族复兴的伟大历史过程中，中国先进文化唤起文化自觉的意识，就必然能创造出辉煌的文化。

雷锋精神是一种心态，是一种规范，是一种态度。雷锋精神是一种革命主义乐观精神和顾全大局的集体主义精神，主要表现在严守纪律、

亲密团结的高尚品德，不怕牺牲、前赴后续的精神，勇往直前、坚忍不拔、众志成城、团结互助、百折不挠、克服困难的精神。

雷锋精神面向未来的前提是立足于当下的实际。学习雷锋精神，不是一个高深的理论问题，而是一个人人参与并能有所作为的实践课题。雷锋精神之所以具有强大的感召力，并不在于领导作了多少指示、机关发了多少文件、专家写了多少文章，并不在于做轰轰烈烈的大事，而在于雷锋的崇高思想境界和全心全意为人民服务的踏实足迹。无论何时，雷锋精神都号召为人民群众的利益而奋斗。“一个人先进单枪匹马，众人先进才能移山填海”，雷锋这一至理名言，正是我们深入开展学雷锋活动、推进社会主义核心价值体系建设需要把握的要义。“一枝独秀景色平，万紫千红才是春”。学习建设活动不是某个组织、某个行业、某个社会成员的单独行为，而是一项广泛的社会参与活动。这就需要按照“高起点、低落点”的工作思路，深入开展形式多样、寓教于乐的主题宣传实践活动，使广大干部群众由衷地感到雷锋并不遥远、原来就在身边，社会主义核心价值体系并不高深、完全可做可为，从而把组织倡导的活动变为亿万群众自觉参与、躬身践行的行动。

雷锋精神面向未来需要不断创新，永不自满，永不懈怠。新时代，我们必须坚持以科学发展观为指导，结合新的时代特点和新的历史任务，解放思想，与时俱进，开拓创新，积极从社会主义现代化建设的实践中，从世界各国的经济联系和文化交流中汲取营养，不断丰富和发展雷锋精神的时代内涵，使之成为实现中华民族伟大复兴的强大精神动力。

雷锋精神鲜活地揭示了马克思主义的真理性，雷锋精神与马克思主义中国化相结合，将进一步推动中国特色社会主义事业向前发展，将在未来不断地展现马克思主义的真理性力量。

四、雷锋精神是社会主义文化群众性的精神诉求

（一）雷锋精神是普通劳动人民的共同道德追求

恩格斯曾经指出：“科学越是毫无顾忌和大公无私，它就越符合工

人的利益和愿望。在劳动发展史中找到了理解全部社会史的新派别，一开始就主要是面向工人阶级的，并且从工人阶级那里得到了同情。”①雷锋精神的源头在哪里？我们可以在全体普通劳动者的劳动创造中找到答案。普通劳动者的劳动是物质财富的创造者，也是社会美德（精神财富）的创造者。

雷锋精神是中华民族传统美德的继承和发展，也是世界劳动人民的共同美德。我国是一个文明古国，广大劳动人民在长期的社会实践和交往中，形成了自身特有的传统美德。在中华民族几千年的文明史上，曾经流传过许多为民造福、勤劳勇敢、艰苦朴素、互敬互爱、互帮互助、扶困济危等的动人故事。许多志士仁人以天下为己任，不计个人得失，为国家、为人民而献身，表现了高度的爱国精神和民族气节。诸如诸葛亮的“鞠躬尽瘁，死而后已”；范仲淹的“先天下之忧而忧，后天下之乐而乐”；文天祥的“人生自古谁无死，留取丹心照汗青”；于谦的“粉骨碎身浑不怕，要留清白在人间”；顾炎武的“天下兴亡，匹夫有责”；孙中山的“天下为公，振兴中华”等，这些高尚道德思想和许多流传千古的传统美德故事都是劳动人民创造的，都是劳动人民所经历的。直到今天，这些劳动人民的精神还一直净化着人们的心灵，振奋着人们的精神，鼓舞着人们的斗志。

勤劳勇敢，艰苦朴素，见义勇为，文明礼貌，尊老爱幼，这是全世界劳动人民的共同美德。这些美德是一个国家或一个地区有正常的工作秩序、生活秩序和社会秩序的根本保证。雷锋精神正因为体现了全世界劳动群众的共同向往，共同追求，才不仅在国内享有盛名，而且在国外也受到敬仰和效仿。据报道，美国的著名军事学府——西点军校开设的课程中就有“学雷锋”这一课。在那里，雷锋被一些师生称为“当代最佳军人”。美国一些青年人，乐意佩戴“雷锋”字样的标记组成救护队，扶老携幼过马路。在荷兰有“牛仔雷锋”，在法国有“老年雷锋”，主动做好事维护社会秩序。在巴西有人设立“雷锋奖学金”。在日本有

① 《马克思恩格斯选集》第2卷，人民出版社1995年版，第258页。

人建立了“雷锋卡”，“雷锋奖金”。这些资本主义国家，虽然与我们的社会制度不同，环境不同，但对雷锋精神却都怀有好感，对雷锋精神的见解和做法有很大的认同。这也从另一个侧面说明，雷锋精神具有强大的生命力。

雷锋作为共和国的英雄，作为中华民族的英雄，其作用不仅在于饮誉四海，赢得中外人士的尊重和敬仰，更重要的意义是，雷锋精神已成为我们的时代精神和中华民族思想文化宝库中的绚丽瑰宝，激励着后人不断进取。年年岁岁花相似，岁岁年年人不同。这里所说的“花”可以理解为自然、环境，或外在客观的物质形式；这里的“人”，是社会的人及其精神状态。在雷锋离去的这30多年，我们的国家，我们的社会，发生了翻天覆地的变化，历经磨难，几遭曲折，但由于党的坚强领导，人民群众的齐心奋战，我们终于取得了巨大的进展和辉煌的业绩。同时，新的困难、新的问题也不断出现，等待我们去解决。应当承认，我们所处的时代，是一个激烈竞争与发展的时代。在这世纪交替、千年更迭的重要历史关头，世界各国都在规划自己，国际竞争将会更加激烈，我们要在新的世纪争取更加有利的位置。

雷锋就是一名普通的劳动群众。党号召大办农业，雷锋就主动申请从县委机关下到农业生产第一线，当一名新式农民；党需要加强工业建设，他就离开可爱的家乡，从南方来到北方当一名好工人；党号召青年应征服役，他又经过多次恳求，参军到部队。党要他干啥他就干啥，干啥就一定要干好啥。有人说雷锋是个“傻子”，在雷锋看来，当这样的“傻子”是光荣的。他说：“我要做一个有利于人民、有利于国家的人。如果说这是‘傻子’，那我是甘心愿意做这样的‘傻子’的。革命需要这样的‘傻子’，建设也需要这样的‘傻子’。”雷锋的这种“傻子”精神，充分体现了一位伟大共产主义战士的博大胸怀和为人民服务的执着追求。这是雷锋精神最核心的内容之一，也是雷锋精神最值得学习的灵魂所在。

（二）雷锋精神源于生活，发展于生活，完善于生活

党的十七届六中全会提出了“深入开展学雷锋活动，采取措施推

动学习活动常态化”。雷锋精神能够被人民群众接受并发扬光大的一个重要原因就是雷锋精神是在平凡的、朴实的现实生活中形成的。雷锋的时代发展也没有离开普通劳动者的生产状态，雷锋精神不断完善，走向世界，也离不开他的先进性与广泛性的统一，离不开雷锋所承载的无产阶级的、共产主义的高尚道德和理想，离不开雷锋精神所关注的人的全面发展。

每个时代都有每个时代的代表人物，每个时代都有每个时代的主流精神。雷锋代表了他所处的那个年代的精神主流，有千千万万个雷锋，有无数的劳动人民承载着集体主义，社会主义，共产主义的精神。随着时代的发展，雷锋精神依然弥足珍贵。每年的 3 月 5 日，全国上下，城市农村，机关学校，大街小巷到处洋溢着向雷锋同志学习的浓厚氛围。在当前社会主义市场经济条件下，人们的思想观念、价值取向良莠不齐，更需要雷锋精神来加以规范。雷锋精神就是我们在构建和谐社会的过程中需要的精神食粮，是我们构建先进文化的内在需要。

学习雷锋，并不局限于学习雷锋做好事的具体形式，而是要发扬和承载雷锋精神的实质和内涵。雷锋是全心全意为人民服务的楷模，他心甘情愿做人民的勤务员，把“毫不利己、专门利人”视为人生最大的幸福和快乐，用实际行动践行了“把有限的生命投入到无限的为人民服务之中去”的豪迈誓言。为人民服务作为公民道德建设的核心，是社会主义道德区别和优越于其他社会形态道德的显著标志。它不仅是对共产党员和领导干部的要求，也是对广大群众的要求。郭明义就是新时期践行雷锋精神的光辉典范。从郭明义同志的身上，我们可以清楚看到雷锋的影子，一名共产党员、一个社会公民、一名企业职工对党、对国家、对社会、对企业的无限忠诚和热爱。他的思想和行为展现出了强大的感染力、吸引力和号召力，他的精神既传承了中华民族的传统美德，又具有鲜明的时代特征，是助人为乐的道德楷模，是雷锋精神在新时期的延伸和弘扬。他用自己博大的爱心与满腔的热血铸就了人间大爱，为全面建设小康、构建和谐社会提供了强大的精神力量。郭明义参加工作 30 多年来，坚持不懈地弘扬雷锋精神，始终以一名共产党员的标准严格要求自己。他牢记宗旨、坚定信念，关心群众、服务群众，是人民群众眼中的“雷锋传人”、“爱心使者”。作为一名共产党员，郭明义以高尚的思想道德要求鞭策自己，把服务人民作为自己坚定的理想信念和价值追求，为全社会做出表率；作为一名普通工人，他立足本职，兢兢业业，用自己的行动影响和带动着周围的人。

有一个叫“路乞”的美国人在对中国古老的文化向往的基础上，他放弃了在美国舒适的生活，退休后毅然孑身一人来到中国，专门从事捡垃圾工作，而且在中国安了家。他既不是为了出风头，也不是为了养家糊口。用他的话说：“我做这件事不是为了自己，而是为了我们生活的环境。”一个外国人不远万里来到中国，为我们的一个城市捡垃圾，其思想境界之高，不得不令我们肃然起敬。这体现了雷锋精神的广泛影响力及雷锋精神的世界性。

河南财经学院的两位女大学生捡垃圾资助贫困山区失学儿童的事，也令人潸然泪下。她们把最初捡垃圾卖到的320元钱寄到贫困山区，使两位失学儿童重返校园。期间，一位大学生不幸患上了白血病，山区的儿童们得知后，发起了“献爱心”捐款活动，为他们的大姐姐在一分、一毛地凑钱看病……爱心在不断延续。这种团结友爱、困难互助的集体主义精神令我们叹为观止，更令个人主义至上、倒行逆施者汗颜。他们的这些做法，就是雷锋精神的具体体现，是雷锋精神在生活中的发展、延续。

事实上，雷锋精神的化身在我们的身边无处不在。像我们党的好干部、人民的好儿女孔繁森、牛玉儒、任长霞，哪一个是为了个人得失？他们心中只装着国家，装着人民，为工作、为人民鞠躬尽瘁，死而后已；那些为抗洪救灾、扑灭大火、舍己救人而捐躯的年轻指战员、武警官兵，哪一个考虑到个人的安危？他们就是雷锋的精神化身。他们无愧是我们党的好儿女，好干部，好战士。我们的工作需要这种精神，我们的生活需要这种精神，我们的时代需要这种精神。雷锋精神不是标语和口号，我们也无需喊口号，贴标语，摆阵势，只需实实在在向他们学习并努力践行就足矣。

（三）雷锋精神是全体中国人民的精神食粮

大国崛起离不开文化的崛起，思想的崛起。经过不懈的努力，中国已经创造了经济奇迹，中国的经济崛起已经是不争的事实。党的十八大报告中指出：我国经济总量从世界第六位跃升到第二位，社会生产力、经济实力、科技实力迈上一个大台阶，人民生活水平、居民收入水平、社会保障水平迈上一个大台阶，综合国力、国际竞争力、国际影响力迈上一个大台阶。我们为经济的发展所取得巨大成就而欢欣鼓舞。党的十八大也提出了文化是民族的血脉，是人民的精神家园。全面建成小康社会，实现中华民族的伟大复兴，必须推动社会主义文化大发展大繁荣，掀起社会主义文化建设新高潮，提高国家文化软实力，发挥文化引领风尚，教育人民，服务社会，推动发展的作用。大国的崛起不仅是经济的发展和繁荣，同时也是文化的发展和繁荣。

雷锋精神是社会主义建设时期的文化财富。雷锋平凡而伟大的一生，就是为党和人民无私奉献的一生。雷锋以对党的无限忠诚、对人民的深厚感情，以“燃烧自己、照亮他人”的实际行动，有力回答了一个个关于人生价值的重要命题。他无论干什么工作，总是把火一样的激情倾注其中；他无论走到哪里，总是将春天般的温暖带向哪里。雷锋是爱岗敬业、尽忠职守的标兵。“干一行爱一行、专一行精一行”。雷锋身上，充分体现了永不自满的谦虚品格和永不停歇的奋进意志。他坚持把学习当成一种人生追求，无论时间再紧、任务再重，总是如饥似渴地刻苦学习，并把所学知识充分地运用于本职工作，在创新中谋实招、出绝活。弘扬以改革创新为核心的伟大时代精神，更需要锐意进取、自强不息。有了这种精神，就能在工作中常为常新、在困难面前愈挫愈勇。

雷锋的人生观、世界观、价值观是中国人民的精神前进方向。雷锋时时刻刻为他人着想，从生活中的每一处、每一个小细节出发，为他人、为集体、为社会、为国家、为党、为人民做贡献。他勤俭节约，助人为乐；他吃苦耐劳，不计名利。毋庸置疑，雷锋精神所坚持、所坚守、所遵循的必定是唯物主义的世界观。世界观决定着人生观。有什么样的世界观就有什么样的人生态度和价值取向。世界观提供了人与自然、人与社会、人与人之间关系的根本原则，也就为人生的价值的实现提供了根本的指导方向。世界观还决定了价值观。价值观是关于价值的特殊观念体系，是人用于衡量事物轻重，权衡得失的天秤。价值观引导着人们的意志，指引着人们的行为。人总会思考自己要实现什么样的人生价值，人生的真正意义是什么？古希腊德菲尔神庙里写着“认识你自己”。不仅是单个人，整个人类也都是在不断地认识自己、反省自己的过程中得到了提高与进步。生活着的每一天都要思考，自身存在的价值和意义是什么？雷锋精神所遵循的是马克思主义的人生价值观，即自然观和历史观相统一，唯物论和辩证法相统一，科学性和革命性相统一的价值观，是唯一正确的、科学的价值观，同时也是无产阶级的价值观。

雷锋是在中华民族古老而神奇的土地上孕育出的一位平民精神英雄。当代世界正在发生广泛而深刻的变化，当代中国正在发生广泛而深刻的变革。“雷锋精神”将永恒存在。毛泽东“向雷锋同志学习”的题词发表已经50周年。在我们能够看得见的未来，“学雷锋”仍将继续进行下去。雷锋精神是人类精神文明的一朵绚丽奇葩。其价值、影响和贡献早已远远超越了现今时代。他不仅属于历史，更将属于现代和未来。

第四章

先进文化促进雷锋精神传承发展

先进文化是一个民族、一个国家和一个政党发展进步的内在驱动力。在和平与发展成为时代主题的国际大背景下，先进文化是综合国力的重要组成部分，是各个国家相互竞争的重要砝码，并日益成为经济社会发展不可缺少的软实力。先进文化建设的高度，取决于文化自觉和文化自信的高度。文化自觉和文化自信，是一个国家、民族、政党对文化发展规律的正确把握和对推进文化发展历史责任的主动担当，是对自身文化的生命力和发展的坚定信仰、信念和信赖。高度的文化自觉和文化自信，是人类发挥主观能动性和文化创造性的精神基础和动力源泉。中国共产党从成立之日起，既是中华优秀传统文化的忠实传承者和弘扬者，又是中国先进文化的积极倡导者和发展者，历来高度重视运用文化引领前进方向、凝聚奋斗力量，团结和带领全国各族人民不断以思想文化的新理论创造新成果、新成就推动党和人民事业向前发展。

雷锋精神，就是以雷锋的名字命名的、以雷锋的精神为基本内涵的、在实践中不断丰富和发展着的文化精神。它已经成为我们这个时代精神文明的同义语、先进文化的表征。雷锋精神不仅属于中国，而且属于世界；不仅赢得了过去和现在，而且必将赢得未来。社会在进步，世界在发展。雷锋精神作为我们党的伟大精神创造，既体现了中国共产党人在民族危难时刻勇于担当历史使命、引领社会发展方向、凝聚奋斗力量的政治自觉和自信，而且体现了我们党对自身文化创造的高度自觉和自信。它一经产生，便引领中国社会先进文化前进的方向，不仅激励中国共产党和中国人民打败了日本帝国主义，而且激励着中国共产党为人民解放事业和中华民族的伟大复兴不懈奋斗。雷锋精神既是我们党精神文化创造的成果，又是我们党领导先进文化建设的强大动力和不竭源泉，已经深深融入民族精神和时代精神之中，成为社会主义先进文化的重要组成部分。在先进文化建设中大力弘扬雷锋精神，就是守护好、建设好共产党人的精神家园，就是坚持先进文化建设正确的政治方向，就是巩固党的执政地位的先进文化根基。

实践证明，雷锋精神不仅属于历史，而且属于现在，也属于未来。党的十七届六中全会提出了努力建设社会主义文化强国的宏伟目标，为弘扬雷锋精神进一步指明了方向：要求“大力弘扬一切有利于国家富强、民族振兴、人民幸福、社会和谐的思想和精神”、“用好红色资源，使之成为弘扬培育民族精神和时代精神的重要课堂”。对于我们的民族、我们的国家、我们的党而言，只有对自己的文化抱以高度的自觉和自信，才能获得坚守自己文化传统的从容，鼓起奋发繁荣文化建设的进取勇气，焕发文化创新、创造的活力。

当今时代，文化越来越成为民族凝聚力和创造力的重要源泉，越来越成为综合国力竞争的重要因素。党的十七大提出，要坚持社会主义先进文化的前进方向，用中国特色社会主义共同理想凝聚力量，以爱国主义为核心的民族精神和以改革创新为核心的时代精神鼓舞斗志。弘扬和培育民族精神是文化建设的根本任务，将其融入国民教育和精神文明建设的全过程是根本途径，先进文化的引领是根本保证。没有先进文化的积极引领，没有民族精神的大力弘扬和人民精神世界的极大丰富，没有全民族创造精神的充分培育和发挥，一个国家、一个民族不可能屹立于世界民族之林。在当代中国，发展先进文化，就是要发展面向现代化、面向世界、面向未来的，民族的科学的大众的社会主义文化，以不断丰富人们的精神世界，增强人们的精神动力，弘扬中华民族精神中的精华。

第一节　中国特色社会主义文化建设的引领

一个人失去了血液，没有了跳动的脉搏，就无法生存下去。一个民族有了强大的文化支撑，才能挺起自己的脊梁骨，才能生生不息，百折不挠，众志成城，迸发出巨大的创造活力。世界上每个成熟的民族都有属于自己的特有的文化形态和文化个性，而这种特有的文化就成为民族亲和力和凝聚力的主要源泉。文化是民族的灵魂和民族精神的支撑。民族文化传承、培育和发展着民族精神，深刻认识文化在当今世界综合国力竞争中的地位和作用势在必行，意义重大。

文化是否先进，关键在于是否从根本上反映和促进先进生产力的发展要求，是否代表和维护最广大人民的根本利益。先进文化是人类文明进步的结晶，是人类文明进步的旗帜，是推动人类奋勇前进、继往开来的巨大动力，是顺应历史潮流、反映时代精神、与时俱进的强大精神力量。

先进文化是历史的、具体的。它与一定历史发展阶段上先进的经济和政治相联系。我们的民族文化是强大的，也是与时俱进的。一个民族，没有振奋的精神和高尚的品格，不可能自立于世界民族之林。民族文化失去了灵魂没有了核心，也只能是个“躯壳”。

当今世界激烈的综合国力竞争，不仅包括经济实力、科技实力，国防实力等方面的竞争，也包括文化实力和民族精神的竞争。先进文化既是世界的又是民族的。我们要立足于改革开放和现代化建设的实践，着眼于世界文化的发展，发扬民族文化的优秀传统，汲取世界各民族的长处，在内容和形式上积极创新，不断增强中国特色社会主义的吸引力和感召力。国家的发展和强盛，民族的独立和振兴，人民的尊严和幸福，都离不开强大的文化的支撑。在今天这个时代，发展先进文化，必须牢牢把握先进文化的前进方向，必须以“三个代表”重要思想为指导，用“三个代表”重要思想统领社会主义文化建设，才能有效抵制和消除各种落后的、腐朽的思想文化影响，决不允许它们自由泛滥。这关系着中华民族的前途和命运，关系着社会主义的前途和命运。用“三个代表”重要思想统领社会主义文化建设，使文化工作不断发展、不断创新，不断增强吸引力和感召力，才能使中华文化永远绿树长青、充满活力。

充分发挥社会主义先进文化的先导作用，对于引导人们划清社会主义思想文化同封建主义、资本主义腐朽思想文化的界限，凝聚中华儿女面向未来、开拓奋进的巨大力量，不断推进中国特色社会主义伟大事业，具有十分重要的意义。

一、社会主义先进文化能够发挥先导作用

文化既是一种社会生活方式，又是一种精神价值体系，有先进与落后之分。先进文化主要是指科学的、健康的，符合最广大人民根本利益、代表未来发展方向和有利于社会进步的文化。在当代中国，社会主义先进文化是以马克思列宁主义、毛泽东思想、中国特色社会主义理论体系为指导的文化，是服从和服务于党在社会主义初级阶段的基本路线、为改革开放和社会主义现代化建设提供精神动力的文化，是弘扬民族精神、凝聚各族人民的意志和力量，积极、健康、向上的文化，是继承和发扬中华民族一切优秀文化传统、具有中国风格和中国气派的文化，是博采各国文化之长、吸收国外一切优秀文化成果的文化，是面向大众、服务人民，为广大人民群众喜闻乐见的文化。

发挥社会主义先进文化的先导作用，就是让先进文化成为人们价值取向的主导，成为大众文化的主流，成为社会风尚的主体。社会主义先进文化是社会主义社会的精神支柱，是我国各族人民团结奋斗的共同思想基础，是占支配地位的主流意识形态。社会主义先进文化的先导作用，主要由以下因素决定：

第一，社会主义先进文化的客观基础。思想文化作为社会的上层建筑，其本质是由其赖以产生的经济基础和政治制度决定的，并为其经济

基础和政治制度服务。封建主义、资本主义腐朽思想文化是在封建主义和资本主义的社会土壤中生长出来的，封建社会、资本主义社会的经济基础和政治制度是它们存在和发展的基础。新中国成立后，经过社会主义改造，我国进入社会主义社会。从此，我国文化的主体已经是反映社会主义经济基础和政治制度的社会主义文化。在解放和发展生产力的基础上，消灭几千年来的剥削、压迫制度，最终实现人类的彻底解放，是社会主义、共产主义的根本要求和本质所在。在这样的客观基础上所形成的思想文化，是与社会主义初级阶段的历史条件和具体国情相适应、能够有力推动我国经济社会发展的先进的和进步的文化，是反映广大人民利益并为他们服务的人民的、大众的文化，是代表未来人类文明发展方向的崭新的文化。

第二，社会主义先进文化的价值取向。思想文化是为人的利益和需要服务的，不同人的不同利益和需要决定了思想文化的不同价值取向。在封建社会，人与人之间是人身依附关系，反映这个社会本质的封建主义腐朽思想文化的价值取向是“官”本位，封建社会的等级观念、特权思想、专制主义、官僚作风等都是由此而产生的。在资本主义社会，人们取得了自己的独立性，但这种独立性是以对物的依赖为基础的，人们的实际地位由物所决定。反映资本主义社会本质的腐朽思想文化的价值取向是“物”本位，拜金主义、利己主义、奢侈享乐等是其具体表现。在社会主义、共产主义社会，由于追求的是人的自由而全面的发展，生产的发展和物质的丰富是为了满足人的需要，各种各样的社会事业归根到底也都是为人服务的。社会主义思想文化反映了社会主义、共产主义社会的这种根本要求，其价值取向是“以人为本”。社会主义先进文化来自人民、为了人民，是以满足人民群众的精神需要为根本出发点、以人民群众满意不满意为根本标准、深受人民群众欢迎的文化。

第三，社会主义先进文化的本质属性。在当代中国，社会主义先进文化的主要表现就是社会主义核心价值体系。社会主义核心价值体系包括马克思主义指导思想、中国特色社会主义共同理想、以爱国主义为核心的民族精神和以改革创新为核心的时代精神、社会主义荣辱观，代表着最广大人民的根本利益和整个社会文化的前进方向，具有其他任何价值体系都不可替代的先导性和影响力。社会主义先进文化具有与时俱进的创造性特征，能够充分反映时代发展趋势，始终走在时代潮流前面。社会主义先进文化坚持以科学的理论武装人、以正确的舆论引导人、以高尚的精神塑造人、以优秀的作品鼓舞人，帮助人们树立正确的世界观、人生观、价值观，培养高尚的理想和道德情操，弘扬优良的民族精神和社会风气，并引领时代发展的潮流，是健康有益思想文化的前进方向。这就决定了社会主义先进文化是当代中国各族人民面向未来、开拓奋进的主心骨，也决定了社会主义先进文化在各种社会文化思潮面前始终起到主导和引领的作用。社会主义先进文化既体现思想道德建设上的先进性要求，又体现思想道德建设上的广泛性要求；既坚持先进文化的前进方向，又符合不同层次群众的思想状况；既体现共同一致的愿望和追求，又涵盖不同的群体和阶层。这就决定了它具有广泛的适用性和强大的整合力，能够最大限度地发挥先导作用。

二、发挥社会主义先进文化先导作用是时代要求

推进我国社会主义现代化建设，实现中华民族伟大复兴，必须大力加强文化建设，坚持用社会主义先进文化引领全国各族人民奋勇前进。

新中国成立60多年来特别是改革开放30多年来，我国社会主义建设事业取得了辉煌成就。但是，我国的社会主义脱胎于半殖民地半封建社会，不仅在经济上而且在精神文化上还带有明显的旧社会的痕迹，存在一些旧社会遗留下来的封建主义、资本主义腐朽思想文化。这些腐朽思想文化有着十分浓厚的历史积淀，不可能在短期内完全消失，还会长期存在并产生广泛的社会影响，如经济领域的权钱交易现象、政治领域的个人专权现象、人际关系上的庸俗化现象以及思想作风方面的官僚主义、等级观念、特权思想、家长制作风、封建迷信等。这些腐朽思想文化的存在，严重破坏了社会主义建设，侵蚀党的健康肌体，败坏社会风气和党风，是一些党员、干部腐败变质的重要思想根源。从根本上解决这些问题，既要通过加强社会主义建设逐步铲除这些腐朽思想文化存在

的条件和土壤，更要发挥社会主义先进文化的先导作用，以提高全社会的精神文化境界。

当今时代是思想大活跃、观念大碰撞、文化大交融的时代，先进文化与落后文化、健康文化与腐朽文化同时并存。多样化社会思潮错综复杂，既是无法避免的，又是必须加以引领的。如果任其自由发展，就会影响和冲击社会主义主流意识形态，影响和冲击党和人民团结奋斗的思想政治基础，甚至会动摇中国特色社会主义事业的根基。只有旗帜鲜明、理直气壮地发挥社会主义先进文化的先导作用，才能在建设富强、民主、文明、和谐的社会主义现代化国家总目标下，使人们超越民族、血缘、语言、习惯、地域等差异而形成共同的归属感，使全社会形成广泛而深刻的价值认同，不断增进社会思想共识，不断增强社会共同体的团结与和谐，不断强化全民族的向心力和凝聚力，沿着中国特色社会主义道路奋勇前进。

三、发挥社会主义先进文化的引领作用

（一）用社会主义先进文化引领前进方向

江泽民指出："在当代中国，发展先进文化，就是发展有中国特色社会主义的文化，就是建设社会主义精神文明。"具体来讲"发展先进文化就是以马克思主义为指导，发展面向现代化、面向世界、面向未来的，民族的科学的大众的社会主义文化。"不可否认，当下文化建设领域的现实就是先进文化、有益文化与落后文化、腐朽文化并存，主流的意识形态与非主流的意识形态相互交织，积极的与消极的并存。这样就必须发挥先进文化的引领作用，以最大限度地形成社会共识。先进文化之所以能够发挥引领作用是因为先进文化是居于"高势位"的文化，与其他不同文化之间存在着"质差"与"势差"，这是先进文化之所以能够发挥引领作用的根本原因所在。这种"质差"和"势差"就表现在先进文化的系统结构中。在这个系统结构中，马克思主义的指导是先进文化建设的指导思想；培育"四有"新人，促进人的全面发展是先进文化建设的总体目标；坚持"三个面向"是先进文化建设的时代要

求；民族的科学的大众的社会主义文化是先进文化建设的本质属性。这种先进文化的系统结构科学地阐明了文化发展与社会主义现代化、与时代要求、与世界进步之间的辩证关系，继承和发扬了中华民族优秀文化传统，遵循了社会历史发展的规律，以中国最广大人民的根本利益为出发点和归宿点，面向大众、依靠大众、服务大众，为广大群众所喜闻乐见。这种文化具有其他文化所不具备的特质，同时也与其他文化之间形成了一种“质差”和“势差”。因此，社会主义先进文化能够成为引领各种文化发展的风向标，成为引领当代中国发展进步的旗帜，成为团结和凝聚全民族精神力量的纽带。

（二）用社会主义核心价值体系引领社会思潮

社会主义核心价值体系是社会主义先进文化的核心和精髓，是中华民族的兴国之魂。美国哈佛大学教授塞缪尔·亨廷顿指出：“一个不属于任何文明的、缺少一个文化核心的国家，不可能作为一个具有内聚力的社会而长期存在。”党的十六届六中全会、党的十七大和十七届六中全会都先后提出“用社会主义核心价值体系引领社会思潮”的号召，就是因为社会主义核心价值体系是社会主义意识形态的本质体现，是社会主义制度的内在精神和生命之魂。社会主义核心价值体系是指导思想、共同理想、民族精神和时代精神以及社会主义荣辱观的统一，具有引领社会思潮的先进性特质，应当也完全具备引领社会思潮的统摄能力和导向功能。雅斯贝尔斯指出：“精神历史的最伟大现象，既是过渡时期的开始，同时也是它的终结。人的伟大之处，就表现在这种过渡时期的条件下，他依旧昂然屹立着。”历史转折时期正是人民群众创造历史的极致状态，同时也是社会各种矛盾激烈斗争的焦点时刻。这就说明，在社会转型时期多样化的社会思潮是无法避免的，又是必须加以引领的。如果任其发展就会冲击主流意识形态，甚至动摇建设中国特色社会主义事业的根基。只有旗帜鲜明地以社会主义核心价值体系引领社会思潮，才能不断强化全民族的向心力和凝聚力。用社会主义核心价值体系引领多样化的社会思潮要求始终把“尊重差异，包容多样”作为“引领”的前提条件。对于思想认识问题，多做工作，积极引导；对于学术问题，贯彻百花齐放、百家争鸣的方针，民主讨论，平等交流；对于政治方向问题，要立场坚定，旗帜鲜明，坚持以理服人。同时，把主流意识形态的理想因素与现实内容以及人民群众的利益结合起来，既引领民众又服务民众，不断增强社会主义核心价值体系引领社会思潮的说服力和感召力；把引领的思想性和艺术性结合起来，既教育人又启迪人，不断增强社会主义核心价值体系引领社会思潮的生动性和亲和力。

（三）用社会主义荣辱观引领风尚

恩格斯指出："每个社会集团都有它自己的荣辱观。"荣辱观渗透在整个社会的生活之中，是世界观、人生观和价值观的重要内容。荣辱观不仅体现着社会的价值导向，标志着社会的文明程度，而且对社会的经济发展有巨大的反作用。社会主义社会的荣辱观是社会主义核心价值体系的基础。胡锦涛指出："在我们的社会主义社会里，是非、善恶、美丑的界限决不能混淆，坚持什么、反对什么，倡导什么，抵制什么，都必须旗帜鲜明。"2006 年 3 月，胡锦涛提出的"八荣八耻"的社会主义社会的荣辱观，语言鲜明简练，内涵深刻丰富，既体现了中华民族的传统美德，又体现了革命道德和新时代的道德要求，为引领社会风尚提供了基本行为准则。党的十七大和十七届六中全会都进一步重申了"用社会主义荣辱观引领风尚"的要求，这是与我国思想道德建设的现状紧密关联的。改革开放以来，我们国家在经济上取得举世瞩目成就的同时，也在生态领域和社会生活领域付出了沉重的代价。在生态领域的代价表现为自然资源过度耗损，自然环境严重污染；在社会生活领域的代价表现为理想信念淡漠，思想道德滑坡，善恶不分，美丑不分，甚至以丑为美、以恶为荣。这些都与社会主义荣辱观教育的缺位有关，其本质都是只为一己私利，而不顾国家、集体利益，不顾长远利益、根本利益的行为。道德建设领域里的问题迫使人们今天再次发出了"中华民族到了最危险的时候"的呼声。明荣辱是一个正常人所具有的基本的道德感。孟子说："羞恶之心，义之端也。""无羞恶之心，非人也。"康有为也说："人之有所不为，皆有赖羞恶之心。"这就说明知荣辱是人之为人的道德起点，是人之为善的行为基础。在发展社会主义市场经济的条件下，在已经出现道德危机感的今天，树立社会主义荣辱观不仅具有深刻现实意义，而且具有长远根本意义。

四、发挥社会主义先进文化作用应遵循的原则

为适应我们党在新时期对社会主义先进文化建设提出的更高要求，充分发挥社会主义先进文化作为经济发展、政治稳定、社会和谐精神支撑和精神动力的作用，应遵循以下原则：

1. 坚持以马克思主义为指导。以马克思主义为指导，在新的实践基础上不断作出新的理论概括，为发挥社会主义先进文化的先导作用提供强有力的理论支持。大力实施马克思主义理论研究和建设工程，尽快形成全面反映马克思主义中国化最新成果的学科体系和教材体系，从总体上加大用党的创新理论统领思想文化阵地的力度。

2. 坚持“三贴近”。按照贴近生活、贴近实际、贴近群众的原则，不断加强和改进社会主义先进文化建设，使主流意识形态的理想因素、现实内容与人民群众的利益需求有机地统一起来，通过科学而有力的舆论导向、文化辐射、政策激励、制度安排等，既统一思想又尊重差异，既引导群众又服务群众，不断增强社会主义先进文化的亲和力。把体现党的主张与反映人民心声统一起来，把思想性与艺术性统一起来，采取灵活多样的表现形式，在轻松、愉悦的语境和氛围中更好地发挥社会主义先进文化的说服力和感召力。

3. 坚持尊重差异、包容多样。尊重差异、包容多样，是发挥社会主义先进文化先导作用的题中应有之义。它体现了一种文化自觉，表明我们党在思想文化建设上认识更加深刻、视野更加开阔、胸怀更加博大、境界更加高远。同时，尊重差异、包容多样也是发挥社会主义先进文化先导作用的重要前提条件。善于包容是先进思想文化的特质，也是先进思想文化发挥主导作用、走向兴旺发达的必由之路。社会主义先进文化的先导作用就是通过引领，使多样化的社会思潮按照社会主义先进文化主导的方向更好地统一起来，不断巩固和发展社会主义思想文化高地。

4. 坚持引导社会思潮与解决实际问题相结合。认真分析、研究不同社会思潮的本质内容、表现形式、社会影响及其产生根源，有重点地做好引领工作，特别是要把那些带有全局性影响的社会思潮作为重点对象来加以引领，下大力气求得突破性进展，以造成辐射式的社会效应。同时，了解人民群众的思想理论困惑，重视解决人民群众最关心、最直接、最现实的利益问题和各种利益矛盾，特别是深入了解和掌握社会热点问题，采取有力措施加大引导力度，使之朝着有利于形成社会思想共识的方向健康发展，把发挥社会主义先进文化先导作用、形成社会思想共识的工作抓得更加扎实、有效。

5. 坚持创新形式和手段。发挥社会主义先进文化的先导作用，应不断创新形式和手段，拓宽教育的渠道。坚持党委领导、政府负责、社会协同、公共参与的原则，充分发挥各级党委和政府的领导作用，发挥工会、共青团、妇联等人民团体的桥梁作用，发挥行业组织、社会中介组织、群众自治组织的辅助作用。把社会主义先进文化建设融入国民教育和精神文明建设的全过程，为发挥社会主义先进文化先导作用、形成社会思想共识创造更加有利的社会环境。通过新闻出版、广播影视、文学艺术、社会科普教育等各种途径，把发挥社会主义先进文化先导作用的工作渗透到各个方面、各个环节。同时，根据人们接受信息途径的新变化，努力探索发挥社会主义先进文化先导作用的新方法、新手段。

第二节　以先进文化培育雷锋精神的基本内涵

在我国，发展先进文化就是发展中国特色社会主义文化，就是建设社会主义精神文明。中国特色社会主义文化，是中国特色社会主义的灵魂，是凝聚和激励全国各族人民的力量源泉，是综合国力的重要标志。综合国力，主要是经济实力、技术实力，这种物质力量是基础；但也离不开民族精神、民族凝聚力，精神力量也是综合国力的重要组成部分。雷锋精神作为一个开放的价值体系，在不同的历史时期有其不同的表现。它不是一个固定的体系，而是一个不断创造、丰富的过程，需要不断结合时代和社会的发展要求赋予新的内容。以体现时代特征的先进文化培育雷锋精神，要立足于当代我国改革开放和现代化建设的实践，追踪世界文化发展前沿，弘扬民族文化优秀传统，汲取世界各民族的有益文化成果，在内容和形式上积极创新，与时俱进。

一、雷锋精神的价值意蕴

50年前，毛泽东等老一辈无产阶级革命家发出“向雷锋同志学习”的号召，雷锋精神已深深地融入中华儿女建设祖国、奉献社会的热血之中。

（一）价值理想中真、善、美的统一

雷锋精神所追求的价值目标，规定了其价值内涵具有理想性的特质。这是雷锋精神之所以具有崇高性的基本依据。雷锋精神所包含的价值目标主要体现在两个层面上：第一，在个人的自我价值实现的理想层面上，雷锋精神所蕴涵的一般价值目标是自强不息的精神。“自强不息”是中华民族精神的重要特征，也是共产党人崇高的道德追求，它在不同的历史背景下彰显出不同的时代内涵。对于人生价值的自我实现来说，它蕴含着对真、善、美的不懈追求，蕴含着对理想人格的向往。雷锋之所以能从平凡生活中脱颖而出，成为时代的“风流人物”，就在于他具有这种价值理想，并深深地根植于时代的沃土之中。第二，从社会对个人所规定的责任和使命的层面上看，雷锋精神所追求的价值目标是“集体主义”和“全心全意为人民服务”，这是雷锋精神最核心的价值理念。雷锋精神所体现的集体主义价值理想，是在集体中实现个人价值、在个人价值的实现中提升集体价值的双赢互动理想。也就是说，在社会主义建设中，个人的自我价值目标不是孤立地存在的，社会价值目标有赖于无数自我价值目标的有序整合。只有以自我价值目标促进社会价值目标，以社会价值目标带动自我价值目标，才是雷锋精神的真正价值理想。正如雷锋所说：“人的生命是有限的，可是，为人民服务是无限的，我要把有限的生命，投入到无限的‘为人民服务’之中去”。这

正是实现社会和个人“两个价值目标”完美统一的有效路径。

（二）价值现实中先进性与广泛性相结合

价值现实是雷锋精神最本质的价值属性，是其理想性的价值规定达到客观化、现实化的一种价值事实，是一种实然性价值存在。雷锋精神本身所具有的价值现实可以从“质”与“量”两个层面上来透析。雷锋精神价值现实的“质”，是指雷锋精神所具有的先进性的内在价值，在其现实性上所达到的最佳价值境界。就“质”的现实规定性而言，雷锋精神价值的现实最佳境界既不是望尘莫及，也不是触手可及，而是先进性与广泛性的完美结合，是价值主体的最大需求度、认同度和实践上的可接受度的高度统一，这是雷锋精神之所以具有永久价值魅力的内在依据。雷锋精神是崇高的，充分体现了共产主义的世界观、人生观、价值观，具有经久不衰的时代穿透力；但它又是现实的，是现实的需要，现实的昭示，是现实社会生活中普遍可见的文明之光的投影和聚焦。正是雷锋精神的这一特质，即“先进性与广泛性相结合”的“质”的规定性，规定着它的价值现实的“量”的规定性，使之永葆青春。雷锋精神价值现实的“量”，是指它所具有的价值功能在现实中所能达到的客观效度。作为一种高尚的伦理精神，雷锋精神具有内在的道德价值导向功能，已成为我国社会主义道德体系的重要内容，成为公民道德建设的重要价值目标，具有培养文明、健全人格，净化社会风气、调适人与人之间的关系，实现团结友善、社会和谐稳定的作用。在社会主义市场经济条件下，要弘扬雷锋精神，达到义务与权利，为社会、为他人与有益于自身的统一，就必须把握雷锋精神“质”和“量”的规定性，把先进性与广泛性紧密结合起来。

（三）价值实践中知与行的统一

雷锋精神本质上是实践的。只有在实践中它的价值才能够凸现出来，才能被实现、发展和升华。雷锋精神价值实践的基本特征是合规律性与合目的性的统一。主要表现在两个方面：一是知与行统一。从哲学的角度来认识，言行一致的深刻内涵是知、行统一。遵循知、行统一原则，关键在于把握实践这个中心环节。实践是知之源泉和动力，是检验其知是否具有真理性和行为是否符合真理要求的唯一标准。遵循知、行统一规律，最为困难的是把道德之知和道德之行统一起来。所谓“知易行难”，更多的遗憾就是发生在道德之知和道德之行相悖的问题上。我国古代先贤向来反对“心口不一”、“口是心非”，视之为“小人”。《礼记·杂记》中说：“居其位，无其言，君子耻之；有其言，无其行，君子耻之。”孔子强调：“君子耻其言而过其行”（《论语·宪问》），《孔子家语·颜回》中则以“行言”和“舌言”作为君子与小人的分野，指出：“君子以行言，小人以舌言。”雷锋精神的可贵之处，就在于平凡之中见伟大，细微之处见精神。正如毛泽东指出的，一个人做一件好事并不难，难的是一辈子只做好事，不做坏事。因此，弘扬雷锋精神，做到知与行统一，就必须努力提高运用科学理论指导人生实践、正确进行价值判断和价值选择的能力，真正地、永远地做到学与用、知与行、说与做的统一。二是德与才统一。“德”是前提，是方向，它决定着“才”的价值实践程度。雷锋精神的核心价值取向，就是无私奉献、助人为乐。正如雷锋所说：“我活着，只有一个目的，就是做一个对人民有用的人，我要在一切实际行动中贯彻。”另一方面，“才”是条件，离开了“才”的“德”，是空洞的、毫无意义的。雷锋精神中干一行、爱一行、钻一行的“钉子”精神，为其全心全意为人民服务的价值实践提供了现实载体，注入了生机和活力。通过具有价值本体论意义上的实践，德与才完美地统一在雷锋精神的人格价值上。

（四）价值维度中历史与空间的延伸

从价值维度来解析雷锋精神，有助于我们从更广阔的视野上把握雷锋精神的价值精髓。雷锋精神的产生和发展既是一个历史过程，又是一个由个别到普遍、由局部向全局辐射的过程。因此，从历史和空间两个维度上解读雷锋精神的价值，是历史逻辑和辩证思维的启示。

二、先进文化对雷锋精神的培育要把握的几个问题

（一）把握现代化发展趋势

雷锋精神的现代化，不只是一个时间概念，更重要的是要追踪和达

到当代人类文明已有的程度和发展前沿。这就要求我们用人类发展已经达到的程度去验视我们的雷锋精神，以人类文明最新成果丰富我们的雷锋精神，使中华文化与世界各先进文化并驾齐驱，共同走向未来。近代以来，无数中华儿女为此作出了巨大努力。在社会结构上，他们为追赶西方先进文明进行了重大的社会改良和革命；在社会价值体系上，不断进行探索和重构；在文化心理层面，不断调整和更新情感方式、人生态度、思维方式、价值观念。雷锋精神的现代化，不只是一个政治选择或理论问题，而是一个复杂的文化现象和社会实践问题。

雷锋精神现代化的实质，乃是作为民族精神载体的传统文化向现代的转化和进化。伴随着人类社会的巨大进步，现代文明模式已替代前现代文明模式，但文化观念的转化有一个适用和适应的过程，它不可能自发实现转化，必须进行文化创新与发展，才能自觉超越前现代文明模式。农业文明以自然经济为基础，尚未发展起社会化大生产。自然经济条件下的生产是分散的小农生产，是依据自然节律自发进行的重复性实践活动。人们生存在由宗法关系维系的自然秩序之中，尚未建立起自觉的社会关联，人际关系和社会关系更多地表现为宗法伦理关系。在精神生产领域，由少数精英占领，绝大多数人没有机会和条件参与精神文化的创造活动，因而只能被动地接受精英所拥有的文化资源。现代工业文明的确立带来了人的生存方式的根本变革，它所引起的显著变化是社会化大生产的建立，经济、社会管理、世界性的交往、民主政治等社会活动领域的迅速扩大，以及以科学、艺术、哲学为主要形态的精神生产领域的空前自觉与繁荣。这是一种理性主义的文明模式，同时也是一种人本主义或自觉的文明模式，它以理性和科学知识为基础，体现着理性精神、契约精神、人本精神。以现代化大生产和市场交换为基础的现代经济、社会管理、民主政治等社会活动领域越来越依赖于理性、契约和法治的运行机制，越来越成为展现人的理性精神和自由创造性的领域。人们交往的自由和空间不断拓展，开始形成理性的、契约的、自由的、平等的交往关系。支撑着工业文明的两大主导精神，即技术理性和人本精神，极大地改变了人的生存方式，把人从自在、自发的生存状态提升到自由、自觉和创造性的生存状态。时代的发展使民族精神所赖以生长的物质文化、政治文化、精神文化都发生了巨大的变化，这需要赋予雷锋精神以全新的时代特征和全新的时代内涵。因此，雷锋精神的现代化，必须以现代文明模式为基础，体现时代精神。

（二）面向多元价值取向

作为雷锋精神依托的中国传统文化是在相对封闭的地理环境中形成的。在相当长的时期里，它是东亚地区文明程度最高的文化系统，这在无形中造就了“华夏中心主义”的一元价值观。这种一元价值观认为，天下、国家、文化是三位一体的，“天下”不是一个空间概念，也不等于世界，而是一个文化概念。古代中国人认为自己的文化是“放之四海而皆准”的普世文化，“天下”即喻指中国文化的普世性。中国人认为自己的文化不但是普世的，而且也是最优秀的。正是这种文化中心论使中国人认为自己处于世界的中心。相应地，所谓“夷夏之辨”也就不是种族或血统之辨，而是文化和文明之辨。因此，夷夏之间并无绝对的、不可逾越的界限，认同华夏文化，就可以由夷变夏。“夷”、“夏”的概念同样是文化的概念，而不是种族的概念。中国传统文化是一个包容性很强的文化系统，所以在漫长的历史岁月里，虽饱经沧桑，其核心部分仍相当稳定。

近代以来，随着资本主义在全球的扩张，世界性交往与日俱增，全球化时代悄然降临。当今世界已联系成一个整体，不同文化形态的运动、变化与发展呈现出一种整体的相关性。也就是说，任何个别共同体的文化实践都离不开全球化时代的普世性价值观念，如人权、自由、民主、平等、公正等，并为整个时代文化价值力量所统辖和制约。这表明，地区史时代的一元价值观受到了挑战，每个民族都应该在多元文化价值取向的框架内重新审视自己的一元价值观，需要把以前只放在“传统—现代”框架内的雷锋精神以及民族传统文化，放入“全球化—民族化”的更大视域中予以考察。由于全球化已成为当今民族文化发展的一个重要背景和内在因素，无论是讨论民族文化的传统还是现代，都不可能离开全球化这一新的参照系。

实际上，我们既不能固守“华夏中心主义”，也不能接受西方文化的同质化和模式化。没有民族独立和民族文化的独立，就没有真正意义上的全球化。民族文化的独立固然不能依附于外族文化，尤其是强权文化，但这种独立又不是离开世界文化整体联系的独立。独立不等于孤立。经济全球化的特点决定了民族文化的发展必然是一个世界性的历史过程。全球性的文化互动使得各个国家的民族文化密切相连，一个国家要想真正保持文化独立性，走出一条健康的文化发展之路，必须通过对外开放，加强对外文化交流，融入全球化大潮，吸收人类优秀文化成果，不断增强自己的文化竞争力。只有这样，才能在全球化的背景下更加丰富民族文化，提高民族文化影响力，进而培育出适应多元价值取向的雷锋精神。为此，在世界文化多样化发展的进程中，我们要不断增强中华文化的生命力、创造力和影响力；在当今经济全球化背景下，勇于和善于吸收一切优秀的外来文化，为建设中国特色社会主义文化和培育雷锋精神服务。

（三）确立实现中国特色社会主义的共同理想

雷锋精神，实质上是一种意识形态，其作用是实现价值认同上的民族成员的精神统合。中华民族强调在一个政治实体中，全体成员所具有的在政治、法律、经济、文化等方面的共性和共同利益，且这种共性和共同利益超越了国内各个小族群的利益。实际上，自孙中山先生提出“五族共和”以来，中华民族就一直是被当做统一国家的政治实体来理解的，兼有国家概念和疆域因素。在此意义上，培育雷锋精神等民族精神的现实政治目的就是维系国家的内在统一和社会的向心力，而其文化目的是要在现代世界中建构中国的根本性和独特性。因此，雷锋精神既要确定民族性格，又要确定国家理想，且首要的是确定国家的社会理想。

民族精神总是具体的，在现实层面上，它最终要落实到具体的价值信仰体系，使其具有可操作性。雷锋精神就是一种民族精神。以先进文化培育雷锋精神，就是要确立中国特色社会主义共同理想，确立马克思主义中国化最新成果——邓小平理论、“三个代表”重要思想和科学发展观的指导地位，使其成为凝聚中华民族的价值体系。作为一种理论体系和价值信仰体系，当代中国马克思主义理论自觉地、系统地顺应了时代发展的潮流，回答了历史提出的现实问题，反映了我国社会经济形态和政治制度，以及各族人民的根本利益和共同理想，涵盖了国家和社会成员所承担的责任。它既是凝聚我国各族人民的政治基础，又是我国各族人民精神交流的主导意识。这一理论通过世界观、人生观、价值观等理论体系直接为我们提供行动指南，并以此为根据建立起相对完整的、以理论为支撑的政治信仰、政治信念和政治目标，具有超越性、彻底性，具有强大的社会政治功能和文化心理功能。在政府决策和国家管理等活动中，它通过一系列理论原则把我国各族人民的意愿集中起来，将其聪明才智和积极性调动起来，同心同德地推进中国特色社会主义伟大事业，从而进一步从整体上强化中华民族的凝聚力。

第三节　以先进文化建设为契机，大力弘扬雷锋精神

党的十七大报告首次明确地把文化作为“国家软实力”提出来，而弘扬和培育雷锋精神又是文化建设极为重要的任务。文化软实力在很大程度上表现为民族凝聚力，而这种凝聚力主要来自人们对社会核心价值的认同。

社会主义核心价值体系是社会主义先进文化的灵魂。党的十七大报告强调：“切实把社会主义核心价值体系融入国民教育和精神文明建设全过程，转化为人民的自觉追求。”“两个融入”，充分体现了我们党对文化建设战略意义的深刻认识，是我们弘扬和培育雷锋精神的有效途径。融入国民教育全过程，就是渗透于大中小学的思想政治理论课和思想品德课教学之中，体现在学校教育教学和日常管理的各个环节，真正做到进教材、进课堂、进学生头脑。在全国各级各类学校中，普及民族精神教育。融入精神文明建设全过程，就是使民族精神培育进入各个领

域、部门、社区、家庭，利用各种文化载体，扎实、有效地把民族精神融入精神文明建设各项活动中去，在全社会形成强大的动力和凝聚力。

一、实现中华民族历史传统与时代精神的结合

中国特色社会主义伟大事业和人民群众的实践活动，是弘扬和培育雷锋精神的丰厚土壤和源头活水。我们要善于从时代伟大实践中汲取新鲜养分，将其升华为民族精神。只有深入研究当今世界和当代中国的发展趋势，深深植根于改革开放和现代化建设实践，融入亿万人民群众开拓美好未来的历史进程，才能真正弘扬和培育雷锋精神。当前需着重增强全国人民的爱国意识、团结意识和自强意识，强化公民对国家的认同感、归属感，自觉将个人的荣辱得失与国家的盛衰强弱紧密联系在一起。而先进文化则是凝聚和激励全国各族人民的文化资源。它渊源于中华五千年文明、植根于当代伟大实践、吸收了世界优秀文明成果，是中华民族身份的象征，是最广泛团结全国人民的旗帜，是激励各族人民建设伟大祖国、实现民族复兴的强大精神支柱。“一个民族，一个国家，如果没有自己的精神支柱，就等于没有灵魂，就会失去凝聚力和生命力。”“在全社会形成共同理想和精神支柱，是有中国特色社会主义文化建设的根本。”一个民族只有物质和精神都富有，才能成为一个有强大生命力和凝聚力的民族。民族精神培育好了，人心凝聚，精神振奋，经济建设和其他各项事业就会全面兴盛。只有把亿万人民凝聚在先进文化的旗帜下，把人民群众的智慧和力量充分发挥出来，才能焕发出中华民族强大的生机和活力，才能继续创造出无愧于历史和时代的伟业。

二、吸收和借鉴古代和国外一切优秀文化成果

对于中国传统文化，我们今天到底应该批判什么、继承什么，对于国外文化尤其是西方现代文化，我们到底应该批判什么、吸取什么，还有待进一步研究。应当看到，对中国传统文化和西方现代文化的优秀成果没有充分利用与对中国传统文化和西方现代文化的消极影响没有完全克服，这两种倾向都存在。如果我们对本土文化不甚了了，对西方文化

知之不多，那是不能完成建设中国特色社会主义先进文化、弘扬和培育雷锋精神的任务的。为此，我们有必要深入挖掘和弘扬传统文化的价值。雷锋精神的弘扬和培育，是在既有文化传统的基础上进行的。否则，就会迷失方向、丧失根本。在全球化趋势深入发展的今天，必须充分认识我国传统文化的历史意义和现实价值，遵循“古为今用”原则，以科学的态度对待我们的优秀文化传统，在继承的基础上弘扬和培育我们的雷锋精神。与此同时，还要积极吸收、借鉴世界各民族文化的优势和长处。在日益开放的全球化时代，雷锋精神的弘扬和培育离不开与世界各种文明的对话，需要我们坚持“洋为中用”原则，积极适应世界文化交流、交融、交锋更加频繁的趋势，着眼于民族精神的长远发展，以我为主、为我所用、择善而从，以更加自信的心态、更加开阔的视野，吸纳百家优长、兼集八方精义，使雷锋精神的弘扬和培育不仅植根于民族优秀传统文化的沃土，而且符合世界发展进步的潮流。

三、重在教育，贵于坚持和创新

从青少年抓起，进行民族精神教育，是弘扬和培育民族精神的重点。为此，我们要加强中华文化教育、历史教育，使全体人民了解祖国的悠久历史和灿烂文化；深入开展基本国情、时事政策、改革开放和现代化建设辉煌成就教育，塑造中国特色社会主义国民意识，促进人们的思想解放和观念更新；使每个公民对自己在一定社会关系和国家生活中的权利、地位和行为方式有自觉认识，主动地把自己的思想和行为统一到中国特色社会主义现代化建设上来。创新是文化的本质特征，也是雷锋精神的鲜明本质。当下，各种思想文化相互激荡，我国文化赖以生存的经济基础、体制环境、社会条件发生了深刻变化。我们要按照“面向现代化、面向世界、面向未来”的要求，对雷锋精神弘扬和培育的历史与现状进行冷静审视和反思，清醒认识存在的问题、差距和不足，着眼于解放和发展文化生产力，着眼于增强教育的吸引力、感染力，大力推进内容、形式创新；着眼于提高雷锋精神传播力，大力推进传播手段创新。

四、以马克思主义为指导，批判地继承中华民族的传统文化

马克思主义是社会主义中国的立国之本。我国进行先进文化建设，一定要以马克思主义为指导，让马克思主义与弘扬雷锋精神和传承雷锋精神相结合，牢牢把握雷锋精神的航向。正是在马克思主义的指导下，中国共产党在革命和建设时期铸就了雷锋精神、井冈山精神、长征精神、延安精神、南泥湾精神、愚公移山精神、白求恩精神、张思德精神、鲁迅精神、上甘岭精神、大庆精神、南京路上好八连精神和孔繁森精神等宝贵精神财富，取得了新民主主义革命和社会主义建设的辉煌成就。同样，在马克思主义指导下，中国人民以一往无前的改革锐气不断丰富雷锋精神，书写了雷锋精神新的光辉篇章。在新时期不断丰富雷锋精神，只有以马克思主义为指导，才能使雷锋精神取得新的丰硕成果。

中华民族的传统文化源远流长、内容丰富、博大精深。其中有许多催人奋进、使人向上的精华。如反映自强不息精神的“天行健，君子以自强不息”和“穷且益坚，不堕青云之志”的坚韧品格，体现勤奋、务实精神的“博学而笃志，切问而近思”和“业精于勤而荒于嬉”的古训俗语，表现探索创新精神的“究天人之际”和“通古今之变”的执着求索思想，表达爱国主义精神的“以身许国，何事不可为”和“苟利国家生死以，岂因祸福避趋之”的文化传统，提倡仁爱和谐精神的“地势坤，君子以厚德载物”和“有容，德乃大”等仁爱宽容精神，注重气节的“人生自古谁无死，留取丹心照汗青”的高尚情操，主张变法改革的“穷则变，变则通，通则久”的革新图强意识，以及提倡洋为中用的“学西方，谋自强”和“师夷长技以制夷”等开放精神，这些都是中华民族传统文化中的精华，必须大力予以弘扬。

五、辩证吸收世界各国文明成果，用先进文化引导大众文化

当今的世界是开放的世界，中国的发展离不开世界，在经济发展方面如此，在先进文化建设方面也是如此。为此，就必须大胆借鉴世界各国人民所创造的文明成果，为我所用。西方国家在社会科学方面的优秀

成果，如创新意识、自立自强观念和生态保护思想等，对我国培育雷锋精神很有启发。当然，对西方文明进行吸收时，也必须区别对待，对其中的错误观念，不良倾向一定要加以抵制，决不能把发达国家的文化当做“普世文化”。如西方所流行的拜金主义、享乐主义和极端个人主义等，必须予以坚决抵制。在这方面，一定要把“蜜蜂”和“苍蝇”区别开来，不能盲目崇拜，随意吸收。只有这样，也才能有效地消除西方资产阶级腐朽思想文化的侵蚀，并使雷锋精神在吸纳世界文明成果的基础上得到弘扬。

发展先进文化，弘扬和培育雷锋精神，绝不仅仅是少数精英的事情，更是最广大人民群众的广泛要求和普遍共识，“要充分发挥人民在文化建设中的主体作用”。为此，只有用先进文化引导大众文化，让雷锋精神永驻人心，才能为民族精神和时代精神的构建提供坚实的平台。各级党委宣传部门，必须充分利用广播电视、网络、报纸、杂志等各类新闻媒体大力营造广大人民群众所喜闻乐见、以雷锋精神为宣传对象的，融娱乐性、流行性和教育性于一体的寓教于乐栏目，让雷锋精神走进千家万户，力求家喻户晓，妇孺皆知。让人民群众下意识地受到雷锋精神的感染，将会收到“润物细无声”的良好效果。

六、把握发展大势，强化文化建设的政治责任

任何一种先进文化既是一定时代的产物，又是引领时代的精神旗帜；既依赖、从属于一定时代，又超越一定的时代。这是任何一种先进文化的特有属性。奥秘就在于：任何一种先进文化的产生和发展，都必须顺应时代发展变化的新潮流，回应时代精神的新叩问，关切人民群众精神文化的新期待，这是先进文化生产和传播的内在规律。雷锋精神无疑产生于建设的时代，但雷锋精神以其坚定、正确的政治方向，实事求是的思想路线，全心全意为人民服务的宗旨和自力更生、艰苦奋斗的工作作风的思想内涵和先进理念，反映了我们党的性质和宗旨，体现了先进文化发展方向，凝结着中华民族优秀历史文化传统，吸收了人类文明的有益成果，适应了革命、建设和改革开放的时代要求，因而成为我们

民族、我们国家和我们党弥足珍贵的精神文化财富和永恒的精神支柱。同时，也必须看到，一方面，当今时代，科学技术日新月异，各种思想文化相互激荡，特别是改革开放以来，随着市场经济的日益发展和信息化的发展，信息传播手段的日益丰富和传播速度的提高，各种文化交流、交融、交锋日趋活跃，大众文化的取向变得复杂和多元，人们的人生观、价值观和政治立场乃至整个精神世界发生着巨大的变化；另一方面，文化越来越成为民族凝聚力和创造力的重要源泉，越来越成为综合竞争力的重要因素，越来越成为经济社会发展的重要支撑，丰富的精神文化生活越来越成为我国人民的热切愿望。这就要求我们，在先进文化建设中大力弘扬雷锋精神，必须准确把握当今时代文化发展的新趋势，准确把握各族人民精神文化生活的新期待，不断赋予雷锋精神新的时代内涵，努力使雷锋精神放射出新的时代光芒。

实践证明，文化引领时代风气之先，是最需要创新的领域。推动社会主义先进文化大发展大繁荣，必须不断创新社会主义先进文化。只有开拓创新，才能充分展示党和人民的创造力和文化风采，不断增强我国文化软实力和中华文化国际影响力，才能为推动人类文明进步作出与我国作为世界大国相称的积极贡献。

先进文化的建设高度取决于躬身践行的力度。一种先进的精神文化，要普遍地发扬起来，一靠真理的力量，二靠人格的力量。毛泽东在1939 年就曾指出，我们共产党是无产阶级的先锋队，要带头艰苦奋斗。只有这样，才能感动中国的人民大众甘心情愿和我们一起奋斗，争取胜利。改革开放之初，邓小平也提出要发扬雷锋精神。雷锋精神产生并且成为引领社会文化发展潮流的精神旗帜，离不开社会主义建设初期全体共产党人对党的性质和宗旨的躬身践行，离不开这种言行一致、率先垂范的优良作风和高尚品格。

第五章
雷锋精神推动先进文化前行

雷锋精神是中华民族传统美德与共产主义光辉思想相结合的一种伟大的时代精神，是我们党和军队光荣传统和优良作风的集中体现和新的发展。近半个世纪特别是新时期以来，在学雷锋活动中涌现出许多先进集体和先进个人，在新的历史条件下再现了雷锋精神风采，有力推动了我国社会的发展和进步。

“雷锋是社会主义革命和建设中涌现出的一代新人的杰出代表。在其行为和言论基础上提炼出的‘雷锋精神’，经过50年的洗礼，历久弥新，是党和人民极其宝贵的精神财富。”今天，我们之所以倡导雷锋精神是因为雷锋精神不仅凝聚着我们时代精神的精华，彰显着社会主义核心价值体系的基本内容，而且是先进文化的有力助推器。

第一节　雷锋精神拓展先进文化的时代内涵

一、雷锋是一座不朽的精神丰碑

50年前，毛泽东等老一辈革命家相继为雷锋题词，雷锋的名字随之传遍神州大地。全国掀起群众性学雷锋活动，对塑造良好的社会风尚，进一步激发人们建设社会主义的热情，产生了深刻影响。

进入新时期后，以邓小平为核心的第二代中央领导集体提出要在建设高度物质文明的同时，建设高度的社会主义精神文明。邓小平指出，精神文明不仅指教育、科学、文化，而且指共产主义的思想、理想、信念、道德、纪律，革命的立场和原则，人与人之间的同志式关系。他赞许“全心全意为人民服务”等是庄严的革命口号，要求每个党员都身体力行共产主义思想和道德，并把党长期形成的一系列革命精神推广到全体人民中间，使之成为我国精神文明的主要支柱。党的十二届六中全会指出，精神文明建设的根本任务是培育有理想、有道德、有文化、有纪律的社会主义公民，提高整个中华民族的思想道德素质和科学文化素质。学雷锋活动在新时期焕发出新活力，各地兴起以“学雷锋，送温暖”为主题的精神文明活动，对我国改革开放和社会主义现代化建设起了推进作用。

以江泽民为核心的第三代中央领导集体也重视倡导雷锋精神。1990年，江泽民题词“学习雷锋同志，弘扬雷锋精神”正式发表。在抚顺接见“雷锋团”官兵代表时，江泽民称赞他们坚持学雷锋，勉励其继续在学雷锋活动中走在前面。随后，全国普遍开展了群众性精神文明创建活动。在1993年纪念毛泽东等老一辈革命家为雷锋同志题词30周年大会上，胡锦涛同志明确指出：“一个群众性的活动，能够在几十年历史进程中延续不断，影响一个时代的社会风尚，这表明雷锋精神对于我们这个民族和社会过去具有、现在仍然具有重大价值和时代意义。”①

党的十六大以来，以胡锦涛为总书记的党中央依然重视倡导雷锋精神。在2005年1月全国加强和改进大学生思想政治教育工作会议上，胡锦涛强调要在大学生中倡导一切有利于国家富强、人民幸福的思想和精神，既大力弘扬民族优良传统，又大力弘扬井冈山精神、雷锋精神等革命传统和时代精神。党的十七届六中全会提出把社会主义核心价值体系融入国民教育、精神文明建设和党的建设全过程，号召“深入开展

① 胡锦涛：《在纪念毛泽东等老一辈革命家为雷锋题词30周年大会上的讲话》，转引自夏春涛：《充分认识雷锋精神的时代价值》，《传承》2012年第5期。

学雷锋活动，采取措施推动学习活动常态化”。

总之，近半个世纪以来，我们党一直高度评价并大力倡导雷锋精神，相继将弘扬雷锋精神列为社会主义精神文明建设、社会主义核心价值体系建设的重要内容，不断给学雷锋活动注入新的活力和内涵。雷锋始终活在亿万人民心中，成为一座精神丰碑。雷锋精神激励和影响了几代人，是我们党和国家一笔宝贵的精神财富。

二、雷锋精神凝聚着时代精神的精华

雷锋精神是以雷锋的名字命名的，以雷锋的崇高品质为基本内涵的，在实践中不断丰富和发展的，为人们所敬仰和追求的精神文化。雷锋，一个普通的战士，在他身上所表现出来的高贵品质，足以激励几代人的健康成长；一个群众性的活动，在好几十年的历史进程中延续不断，经久不衰，对一个时代的社会风尚产生深刻而久远的影响。这就充分表明了雷锋精神对于我们这个民族和社会，无论是在过去还是现在，都具有极其重大的价值与时代所赋予的意义。

雷锋及雷锋精神诞生在计划经济的年代，而当代中国正处于社会转型时期，雷锋精神过时论甚嚣尘上，但现实对这种论调作出了无情的反驳。事实上，雷锋精神已适应了中国社会这一巨大的转变，它是时代的需要，是公民道德建设的需要，是社会主义核心价值体系建设的需要，这才是雷锋精神的时代内核、时代内涵及时代价值。雷锋精神作为社会主义制度下的精神坐标，它体现、凝练的是我们党和国家的指导思想，是这主流文化向大众文化的成功转化和人性体现，是时代精神的精华。雷锋身上体现出的爱党爱国、助人为乐、敬业奉献、锐意创新、艰苦奋斗的崇高精神和高尚品格，是党和人民极为宝贵的精神财富，是以爱国主义为核心的民族精神和以改革开放为核心的时代精神的重要组成部分，是建设社会主义核心价值体系的丰厚精神资源。

雷锋精神具有崭新的时代内涵。自强不息蕴涵于雷锋精神之中，对真、善、美的追求和对理想人格的向往，也囊括于雷锋精神之中。雷锋能从平凡的生活中脱颖而出，成为那个时代“叱咤风云的人物”，是由于他把自己的价值理想深植于时代的肥沃土壤中，“把有限的生命投入到无限的为人民服务中去，”也就是，在社会生活中，把个人的价值目标融入社会价值目标中去，在社会价值目标中得到永恒；雷锋精神与建设和谐社会中所需要的爱岗敬业、勇于创新的要求相一致。雷锋精神中所包含的乐于助人和无私奉献精神与建立新型和谐人际关系的客观要求相吻合。需要特别强调的是，雷锋精神与和谐社会所倡导的诚信、友爱相符合。因为建立与社会主义市场经济体制相适应、与社会主义法律法规相协调、与中华民族传统美德相承接的社会主义思想道德体系，就是要以诚实、守信为重点。这是对多年来我国思想道德建设实践经验的科学总结，对建设社会主义思想道德体系具有深远的指导意义。[①]

三、深入开展学雷锋活动对社会主义核心价值体系建设具有重要推动作用

雷锋是中华民族的道德标杆和精神旗帜。深入开展学雷锋活动，具有广泛的群众基础和社会示范引领效应，对推进社会主义核心价值体系建设将发挥积极而重要的作用。

首先，对坚定人们的理想信念具有重要支撑作用。雷锋虽然只是年轻的普通一兵，内心世界却极为丰富，时刻装着全心全意为人民服务的宗旨，装着共产党人始终不渝的价值追求，并表里如一、言行一致。在当前国内外各种社会思潮交流、交融、交锋日趋激烈的新形势下，巩固马克思主义在意识形态的指导地位，坚定广大社会成员建设中国特色社会主义事业的理想信念，是社会主义核心价值体系建设的一项根本任务。深化学雷锋活动，不仅可以帮助大家找到世界观、人生观、价值观方面的差距，而且可以看到理想信念的无穷力量。

其次，对培育人们的爱国情感具有重要催化作用。“位卑未敢忘忧国”。中华民族自古以来就有爱国主义的优良传统，这种传统美德在雷

① 商卫星、孙春歌：《构建社会主义和谐社会需要大力弘扬雷锋精神》，《武汉纺织大学学报》2012 年第 4 期。

锋身上得到了充分体现和全新升华。他把个人的前途命运与国家、民族，与社会的前途命运紧紧联系在一起，处处以国家、民族和集体的利益为重，表现出主人翁的博大胸怀。在新的历史时期，深入开展学雷锋活动，对于增强民族自尊、自信和自强精神，实现中华民族伟大复兴必将发挥无形的催化作用。

再次，对增强人们的创新意识具有重要激励作用。创新是一个民族进步的灵魂，是一个国家兴旺发达的不竭动力。当前，我国正处于全面建设小康社会的关键时期和深化改革开放、加快转变经济发展方式的攻坚时期，尤其需要教育引导广大干部群众像雷锋那样，锐意进取，自强不息，坚持用马克思主义理论和现代科学文化知识武装自己、提高自己、完善自己，主动应对国际、国内新挑战，切实解决改革发展新矛盾。

最后，对提升人们道德境界具有重要的助推作用。现在，一些社会成员的道德水准严重滑坡，拜金主义、享乐主义、利己主义等思想不断滋生蔓延，尤其是官员失德、商界失信、社会失义、法律失公等问题堪忧。深入开展学雷锋活动，大力弘扬雷锋公而忘私、助人为乐的宝贵品质，让雷锋道德光芒重新照亮部分社会成员逐渐暗淡的心灵，已成为当前推动公民思想道德建设的一项紧迫任务。

第二节　雷锋精神落实先进文化的本质需求

1990 年 3 月 4 日，《人民日报》发表了江泽民、杨尚昆、李鹏的题词，号召全国人民继续开展向雷锋同志学习活动，雷锋继续成为全国人民学习的榜样。于是，每年 3 月为纪念毛主席“向雷锋同志学习”题词而掀起的“学习雷锋好榜样”热潮就成了全国人民的必修课。可是，“雷锋叔叔没户口，三月里来四月走”的场景还会年复一年地重演吗？我们怎样才能让雷锋叔叔和雷锋精神“天天住你家、天天住我家、天天住我们的家、天天住我们的和谐社会”呢？答案就是：雷锋精神的时代化与大众化。同样，雷锋精神落实先进文化也必须走时代化、大众化之路。

一、雷锋精神的时代化

人们的价值标准和精神追求都会打上深深的时代烙印。雷锋生活的年代是国民经济和社会发展极端困顿、计划经济主导经济社会发展的时代；是集体主义价值观被强烈推崇，大公无私、毫不利己、专门利人深入人心的时代；是“伟人政治”气息弥漫、魅力型权威盖压一切，大规模群众性的政治动员容易形成的时代；是人们的思想观念非常纯真、价值取向非常单一、利益需求非常趋同、私心杂念难以生长的时代。正是这样的时代，孕育出了以毛泽东思想为指引，以“心里永远装着别人，唯独没有他自己”为核心理念支撑的、伟大的雷锋精神。

我们不可能永远停留在雷锋曾经生活过的时代，谁也无法阻挡时间匆匆的脚步和时代发展的车轮。当历史发展到今天这样一个时代，我们当然要去建构更适合当今时代的价值观，构筑更适合当今时代的价值标准。那么，在我们今天推崇的价值观中，雷锋精神是不是已经过时了呢？不是的。我们承认改革开放特别是发展社会主义市场经济以来，“个人主义至上”、“一切向钱看”、“人不为己、天诛地灭”成了一些人的人生信条，在他们看来，被我们视为珍宝的雷锋精神已成为岁月尘封的记忆，甚至还被当做了调侃的笑料。但这种迷茫只是暂时的，雷锋精神是永远不会过时的，因为它与我们伟大的民族精神联系在一起。

雷锋精神不能丢，但其本身也存在着一个与时俱进的问题。和其他常青的价值观一样，雷锋精神应该具有与时俱进的时代品质，应该在保持其实质和内核不变的情况下，努力使形式和内容体现时代性、把握规律性、富于创造性、更具实效性。归结起来，就是要实现雷锋精神的时代化。实际上，雷锋精神时代化的进程早已经开始了。“希望工程”、“志愿服务”、“捐款救灾”、“义卖义演”等，这些恐怕都是对雷锋精神在今天这个时代最具创新性的诠释。当上不起学的孩子在希望工程的救助中看到知识改变命运的曙光，当西部偏远山村的小学教室内响起千千万万徐本禹式支教者传道、授业、解惑的爱心合唱，当2008奥运年的北京街头到处洋溢着志愿者灿烂的笑脸，当孩子们打碎存钱罐、老人们取净退休金存折为汶川大地震、玉树大地震、舟曲泥石流灾害受难者无私捐助的瞬间，当孔繁森、牛玉儒、沈浩牺牲在工作岗位上的悲痛时刻，当郭明义用一生的坚持将义务献血和帮助他人进行到底的伟大精神一次次震撼我们心灵之时，你还能说这一切的一切不是雷锋精神吗？你还能说在这个时代、在这个时刻、以这种形式呈现出的扶危济困、乐于助人、奉献而不求回报的伟大精神，不是雷锋精神时代化的最好论据吗？

二、雷锋精神的大众化

雷锋所做的那些好事，都不是轰轰烈烈的大事，而是日常生活中我们每一个人力所能及的小事。问题的关键是：这些小事为什么雷锋以及雷锋化的人们能够义不容辞地去做而且坚持了一辈子，而我们中的许多人却不能像雷锋那样“一辈子只做好事不做坏事”，像雷锋那样把做好事坚持下来、坚持到底呢？同样是生活在当今中国社会中的人们，“雷锋化”的人们与“去雷锋化”的人们做人的差距怎么这么大呢？答案就在于：雷锋精神大众化的覆盖范围、深入程度、质量水平有明显差异。“人之初，性本善”，人性向善是在生命之初就已经定下的基调。学习雷锋好榜样，是当代中国人人性向善的重要路径。所有的人都去学习雷锋行为、领悟雷锋精神的过程，也就是实现雷锋精神大众化的过程。雷锋精神大众化能够使雷锋精神在人民大众、社会草根中得到传承和发扬，并使雷锋精神成为人们想问题、办事情的指导性价值原则。而要培育更多的雷锋化的民众、使雷锋精神常驻民间，就必须在着力提升雷锋精神大众化的覆盖范围、质量水平上下工夫，并公开承认雷锋精神大众化的层次性、群体标准的差异性、表现形式的多样性，使雷锋精神在民众信仰中沉淀为一种“共同但有区别”的价值理念。如此一来，大款捐助1000万元救灾是学习雷锋，小学生搀扶老人过马路是学习雷锋，长江大学的大学生英雄群体江中舍身救人是学习雷锋，徐洪刚面对歹徒尖刀无畏不惧是学习雷锋，久而久之，更多的雷锋精神大众化之实践平台就会如雨后春笋般涌现。当雷锋精神大众化的过程完全实现，全中国的民众都自觉地将雷锋精神根植心间、落实到行动中，你还能说雷锋叔叔和雷锋精神“三月里来四月走”吗？

三、切实增强学习建设活动的实践性、群众性、长期性和有效性

深入开展学雷锋活动，扎实推进先进文化建设，是一项立足当前、事关长远的社会系统工程。这就需要准确把握时代脉搏，遵循思想道德建设规律。

1. 增强实践性。学习雷锋和社会主义核心价值体系建设活动，不是一个高深的理论问题，而是一个人人参与并能有所作为的实践课题。雷锋精神之所以具有强大的感召力，并不在于领导作了多少指示、机关发了多少文件、专家写了多少文章，而在于雷锋的崇高思想境界和全心全意为人民服务的踏实足迹。这就昭示我们，必须把实践作为第一位的要求，贯穿到学习建设活动的各个方面、各个环节，真正做到“内化于心、外化于行”。

2. 增强群众性。“一个人先进单枪匹马，众人先进才能移山填海。”雷锋这一至理名言，正是我们深入开展学雷锋活动、推进社会主义核心价值体系建设需要把握的要义。“一枝独秀景色平，万紫千红才是春。”学习建设活动不是某个组织、某个行业、某个社会成员的单独行为，而是一项广泛的社会参与活动。这就需要按照“高起点、低落点”的工作思路，深入开展形式多样、寓教于乐的主题宣传实践活动，使广大干部群众由衷地感到雷锋并不遥远、原来就在身边，社会主义核心价值体系并不高深、完全可做可为，从而把组织倡导的活动变为亿万群众自觉参与、躬身践行的行动。

3. 增强长期性。“雷锋叔叔没户口，三月来了四月走”，是对“节庆式”、“一阵风”学雷锋现象的真实写照。为有效防止这一尴尬局面

在社会主义核心价值体系建设中出现，需要建立一套社会认可、群众接受、操作性强的常态化推进机制。要充分发挥工会、共青团、妇联等群团组织的作用，广泛开展行业学习实践活动；充分发挥大、中、小学主阵地作用，把雷锋精神和社会主义核心价值体系作为德育课程的重要内容；充分发挥新闻媒体的作用，大力宣传各行各业开展学习雷锋活动的先进典型；充分发挥志愿者协会等民间组织的作用，把学习雷锋活动同普通群众的日常善举结合起来，在全社会营造形成学习雷锋精神、践行社会主义核心价值体系的浓厚氛围。

4. 增强有效性。重实际、讲实效，已成为普遍的社会心理。实践证明，任何活动无论搞得怎样热闹，如果没实效、群众不受益，都不可能长久。客观地讲，这些年学雷锋活动不是没坚持，而是效果不明显，使其失去了信誉和权威。现实生活中，不难看到这样的现象：一些地方和单位只要开展学雷锋活动，就不约而同地选在一个日子、定在一个地点，搞起“温暖”大派送，看似轰轰烈烈，实际并不管用，而且容易引起群众误解甚至反感。要增强学雷锋活动和社会主义核心价值体系建设的有效性，就必须坚决反对一切形式主义的做法，有针对性地组织策划好活动的内容和形式，以达到“社会乐参与、群众得实惠、全民强素质”的目的。

四、雷锋精神的强大感召力基于社会主义核心价值体系的深厚内涵

缺失倍感珍贵，远离更加思念。1975 年，邓小平在军队一次重要会议上借老百姓的话“雷锋叔叔不在了”，表达了雷锋精神对于加强军队思想作风建设乃至改善社会风气的重要作用。1997 年，电影《离开雷锋的日子》上映，仅北京的观众就达 128 多万人次，说明广大群众无比渴望雷锋精神的复兴。说到底，人民群众渴望的是社会主义核心价值体系得以实现、得以普及、得以传承。雷锋精神之所以具有这样强大的感召力，是因为它来自社会主义核心价值体系的感召力。

社会主义核心价值体系把价值导向与人民利益统一起来，增强了雷

锋精神的群众性。社会主义核心价值体系是社会主义制度体系的精神形式，是为巩固发展社会主义制度服务的，具有鲜明的价值导向。而社会主义制度是属于人民、为了人民、依靠人民的，人民利益是社会主义的根本价值。因此，社会主义核心价值体系是坚持社会主义价值导向与人民利益价值导向的高度统一。坚持社会主义就要维护人民利益，服务社会主义就要服务人民群众。雷锋热爱党、热爱新中国、热爱社会主义、热爱人民，他要“把有限的生命投入到无限的为人民服务之中去”，他把平时节约下来的200元钱，分别捐献给了新成立的人民公社和遭受洪水灾害的人民群众。人们从雷锋精神深切地感受到，社会主义所倡导的价值就是人民的价值。每一个人无论职务高低、年龄大小、财富多少，都可以做一个对人民有利、有益、有用的人。雷锋精神传播得越广、展现得越多，人民利益实现得就越好。

社会主义核心价值体系把社会理想与职业准则统一起来，增强了雷锋精神的普遍性。建立符合经济发展规律和人的发展要求的社会主义社会以及更高阶段的共产主义社会，是马克思主义阐述的科学的社会理想，是马克思主义政党和一切共产党人必须确立和为之奋斗的社会信仰。社会理想始终是社会主义核心价值体系的价值目标和社会追求。在社会主义条件下建设是中心任务，广大党员和群众都是在不同劳动分工、社会职业中承担自己的社会角色，社会理想更多的是通过每个人的职业行为来体现的。爱岗敬业、尽职尽责就是实现社会理想的途径和平台。雷锋是一个普通的战士，没有惊天动地的事迹和惊心动魄的故事，而他胸怀共产主义远大理想，又脚踏实地做好每一项工作，“对待工作要像夏天一样的火热”，在平凡的工作中追求卓越、实现卓越。伟大起于平凡，高尚出于平凡，可贵在于平凡。人们从雷锋精神深切地感受到，雷锋就在我们身边，人皆可以为雷锋，人皆可以为社会理想的实现增砖添瓦。

社会主义核心价值体系把道德规范与传统美德统一起来，增强了雷锋精神的包容性。不同社会形态都有与之相适应的道德规范。各民族又有在长期发展进程中形成和延续的传统美德，成为民族凝聚力的重要因素。社会主义核心价值体系以社会主义荣辱观为基本道德规范，是与社会主义经济基础和上层建筑相适应的道德规范。社会主义道德规范不是隔断历史、隔断传统的，而是将民族以及人类的传统美德包含于自身。中华民族几千年文明积淀的传统美德，如勤劳勇敢、正直善良、诚实守信等，深深地渗入民族的文化心理、伦理观念、交往规则中，影响、熏陶了一代代人。雷锋的许多事迹和品德，如忠诚奉献、助人为乐、勤俭节约、谦虚谨慎等，既是社会主义道德规范的要求，也是中华民族传统美德的体现。人们从雷锋精神深切地感受到，学雷锋做雷锋就是在生活中明辨是非、扬善惩恶、尚美弃丑，在道德修养中追求崇高、坚守信仰。

社会主义核心价值体系把人的价值与社会贡献统一起来，增强了雷锋精神的激励性。社会主义承认、尊重、提升人的价值，在人的社会关系、社会作用中评价人的价值。社会主义核心价值体系倡导正确的人生观、价值观，正是要像雷锋那样在为人民服务中实现人生的价值。为人民而死，生命比泰山还重；为人民而生，生命同样比泰山还重。社会主义制度就是要着力构建有利于人的价值与社会贡献相统一的机制与环境，鼓励个人价值融入社会价值之中，在创造社会价值中实现个人价值。雷锋在为他人做好事、为社会作贡献的同时，收获的不仅是乐趣、满足和幸福，而且是个人价值的实现、增大。人们从雷锋精神深切地感受到，脱离社会的“自我实现”，不可能真正实现人的价值。尽管现实生活中存在着不劳而获、少劳多获的不公平现象，但这是与社会公论相悖的。社会普遍认同和尊重的，还是雷锋、郭明义、杨善洲这样的人，他们是道德的楷模、人民的期盼。

五、展现雷锋精神的强大时代魅力

华夏三月，雷锋如同温暖的春风唤醒大地，如同绽放的玉兰沁人心脾。春天的阳光雨露，照耀、滋润着世间万物蓬勃生长；社会主义核心价值体系，支持、推动着雷锋精神引领风尚。

时代在发展，社会在前进。半个世纪以来，我们的国家经历了重大历史性转折，我们党的历史方位也相应地发生了重大变化。当今世界正处在大发展、大变革、大调整时期，当代中国进入了全面建设小康社会的关键时期和深化改革开放、加快转变经济发展方式的攻坚时期，当代中国发展实践出现了许多以往未曾遇到和预料的新矛盾、新问题。社会实践的变革发展，推动着社会主义文化的创新发展，推动着社会主义核心价值体系的丰富发展。社会主义核心价值体系是一个开放的体系。它的理论基础、价值目标、精神内涵、道德准则等，都反映了实践的呼唤，吸收了时代的精神，顺应了人民的心声。社会主义核心价值体系的与时俱进，使得我们在新的历史条件下，对雷锋精神有新的认识和理解，对雷锋精神的内核有更加深入的提炼和把握，对雷锋精神的当代价值有更加自觉的领悟和发挥。

引领时代就要满足时代的需求，雷锋精神的当代价值就在于有助于满足当代社会及民众的精神需求。当今社会，物质生活需求不断被满足，但生命的价值、生活的意义却在不少人那里变得迷茫，幸福的感觉却在下降，一些社会成员人生观、价值观变得扭曲。雷锋精神是一种思考人生意义、追寻幸福源泉的精神。它能够启迪人们树立科学的人生观、价值观，塑造积极健康的心理，做一个有益于社会、有益于人民的人。社会结构、社会机制、社会利益发生深刻变化，怎样对待竞争，怎样实现利益，怎样处理人际关系，是每个人都要面临的现实课题。一些领域道德失范、诚信缺失，表明了利益取向与道德取向的冲突。雷锋精神是一种探索成长道路、确立行为规则的精神，它能够启迪人们公平竞争、利人利己、善待他人，从而促进和谐关系、和谐社会的生长。雷锋精神不是万能的，但它在人们思想活动的独立性、选择性、多变性、差异性明显增强的今天，能为当代中国确立了一个精神坐标、一种道德尺度、一种生活方式、一种价值追求。

精神的母体是人，精神的载体也是人。雷锋精神来自人民，还要回归人民。它只有深入人心、深入生活、深入实践，才能发挥精神的力量。广大党员和各级领导，是社会的先进分子，在弘扬社会主义核心价值体系、传播雷锋精神上负有重要责任。雷锋精神的说服力、信服力，不仅取决于雷锋精神本身的时代魅力，而且取决于社会先进分子的率先垂范。广大群众与雷锋精神息息相通，学习雷锋就要从我做起、从每件事做起，为社会主义核心价值体系建设作出自己应有的贡献。中华民族复兴包括文化、精神、道德等方面的复兴，每个人都责无旁贷。

六、在社会主义初级阶段和市场经济条件下，需要继续大力弘扬雷锋精神

我国实行改革开放已逾 33 年，建立社会主义市场经济体制已接近 20 年，“一大二公”模式早已成为历史，自主创业、勤劳致富的观念获得鼓励和广泛认同，非公有制经济蓬勃发展。随着社会经济成分、组织形式、就业方式日趋多样化，“单位人”相对减少，“社会人”越来越多，人们思想活动明显带有独立性、选择性、多变性、差异性特征，客观上增加了开展群众性学雷锋活动的难度。有人因而产生疑问，认为时代不同了，观念变了，现在再强调学雷锋已不合时宜，甚至认为雷锋精神“过时”了。

这种说法显然不能成立。雷锋被誉为共产主义战士，体现的是共产主义精神；我国正处于并将长期处于社会主义初级阶段，“党的最高理想和最终目标是实现共产主义”被明确写入党章。应当看到，我国在所有制结构上仍坚持公有制为主体，在分配制度上以按劳分配为主体，强调以人为本、公平正义，提倡实现共同富裕。这说明，我国社会主义基本制度和核心价值观并没有改变，我国的社会主义性质和发展方向并没有改变。因此，雷锋精神代表着一种值得追求的崇高精神境界，根本没有“过时”；雷锋过去是、今天依然是值得敬仰的先进典型。

在市场经济条件下开展学雷锋活动并非不合时宜，而是很有必要。市场经济存在固有缺陷，除市场的自发性、盲目性外，还容易滋长拜金主义、享乐主义、极端个人主义，诱发两极分化。这些痼疾在资本主义制度下很难医治。而我国搞的是社会主义市场经济，是社会主义与市场经济的有机结合，可以发挥社会主义制度优越性来克服或遏制这些弊病。开展群众性学雷锋活动，正是发挥这种优越性的一种有效途径。

新时期以来，我们党高度重视保持并发挥社会主义制度优越性。邓小平告诫全党："不加强精神文明的建设，物质文明的建设也要受破坏，走弯路。光靠物质条件，我们的革命和建设都不可能胜利。"党的十二大强调："社会主义精神文明是社会主义的重要特征，是社会主义制度优越性的重要表现。"党的十二届六中全会郑重指出："在社会主义时期，物质文明为精神文明的发展提供精神动力和智力支持，为它的正确发展方向提供有力的思想保证。社会主义精神文明建设，是关系社会主义兴衰成败的大事。"党的十四届六中全会明确指出：社会主义道德建设要以为人民服务为核心；在发展社会主义市场经济条件下，更要在全体人民中提倡为人民服务和集体主义的精神。党的十七届六中全会强调：社会主义核心价值体系是兴国之魂，是社会主义先进文化的精髓，决定着中国特色社会主义发展方向。因此，在社会主义初级阶段和市场经济条件下，需要继续大力弘扬雷锋精神。

七、雷锋精神彰显着社会主义核心价值体系的基本内容

党的十六届六中全会通过的《中共中央关于构建社会主义和谐社会若干重大问题的决定》中指出：建设和谐文化，是构建社会主义和谐社会的重要任务，而社会主义核心价值体系是建设和谐文化的根本。"马克思主义指导思想，中国特色社会主义共同理想，以爱国主义为核心的民族精神和以改革创新为核心的时代精神，社会主义荣辱观"，构成社会主义核心价值体系的基本内容，雷锋精神立足于中国国情，以其丰富的内涵和精神实质，全方位体现了社会主义核心价值。

雷锋是坚定的马克思主义者，雷锋精神体现了马克思主义的内在要求。人民立场是马克思主义的基本立场，群众观点是其基本观点。雷锋精神从微观上对"为人民服务"的内涵进行了具体诠释。雷锋精神强调：只要是需要帮助的人，他都会十分友好地伸出援手，雷锋精神倡导无私奉献、乐于助人，雷锋以及具有雷锋精神的人，不但在物质上给予他人帮助，而且在精神上也给他人以慰藉，从而促进人的全面发展。构建人与自然和谐发展的理念，也是雷锋精神所倡导的，并且，雷锋精神

通过实际行动为人类提供可持续的生存空间，这与马克思主义主张人要处理好与自然协调发展的要求相一致。例如在"'保护母亲河'绿色行动中"就得以充分体现，雷锋式的人们正以其雷锋精神和实际行动体现了马克思主义的内在要求。

雷锋精神凝聚了中国特色社会主义共同理想。不管在哪一个社会，在其不同阶段，都会有为之共同努力与奋斗的理想。建设中国特色社会主义，把我国建设成为文明、民主、和谐的社会主义现代化国家，这是当前我国人民的共同理想。共同理想具有以认知理想为基础的价值理想，这种理想可以激起社会成员的激情和为之奉献的愿望，达到个人理想与社会理想统一的标准。雷锋精神也是一种理想，它是一种能使这个世界变得更美好的一种信念。只要稍加留心，我们不难发现，雷锋精神始终闪亮在我们身边。从 20 世纪 80 年代的张华、朱伯儒，到当代雷锋郭明义，以"最美妈妈"吴菊萍为代表的感动中国系列人物，无数后来者续写着新的诗篇，为雷锋精神注入了崭新的时代内涵。雷锋精神正是从微观领域反映了中国特色社会主义共同理想，其发展在一定层面推动了社会主义的繁荣与发展，由此可见，雷锋精神凝聚了中国特色社会主义共同理想。

雷锋精神承载了民族精神和时代精神。在五千年以来的发展历程中，中华民族形成了以爱国主义为核心的团结统一、爱好和平、勤劳勇敢、自强不息的伟大民族精神。在改革开放的进程中，中国人民又形成了以改革创新为核心的时代精神。民族精神和时代精神是中华民族繁衍生息、蓬勃发展和开拓创新的强大精神支撑。雷锋精神倡导团结、助人、进步，彰显了民族精神和时代精神的价值导向。这充分体现在 2008 年 5 月四川汶川的抗震救灾活动中。这就表明，雷锋精神既有浓厚的民族特色，也具有崭新的时代内涵，是民族精神和时代精神的融合。由此可见，雷锋精神承载了民族精神和时代精神。

雷锋精神弘扬了社会主义荣辱观。顾名思义，荣辱观是判断行为得失、分清是非曲直、辨明善恶美丑、做出道德选择、确定价值取向的基本准则，是世界观、人生观、价值观的重要组成部分。以"八荣八耻"

为主要内容的社会主义荣辱观，体现了社会主义对社会成员道德行为规范的基本要求，是形成良好社会风气的重要基础。雷锋及雷锋精神的传人，在社会中自愿地为他人、社会服务的同时，渗透着社会主义荣辱观的雷锋精神可以净化社会风气，深化对社会主义荣辱观的理解与贯彻，有助于整个社会良好道德氛围的形成与发展。雷锋精神倡导博爱、奉献、团结、自强，是社会主义荣辱观中“以热爱祖国为荣、损人利己为耻，以诚实守信为荣、以见利忘义为耻”的体现与反映。因此，我们可以说雷锋精神弘扬了社会主义荣辱观。由此可知，雷锋精神彰显着社会主义核心价值体系的基本内容。

第三节　雷锋精神创新先进文化的实践要求

一、需要注意的问题

有学者指出，“回顾人类社会的政治历史，许多统治集团的意识形态运作往往游离于客观性的合法性资源，缺乏现实的道义正当性或统治绩效的依据，其合法性辩护往往只能诉诸某种抽象的理论推演甚至是非理性的独断论，而不是理性化的经验论证”。因而，在推进雷锋精神认同、发挥雷锋精神意识形态功能的过程中需要注意避免出现以下几个问题。

1. 将雷锋精神认同强制化。意识形态要追求政治利益，甚至要讲究政治权威，并且它的建构方式是自上而下、自外而内的，在某种程度上忽略对个体人生意义的关照。但是雷锋精神不单具有意识形态的一般特点，它还要引导人们去追求人生意义的丰富性，它的建构需要从个体对生活、对人生意义的理解和直接经验开始。如果执意把雷锋精神作为单纯的意识形态，取代、压制人们的生活体验，那就像是在搞一场运动或完成一项组织交给的任务，由自发变成了命令，由主动变成了被动，学雷锋活动也就离真正的雷锋精神越来越远，成了一种教条主义的政治服务的形式。在形式主义的支配下，学雷锋就是为了应付一下，就是喊几句政治口号，久而久之，也就使人们对于学雷锋活动产生厌倦、怀疑和逆反心理，进而失去民众的认同。

2. 将雷锋精神认同理想化。任何意识形态认同，如果脱离了社会现实，就会变为理想化、乌托邦式的幻想，给社会和国家的发展带来严重的危害。我国20世纪五六十年代的“大跃进”、“人民公社”运动，就是超越了社会发展阶段、脱离了我国发展实际的空想①，给经济社会发展造成了极大损害，不但没有提高人们对主流意识形态的认同，反而引起了人们对主流意识形态的质疑。在市场经济快速发展的今天，要实现雷锋精神的大众认同，也必须重视社会现实，那就是尊重个体的利益诉求。对于学雷锋的人们，可以在坚持以精神奖励为主的原则的同时给予一定的利益补偿。邓小平指出：“不讲多劳多得，不重视物质利益，对少数先进分子可以，对广大群众不行，一段时间可以，长期不行。……如果只讲牺牲精神，不讲物质利益，那就是唯心论。”②“我们一定要坚持按劳分配的社会主义原则。按劳分配就是按劳动的数量和质量进行分配。”③ 相比较“毫不利己、专门利人”的共产主义精神，当前社会更应当鼓励的是雷锋“互帮互利”、“团结友爱”的精神，帮助社会成员将“利己”合理定位，纠正离开物质利益过分夸大精神作用的倾向。

3. 将雷锋精神认同过分政治化。我国“文化大革命”的一个重要特征就是“突出政治”，这是主流意识形态认同极端政治化的典型代表，因而这一阶段的雷锋精神特别强调“对待敌人要像严冬一样残酷无情”，以配合当时的政治气候。改革开放后提倡消费，又开始宣扬雷锋喜爱高级皮夹克、手表等。这种简单按照政治需求来夸张“枝节”

---

① 聂立清：《我国当代主流意识形态认同》，人民出版社2010年版，第242页。

② 《邓小平文选》第2卷，人民出版社1994年版，第146页。

③ 同②，第101页。

问题，改造雷锋、曲解雷锋精神的做法是不可取的。作为道德元素蕴含于社会主义意识形态中的雷锋精神，要发挥其保证、引导、激励、育人等功能，就不能过分突出政治色彩，而要从人性和道德的角度向群众进行宣传灌输，否则将会虚化雷锋精神的实质，破坏其已经形成的认同地位，进而对主流意识形态的整体建设造成负面影响。

二、实践要求

（一）推动公民道德建设

雷锋，这光辉的名字及其承载的无数动人故事和高尚精神品格，历经几十年风雨沧桑，始终焕发着绚丽的光彩，为人们称颂、为人们敬仰。近半个世纪以来，全国各地兴起了持久不衰、新意迭创的“学雷锋”活动热潮。雷锋精神具有如此巨大的感染力、号召力、影响力和生命力，是因为它以平凡而伟大的人文光辉彰显出我们社会最宝贵的道德力量，生动展示了人们对美德的追求和向往。这种追求与向往，不因风雨砥砺而失色，不因时代变迁而蒙尘，描绘出一幅人与人之间、人与社会之间关怀、友爱的美好图景。

雷锋是在火热的社会主义建设中涌现出来的先进人物，是中国共产党人的优秀代表。他自觉地“把有限的生命投入到无限的为人民服务之中去”，把生命的每一分光和热都毫无保留地奉献给了人民；他毅然地把个人的前途完全融入党和人民的事业之中，“甘当革命的螺丝钉”；他把帮助他人当作人生最大的快乐和幸福，对待同志总是“像春天般的温暖”……雷锋以言行一致的毕生实践圆满地回答了“怎样做人、为谁活着”这一根本问题，从而成为一个高尚的人、一个有理想有道德的人、一个永远活在人民心中的人。他短暂一生中充分表现出的全心全意为人民服务的崇高志向、鞠躬尽瘁的敬业精神、助人为乐的道德情操，以及共产党员、革命军人的优秀品质，给我们留下一份弥足珍贵的巨大精神财富。

当前，我们正面临加强公民道德建设的重大任务，这是我国社会生活中的一件大事，也是全面建设小康社会的内在要求。公民道德建设要坚持以为人民服务为核心，以集体主义为原则，以爱祖国、爱人民、爱劳动、爱科学、爱社会主义为基本要求，雷锋就是一个典范。50年后的今天，我们再度谈起雷锋，谈及学习雷锋精神，就是要像雷锋那样，通过一件件平凡的小事，坚持不懈地为人民群众办实事，做好事；就是要像雷锋那样爱岗敬业，干一行、爱一行、钻一行，用“甘当革命的螺丝钉”的精神，在平凡的岗位上为国家和人民创造出不平凡的业绩；就要像雷锋那样，尊重人，关心人，帮助人，自觉做中华民族传统道德规范的实践者，新型人际关系的倡导者，以促进团结友爱、和睦融洽的良好社会风气的形成。

道德的力量在于行动，有千千万万个“雷锋”的共同行动，必定会让雷锋精神焕发出更加夺目的时代光彩，凝聚起促进社会和谐的强大力量。

（二）融入社会主义核心价值体系

党的十七届六中全会提出，深入开展学雷锋活动，采取措施推动学习活动常态化。这是时代的呼唤、人民的心声，也是推进社会主义核心价值体系建设、巩固全党全国各族人民共同思想道德基础的一项重要举措。深入贯彻党的十七届六中全会精神，一项重要任务就是组织发动广大干部群众积极开展学雷锋活动，把社会主义核心价值体系建设具体化，使社会主义先进文化内涵得以丰富，精神力量充分彰显。深入开展学雷锋活动，推进社会主义核心价值体系建设，必须发挥党员干部的示范效应，把实践作为第一位，推进广泛的社会参与，建立常态化推进机制，反对形式主义，重实际，讲实效。

1963年，毛泽东同志“向雷锋同志学习”的题词，为中华民族树起了一面鲜艳的道德旗帜。半个世纪悄然而去，“雷锋精神”却闪烁出历久弥新的时代光芒，深深融入了社会主义核心价值体系，成为激励中华儿女奋斗前行的宝贵精神财富。雷锋精神本质内涵集中体现在以下四个方面。

1.“服务人民、助人为乐”的奉献精神。雷锋平凡而伟大的一生，就是为党和人民无私奉献的一生。雷锋以对党的无限忠诚、对人民的深厚感情，以“燃烧自己、照亮他人”的实际行动，有力回答了一个个关于人生价值的重要命题。他无论干什么工作，总是把火一样的激情倾注其中；他无论走到哪里，总是将春天般的温暖带向哪里。“以服务人民为荣、以背离人民为耻”、“以团结互助为荣、以损人利己为耻”，是社会主义核心价值体系对思想道德建设的基本要求。雷锋精神虽与社会主义核心价值体系产生的时代不同，但在人类社会共同追求的价值理念上，实现了跨越时空的精神对接。

2. “干一行爱一行、专一行精一行”的敬业精神。雷锋是爱岗敬业、尽忠职守的标兵。“以辛勤劳动为荣、以好逸恶劳为耻”，是中华民族的传统美德，是社会主义核心价值体系所倡导的社会风尚。这与雷锋“干一行爱一行、专一行精一行”的“螺丝钉”精神，具有高度的吻合性。两者的吻合不仅具有内在逻辑性，而且具有客观规律性。

3. “锐意进取、自强不息”的创新精神。在雷锋身上，充分体现了永不自满的谦虚品格和永不停歇的奋进意志。他坚持把学习当成一种人生追求，无论时间再紧、任务再重，总是如饥似渴地刻苦学习，并把所学知识充分地运用于本职工作，在创新中谋实招、出绝活。弘扬以改革创新为核心的伟大时代精神，更需要锐意进取、自强不息。有了这种精神，就能在工作中常为常新、在困难面前愈挫愈勇。

4. “艰苦奋斗、勤俭节约”的创业精神。雷锋自觉发扬艰苦奋斗、勤俭节约的传统美德，注意节约每一分钱、干好每一件事。经过30多年的改革开放，我国经济总量已跃居世界第二，全国人民已健步迈入小康社会。但物质生活越富有，精神越不能颓废。正是基于此，我们党把“以艰苦奋斗为荣、以骄奢淫逸为耻”作为社会主义核心价值体系的重要内容来提倡和追求。这更进一步说明，雷锋“艰苦奋斗、勤俭节约”的美德和崇高精神，具有鲜明的时代性和广泛的传承性。

（三）雷锋精神体现着和谐社会建设的当代价值

首先，体现在身心和谐上。众所周知，雷锋精神作为积极向“善”的德性人格，对人们的精神安顿和善美心灵的形成起着积极的促进作用。它既合理地解决了“我应该成为怎样一个人”的困惑与苦恼，又

有利于推动人们积极地找到自我价值，与此同时，也为人们摆正心态，正确对待困难、挫折和荣誉，充当了榜样的作用，使人们减少或摆脱内心的纷扰与争斗。

其次，体现在维系人际关系和谐上。团结友善、助人为乐、尊老爱幼、扶贫济危、宽容谦让等美德都蕴涵于雷锋精神之中，这与其和谐理念是相一致、相吻合的，有助于培育和谐精神，构建和谐的人际关系，有利于推动“人人为我，我为人人”相互关爱，互帮互助的良好道德风尚和融洽社会氛围的形成与建立。

再次，现代社会分工的细化对于提高生产效率，推动社会发展起着不可磨灭的作用，但在此同时也给人的发展带来了诸多不良的影响。人的自由全面发展因此受到局限和束缚，从而导致人们产生对于异化的反抗意识和对于社会的疏离感。社会分工同时也易于造成财富的悬殊和社会地位差距的拉大，极易诱发滋长人们对于社会的诸多不良情绪。我们应当承认，农业和农村工作者、基层工作者以及一线工作者处于相对劣势地位，就是对于那些处于优势地位的人们来说，也会存在各种各样的差异，对于“共建共享”社会发展成果的愿望，他们极易受挫，因而他们出现偏激情绪与对社会的敌意态度则无可厚非。毫无疑问，这些都是社会和谐发展的不良因素。那么，采取何种措施消除人与社会的疏离感和人们对于社会各种不良情绪，就成了现代化国家不得不面对的问题。而雷锋精神之“螺丝钉”精神倡导人们“干一行，爱一行，钻一行，精一行”，其中蕴含了社会地位和社会角色的认同意识、爱岗敬业和服务社会的责任意识，对于化解人与社会的矛盾、增强人的主人翁意识和社会认同感具有重要意义，有利于“促进和谐社会人人有责、和谐社会人人共享”生动格局的形成。

最后，体现在它有助于提高公务员的服务奉献意识，有助于增强中国共产党的执政能力的建设，充分发挥政府的公共服务职能，从而对政府与人民的和谐关系起着积极的维系作用，最终营造出一个安定团结的政治局面与和谐融洽的社会氛围。

（四）构建和谐社会过程中弘扬雷锋精神的实践要求

雷锋精神虽然产生于平凡的岗位，但却承载着传统美德的精华，并闪烁着共产主义思想光辉。因此，弘扬雷锋精神不是一朝一夕、一蹴而就的事情，而需要我们认真研究、广泛宣传并努力实践。从现实情况来看，弘扬雷锋精神，发挥其在建构和谐社会过程中的积极作用，我们至少要把握以下三个方面的统一。

1. 把握雷锋精神实质与拓宽实践内容的统一。雷锋精神作为一种善美的精神和品质，不是雷锋个人所独创的，而是中华民族千年以来民族精神和传统美德的积淀，在不同的时代和历史时期具有不同的表现形式。因此，诚如有论者强调的那样，“学习雷锋精神，不是邯郸学步，亦步亦趋，而是发扬其中所蕴含的精神原则。”也就是说，学雷锋活动关键在于把握其精神实质，而不是沉迷于对雷锋个人具体言行的“东施效颦”式的简单模仿。雷锋一生投身于无限的为人民服务之中，其人格是高尚的，但其言行显然难以穷尽现代社会的伦理境况，若是对之进行形式化、简单化的模仿，不但容易产生“雷锋精神已跟不上时代”的想法，而且还很容易产生逆反心态，进而怀疑“雷锋”是否真的存在过。因此，在社会主义市场经济条件下，在建构和谐社会过程中，弘扬雷锋精神就要注意把握雷锋精神实质与拓宽实践内容的统一。比如，发扬雷锋的“螺丝钉”精神，不是说让人们学习雷锋具体怎么做，也不是说让人放弃正当的职业选择和人才流动，而是鼓励人们爱岗敬业，反对单纯追求利益的恶性跳槽；发扬雷锋的勤俭节约精神，不是让人照着雷锋那样做，也不是说人们不可以提高生活水平，而是反对大吃大喝，力戒浪费。总之，只有在把握雷锋精神实质的前提下，不断地拓宽其实践内容，雷锋精神才能与时俱进地焕发出昔日的光辉，激励和促进个人、群体及国家不断地进步。

2. 立足本职工作与勇担社会责任的统一。做好本职工作属于“分内之事”，也是雷锋精神的题中之意，因而学习雷锋精神，首先要做好自己的本职工作，而不是离开自己的工作岗位天天上大街做好事。实际上，无论是雷锋，还是其他先进人物，如焦裕禄、孔繁森、李素丽、谭彦、任长霞、孟二冬和丛飞等，首先都是因为做好本职工作而为人们所赞扬的。因而，司法工作者廉洁奉公，医生及时确诊救治病人，民警以尽快的速度赶到案发现场，乘务员耐心解答乘客的疑惑，企业严把产品质量关，商家做好售后服务，学生认真学习科学知识，等等，都是雷锋精神的具体实践。当然，雷锋精神的实质在于无私奉献、全心全意为人民服务，做好本职工作只是基本要求，在此基础上必然有着“助人为乐”、“扶贫济危”、“见义勇为”等更高的精神和道德要求，这既是人们社会责任感和正义感的重要体现，同时也是雷锋精神的重要闪光点。“不在其位，不谋其政”、“只扫自家门前雪，不管他人瓦上霜”、“拔一毛利天下而不为”，或是在他人处于危难之际明哲保身，“事不关己，高高挂起”、“多一事不如少一事”，则终将导致良心丧尽，人性泯灭，人情淡薄，社会混乱不堪。当然，个人的能力和力量是不同的，因而其承担的社会责任也应该有所差别，在具体实践中，做到“量力而行，尽力而为”，实际上就已经符合雷锋精神的要求了。

3. 学习活动组织化与实际践行日常生活化的统一。每年 3 月 5 日前后，一些地区、一些单位总会组织一些人在指定的地方打扫卫生、修车打气、慰问军烈属、看望孤寡老人，等等，同时纪念雷锋、弘扬雷锋精神的文章和报道也大量地出现在杂志、报纸和电视等新闻媒体上。这对于人们正确把握雷锋精神实质、不断拓宽雷锋精神的实践内容，无疑是非常重要的。然而，弘扬雷锋精神不能搞成转瞬即逝的“社会运动”，亦非带领群众“追星跟风”。否则，将出现诸如孤寡老人在雷锋纪念日备受关怀而平时无人问津的尴尬情况。社会上流传的“三月来四月走，雷锋叔叔没户口”正是对此类现象的深刻反映。诚如毛泽东所说的，一个人做几件好事并不难，难的是一辈子干好事。雷锋的伟大正是在于对于理想信念的坚持和乐于助人等精神在日常生活中长年累月的努力实践。因此，弘扬雷锋精神最终要落实到日常生活中去。只有在日常生活中努力实践，才有可能真正把握雷锋精神的实质；同时也只有在日常生活中努力实践，才能养成助人为乐等雷锋精神所包含的行为习惯，进而做一个雷锋式的好人。因此，弘扬雷锋精神不但要注意学习活动组织化，更要注意实际践行日常生活化。只有做到两者统一，才能正确把握雷锋精神的实质、明确其实践内容，并使之在现实中真正得到实践落实。

4. 弘扬雷锋精神还要处理好“领导干部与群众”、“成年人与未成年人”等关系。领导干部的行为对于群众具有示范作用，成年人的行为对于未成年人同样也有示范作用。因此，在弘扬雷锋精神的过程中，要注意领导干部和成年人的行为影响，只有他们做好表率，全社会才能形成学习雷锋精神的良好氛围。需要强调的是，学习雷锋并不是幼儿园小朋友和中小学生的“专利”，从幼儿园到大学的学校道德教育对于雷锋精神的倡导力度和道德要求应当“递增”而不是“递减”，否则我们的德育成果极易在倡导力度的日益弱化和道德要求的日益降低中丧失，而且同时也容易诱发人们对于雷锋精神的怀疑和不信任。

总之，雷锋精神是我们宝贵的精神遗产和道德财富，其精神实质与和谐社会的基本特征和要求是相契合的，弘扬雷锋精神对于和谐社会的构建具有重要意义。当然，我们在此倡导弘扬雷锋精神，并不等于说和谐社会的构建不需要学习其他先进人物的精神，更不是说和谐社会的构建不需要其他手段。实际上，在社会建设过程中，必然会涌现出无数先进人物，学习他们的精神必将有助于和谐社会的建构；事实上，和谐社会的构建在很大程度上依赖于法律制度的完善、社会保障体系的建构以及执政党的有力领导，等等。但是，雷锋精神作为新中国培育起来的首批共产主义思想道德典范，有可能以更加亲切的面貌为人们所敬仰和效仿；雷锋精神作为一种人的内在道德品质和精神境界，有可能以一种更为内在的方式对和谐社会的建构发挥其积极作用。因此，在我们看来，雷锋精神对于和谐社会的建构是一种不可忽视、不容遗忘的精神资源。

（四）弘扬雷锋精神是当代社会的现实需要

雷锋和这个名字所蕴涵的精神感动，激励了一代代人，成为全国人民共同遵循的精神象征和价值坐标，而富有时代价值。在今天大力践行社会主义核心价值体系，不断提升全社会的道德水准，构建和谐社会的背景下，弘扬雷锋精神，既是时代的呼唤，也是当代社会的现实需要。

1. 弘扬雷锋精神，就是要学习雷锋爱党爱国的坚定信念。理想信念是雷锋精神的核心和灵魂。雷锋是一个坚定的共产主义者，忠于党，忠于社会主义。坚定的理想信念根源于对毛泽东思想的学习和运用。他认真学习《毛泽东选集》，深深体会到学习得越深，思想越开朗，理想越远大。正如他在日记中写的那样：“我就长着一个心眼，我一心向着党，向着社会主义，向着共产主义。”雷锋精神闪耀着共产主义信仰的光辉，这是他立场坚定，无私奉献，永远跟党走的内在动力。

改革开放以来，特别是新世纪、新阶段，有些人打着发展市场经济的幌子，奉行“金钱至上”、“个人主义”，导致拜金主义泛滥，理想信念单薄，价值观念扭曲，严重地扰乱了人们的思想，影响了社会的健康发展。邓小平同志教导我们：“过去我们党无论怎样弱小，无论遇到什么困难，一直有强大的战斗力，因为我们有马克思主义和共产主义的信念。有了共同的理想，也就有了铁的纪律。无论过去、现在和将来，这都是我们的真正优势。”革命年代如此，改革开放、建设中国特色社会主义同样离不开共产主义的理想和信念所形成的凝聚力、战斗力和号召力。

2. 弘扬雷锋精神，就是要学习雷锋服务人民、助人为乐的宝贵品格。雷锋时刻把个人的利益同人民的利益、他人的利益联系起来，把自己的一切无私奉献给社会、奉献给他人。他在日记中这样写道：“一个人的生命是有限的，但为人民服务是无限的。我要把有限的生命投入到无限的为人民服务之中去。”

有人说，雷锋精神过时了。在市场经济的背景下，人们的物质利益观念强化了、价值观念强化了、竞争观念强化了，但无私奉献精神淡化了、助人为乐的精神淡化了、个人主义思想膨胀了等等，导致有些人公然把功利主义和等价交换原则用于政治生活和日常工作。固然，我们可以用经济的、行政的、法律的手段去调整现实生活中存在的现象和矛盾，但是毫不利己、专门利人的道德作用同样不可忽视。深入开展学雷锋活动，用雷锋公而忘私、先人后己、团结友爱、助人为乐的崇高思想教育党和群众，是践行社会主义核心价值体系，构建和谐社会必要而又紧迫的任务。

3. 弘扬雷锋精神，就是要学习雷锋敬业奉献的高尚情操。敬业奉献高尚情操是雷锋精神价值体现。“如果你是一颗最小的螺丝钉，你是否永远坚守在你生活的岗位上?”《雷锋日记》中这样脍炙人口的语句在市场经济的浪潮中依然闪耀着道德的光芒。“做一颗永不生锈的螺丝钉”是雷锋的名言，也是雷锋的行为准则。在汽车兵的岗位上，他干一行、爱一行，专一行、精一行，爱岗敬业，无私奉献，甘当革命的“螺丝钉”，顾全大局，忠于职守，拧在哪里就在哪里发挥作用。他深信“一滴水只有放进大海才能永远不干，一个人只有当他把自己和集体融合在一起的时候才能有力量”。“螺丝钉”精神体现的是爱岗敬业，无私奉献，体现着一种责任意识和担当精神，反映了求真务实的扎实作风，在改革开放，实现中华民族伟大复兴的历史进程中务必大力提倡和发扬。建设中国特色社会主义伟大事业，需要千千万万个像“螺丝钉”一样的建设者发挥作用，才能汇成变革社会的巨大动力。

4. 弘扬雷锋精神，就是要学习雷锋锐意创新的进取精神。锐意创新的进取精神是雷锋精神的能动表现。可贵之处在于自觉性。雷锋锐意创新的进取精神集中表现在“钉子”精神上。雷锋说，“钉子有两个长处：一个是挤劲，一个是钻劲。”他用这种精神钻研马克思主义理论和科学文化知识，不断提高本领，学会很多技能，工作很出色，多次立功受奖，实现了自己“无限地为人民服务”的人生理想，体现了中华民族“业精于勤，自强不息”的进取精神。建设创新型国家就是需要这一股钻劲、挤劲，党和人民希望涌现更多像雷锋那样具有“钉子”精神的建设者，成为在科技创新、文化创新和工作创新中的自觉推动者，为建设创新型国家作出更大的贡献。

5. 弘扬雷锋精神，就是要学习雷锋艰苦奋斗的优良作风。艰苦奋斗是雷锋精神的重要方面。他严格要求自己：“要记住：在工作上，要向积极性最高的同志看齐，在生活上，要向水平最低的同志看齐。”在雷锋身上充分体现了中华民族的传统美德“勤俭节约，艰苦奋斗”。新世纪以来，全面建设小康社会成为全国人民的主要任务，务必保持中华

民族“艰难困苦，玉汝于成”的创业精神，继续发扬艰苦奋斗的优良作风，大力弘扬雷锋精神，彰显其时代价值，践行社会主义核心价值体系。

第四节　雷锋精神引领先进文化的社会风尚

雷锋精神是社会主义先进文化的生动体现。大力弘扬雷锋精神，对引领价值取向、疏导社会心理、塑造文明风尚、构建共同精神家园，推进社会主义文化大发展大繁荣，具有十分重要的意义。雷锋精神凝聚着先进文化的精华，彰显着先进文化的基本内容，体现了和谐社会建设的当代价值。大力弘扬雷锋精神有助于推进社会主义核心价值体系建设，培育良好的思想道德风尚。

一、弘扬雷锋精神，有助于树立良好的思想道德风尚

弘扬雷锋精神，党员尤其是领导干部要起带头作用。在党长期执政、发展市场经济的背景下，各种名利诱惑增多。全体党员必须时刻牢记党的根本宗旨，努力保持共产党员先进性，自觉抵制腐败不正之风。党员干部带头扬清风、树正气，有助于遏制见利忘义、损人利己、造假欺诈等各种道德失范、诚信缺失现象。以党员来带动群众，以党风来影响社会风气，社会主义核心价值体系建设、精神文明建设才能蔚然成风，进而推动全党全社会形成良好的思想道德风尚。

弘扬雷锋精神，应紧紧围绕中国特色社会主义这一主题，与新的形势和任务紧密结合起来。唯有如此，学雷锋活动才能落到实处，才能真正体现雷锋精神的重大价值和时代意义。例如，为适应党中央提出的建设学习型政党的要求，全党同志应发扬雷锋的“钉子”精神，认真研读马克思主义特别是中国特色社会主义理论体系基本著作，坚持并运用马克思主义的立场、观点、方法，既胸怀共产主义远大理想，同时又脚

踏实地地建设中国特色社会主义。

雷锋从身边小事做起，在平凡岗位上做出了不平凡业绩。正如老一辈革命家谢觉哉所说："雷锋同志是平凡的，任何人都可以学到；雷锋同志是伟大的，任何人都要努力才能学到。"现在我们的生活水平大大提高，比雷锋当年更具备帮助别人的条件，关键在于有没有这种意识。大家都来学雷锋，用雷锋精神来砥砺自己，"勿以恶小而为之，勿以善小而不为"，就会促进社会的和谐、健康、有序发展，进一步体现社会主义大家庭的温暖，为中国特色社会主义事业提供强大的精神动力和良好的社会氛围。

雷锋精神是中华民族传统美德与共产主义光辉思想相结合的一种伟大的时代精神，是我们党和军队光荣传统和优良作风的集中体现和新的发展。雷锋的爱心不是抽象、无原则的，而是源于崇高的理想信念，是对祖国、对党、对人民的赤子之爱。近半个世纪特别是新时期以来，在学雷锋活动中涌现出许多先进集体和先进个人，在新的历史条件下再现了雷锋精神风采，有力推动了我国社会的发展和进步。从这个角度说，雷锋精神是我们政治优势的体现，是我国文化软实力的体现。

二、大力弘扬雷锋精神有利于增强民众的文化自觉与文化自信，是文化大发展大繁荣的强大动力

雷锋精神基于对历史规律、对人的本质、对人民利益根本一致性的准确把握，基于对人与我、公与私、得与失之对立统一性的深刻洞察，形成了特殊的思维方式和价值诉求，确立了立身做人的高远追求。它不是空洞的说教体系与纯粹的宣传道具，而是关爱他人、服务人民的朴素道德实践。它以生活化的行为消解了圣人、英雄式道德楷模远离尘世的超然特性，其蕴涵的优秀品质和人性光辉更能普照市井、深入百姓，更具有普适性和亲和力。

1. 大力弘扬雷锋精神有利于增强民众的文化自觉。雷锋自觉坚定马克思主义信仰和共产主义理想，并以此作为立身做人的根本指南。雷锋精神就是以雷锋同志为代表的社会主义新人自觉改造主观世界、以马

克思主义先进理论武装头脑、以科学价值取向引领人生的生动实践，其形成过程体现了高度的文化自觉。大力弘扬雷锋精神有利于充分彰显、深度解剖和广泛培育这种自觉意识，增强全民投身社会主义先进文化建设的责任感和自觉性。

2. 大力弘扬雷锋精神有利于增强民众的文化自信。雷锋精神是中国优秀传统文化的结晶，是对中华文化自强不息主体精神的生动诠释。其自觉“把有限的生命投入到无限的为人民服务中去”的行为，正是对中国传统民本思想的现代解读。这种民族文化基因的延续，有利于强化民众的文化认同感。同时，雷锋精神既有意识形态层面的科学性、先进性，又有超越意识形态的人性光辉和共同价值关怀，其承载的价值理念和人文情怀，尤其是无私奉献的品格和行为模式正逐渐得到各国人民的普遍认同，日益成为中华文化彰显于世界舞台的一个特殊符号和典型标志，这无疑是社会主义先进文化感染力、影响力的重要体现，有利于改变国人的弱势文化心理，增强文化自信。

3. 雷锋精神是推动社会主义文化建设的强大动力。在普通百姓的视阈中，先进文化通常是基于意识形态的政治、道德文化或局限于专业受众的高雅艺术等，它远离大众生活，超越市井乡土。要实现文化大发展大繁荣，就必须找到一个具象化、大众化的文化典型，借以增强先进文化的吸引力和亲和力。而学雷锋活动在中华大地上持续半个世纪仍经久不衰，雷锋已经成为神州大地妇孺皆知的道德楷模。雷锋精神是人民群众对新思想新道德自觉选择的结果，代表了人民群众的意愿和需求，具有广泛的群众基础和强大的亲和力。弘扬雷锋精神必将逐步提升民众对先进文化的认同度，使先进文化更加深入人心。同时，通过雷锋精神的广泛传播和深入践行，能有效增强民众的社会责任感，充分调动其投身先进文化建设的热情，从而推进社会主义先进文化的大发展大繁荣。

三、大力弘扬雷锋精神有利于调适社会心理、促进社会和谐，紧固文化大发展大繁荣的情感与心理纽带

实现社会主义文化大发展大繁荣必须建设和谐文化，加强人文关怀

和心理疏导，培育自尊自信、理性平和、积极向上的社会心态。在此过程中，雷锋精神具有独特的优势。

1. 大力弘扬雷锋精神有利于激发正气，解决当前文化建设中的现实问题。当前，我国文化领域正在发生广泛而深刻的变革，推动文化大发展大繁荣既具备许多有利条件，也面临一些突出问题。在一些社会成员中，人生观、价值观扭曲，道德失范、诚信缺失，见利忘义、唯利是图等现象时有发生；在社会生活中，也出现了诸如人心冷漠，做好事怕被讹诈、他人遇困不敢救助等现象，导致社会互信出了问题。大力弘扬雷锋精神，可以唤起人间真情、增进社会互信，让消极现象与丑恶行径无处藏身，最大程度地消解民众的负面情绪和消极心理，消解道德滑坡带来的负面影响，迎来真善美充分彰显的时代。

2. 大力弘扬雷锋精神有利于促进社会和谐，形成积极健康的社会风尚。构建关爱互助、共生共荣的和谐社会与共同精神家园，是社会主义先进文化建设的基本目标。雷锋精神形成于社会主义建设的伟大实践中，既体现为一种思考自我与他人、个人与社会关系的思维方式，也呈现为正确处理这种关系的行为方式，是和谐思维与和谐行为的统一。它科学把握了人民命运的依存共生、利益的相生相成、理想的协调统一，形成了关爱互助、大公无私的和谐诉求；它在实践中克己为人、牺牲奉献，成为社会主义道德的一面旗帜；它以全心全意为人民服务的高远追求和无私奉献的道德实践，塑造了一个个立身做人的光辉典范，构筑了社会主义先进文化的道德高地。弘扬雷锋精神，让个人价值实现于关爱他人、服务社会的实践之中，植根于全心全意为人民服务的永恒事业之中，对形成全社会良好的道德风尚、自觉的和谐理念和行为方式，对促进社会和谐、培育和谐文化，将产生积极的示范和引导作用。

3. 大力弘扬雷锋精神有利于调适社会心态，为构建共同精神家园奠定坚实基础。当今中国，经济水平不断提高，物质生活持续改善，但人们的幸福体认、社会互信却徘徊不前，突出表现为社会心态不够成熟、稳定，浮躁、冷漠、功利化的社会心理时有表现。解决这些问题的根本在于先进文化的濡化与渗透。雷锋精神所体现的价值追求，对民众具有强大的吸引力和感召力，可促使社会成员逐步形成共同的信念和价值标准；雷锋精神所彰显的人文关怀、人间大爱和克己为人、无私奉献的品格，可以感化人心、增进互信，消除心理隔膜、促进大众的情感融合，形成可靠的情感纽带；雷锋精神所蕴涵的高尚伦理操守和道德行为模式，有利于形成民众立身做人的基本道德标尺，构筑共同的行为模式基础。这种价值标准、情感纽带和行为模式，是植根于人们心底的理想信念和价值追求所衍生的自觉约束，其稳定性和主动性更强，作用也更加持续和显著。因此，大力弘扬雷锋精神，必能扬正气、新风，促和谐、共荣，极大地改善社会道德心理和舆论环境，使国人以更积极的心态、更自觉的行动，推进社会主义文化的大发展大繁荣。

四、大力弘扬雷锋精神有利于社会主义核心价值体系大众化，为文化大发展大繁荣提供可靠的思想保证

作为一种理性原则与价值观念，社会主义核心价值体系要充分彰显对人民群众的引导和教化作用，就必须植根于现实生活之中，附着于感性载体，积淀为生活化的直观行为模式。雷锋精神正好具有大众化的特点，更容易为广大群众所接受认同，进而成为全民团结奋斗的共同思想道德基础。

1. 雷锋精神是社会主义核心价值体系的生动载体和集中体现。雷锋精神孕育、生成的时代，正是中国人民消灭剥削、获得解放，建立社会主义制度和推进社会主义建设的伟大时代，是社会存在发生质变、社会意识重构的关键时期。雷锋精神蕴涵的“爱憎分明的阶级立场、言行一致的革命精神、公而忘私的共产主义风格、奋不顾身的无产阶级斗志”等丰富内涵，与社会主义核心价值体系具有高度的一致性，这也正是雷锋这个光辉形象成为永恒偶像和不倒旗帜的根本原因。这种内在的一致性，也使雷锋精神获得了融入生活、贴近百姓的根本依据，因而能够得到民众的充分肯定和高度认同，为社会主义核心价值体系大众化奠定重要基础、提供有利条件。

2. 大力弘扬雷锋精神是实现社会主义核心价值体系大众化的重要

途径。雷锋精神直接承载和生动诠释了社会主义核心价值体系，并赋予其鲜活的人格魅力和生活气息，其包含的对社会主义的坚定信念、对党的无比忠诚、对祖国和人民的无限热爱，以及对“怎样做人、为谁活着”这一人生追问的科学回答，正是对马克思主义的坚守与信仰，对以爱国主义为核心的民族精神的继承与发扬。其呈现的艰苦奋斗、自强不息、爱岗敬业的优秀品格，正是以改革创新为核心的时代精神的集中体现；其彰显的助人为乐、克己奉公、无私奉献的道德自觉和精神境界，正是社会主义荣辱观的基本要求。通过学雷锋活动的常态化，持续传递高尚、积极的主流价值取向，不断彰显崇高的理想信念、科学的价值取向、积极的人生态度，能够促使社会主义核心价值体系真正走进百姓生活、融入大众心理，成为民众的精神食粮和行为准则，为社会主义文化大发展大繁荣奠定坚实的思想基础。

为了实现学雷锋活动引领先进文化的社会风尚取得良好效果，改变“雷锋同志没户口，三月来四月走”的状况，应该从以下几方面加以重视。

第一，积极领导，培养先进典型。首先，在新的历史条件下，要把学雷锋变成人们的自觉行动，领导干部应率先垂范，树立良好形象。同时，各级党委和政府把学雷锋活动作为道德建设的重要内容。其次，树立一批能体现雷锋精神的先进典型，对他们关心爱护，大胆使用，发挥示范作用。这对于克服金钱至上、腐化堕落等社会丑恶现象，推进社会主义精神文明和公民道德建设，都具有深远的实践价值。

第二，注意学雷锋主体的层次性。人们的道德素质高低不一，应根据不同人群的道德水准，提出不同要求。对于执政党的成员，应当提倡、实践雷锋的“无私奉献”精神；就一般民众而言，主要鼓励“互帮互利”、“团结友爱”的精神，将“利己”合理定位，纠正离开物质利益过分夸大精神作用的倾向。对于学雷锋之人，在坚持以精神奖励为主时，也要按劳付酬。邓小平说：“不讲多劳多得，不重视物质利益，对少数先进分子可以，对广大群众不行，一段时间可以，长期不行……如果只讲牺牲精神，不讲物质利益，那就是唯心论。”因此，对广大社会成员片面提倡无私奉献，实际效果肯定不佳。

第三，对于学雷锋，我们应该注意从小事做起，从自己做起，从现在做起。我们把雷锋精神寓于日常的活动中，使一般民众认识到雷锋可学而又可及，在不知不觉中改变他们的价值观念。而且，号召“向雷锋同志学习”，是希望人们自觉地以雷锋为榜样提高自身的人格修养，因此不能将“学雷锋”变成硬性规定和考评指标，否则会成为一项强制性的任务。人们为了完成学雷锋任务、争取评比优秀甚至奖金，容易追求轰动效应，忽视“为人民服务”，导致从根本上离开雷锋精神。

第四，学雷锋，最重要的是立足于做好本职工作。雷锋精神形成于一般的工作岗位上，具有平凡、真实、生动的特点。学雷锋首先要见诸职业行为和岗位实践，而不是离开工作岗位天天上大街做好事。因此，各行各业应制定职业道德规范，把雷锋精神落实到每个人的日常工作中去，把岗位学雷锋作为群众性学雷锋活动的主阵地，提高服务水平，为社会多做贡献。这样能使广大人民群众自觉履行自己的职责，使学雷锋活动群众化、制度化。同时，把走向社会学雷锋作为活动的辅助形式。

第五，学雷锋应该持之以恒。雷锋做好事，为人民服务，不是一时的热血冲动，而是坚持不懈。毛泽东说：“一个人做点好事并不难，难的是一辈子做好事，不做坏事。”人的品德修养的提升是一个长期的过程，这需要长期向群众灌输雷锋精神的本质。我们要把开展“活动月”与“经常学”结合起来，利用“活动月”造成声势，抓好“经常学”；注意长短结合，以长为主，确保不间断。这样，学雷锋才能避免急功近利。

第六章 雷锋精神与先进文化建设的时代共荣

自毛泽东同志“向雷锋同志学习”题词发表半个世纪以来，雷锋精神已作为不断传承、历久弥新的精神财富，深入人们的心中，渗透在人们的思想意识中，体现在人们的行动中，已成为人们普遍认同的价值观念和道德准则。雷锋精神之所以能够跨越时代和国界不断被传承，其根本原因在于它深深植根于中华民族的优秀传统文化中，展示了中国文化博大精深的永恒魅力。党的十七大报告中明确指出：“要坚持社会主义先进文化前进方向”。可以说，弘扬雷锋精神与建设先进文化为我们改革开放和现代化建设事业发展所必需，是我们这个时代进步所必需。

第一节　雷锋精神发展的时代契机

人们的价值标准和精神追求都会打上深深的时代烙印。社会在发展，时代在变化，在近半个世纪的岁月里，我国经济、政治、文化、社会等方方面面都发生了巨大的变化。我们不可能永远停留在雷锋曾经生活过的时代，谁也无法阻挡时间匆匆的脚步和时代发展的车轮。当历史发展到今天这样一个时代，我们当然要去建构更适合当今时代的价值观，构筑更适合这个时代的价值标准。

雷锋精神，源于时代，但其意义影响超越了时代。时代呼唤英雄，英雄引领时代。雷锋就是他所处的那个时代造就的英雄，又由于其精神具有传承和复制性，而富有时代价值。在大力践行社会主义核心价值体系，努力提升社会道德和文明风尚的背景下，应该在保持其实质和内核不变的基础上，努力使形式和内容体现时代性、把握规律性、富于创造性、更具实效性。归结起来，就是要实现雷锋精神的时代化。随着社会主义市场经济的不断发展，雷锋精神时代化具有重要意义。雷锋精神的时代内涵，集中体现为服务人民、助人为乐的奉献精神，干一行爱一行、专一行精一行的敬业精神，锐意进取、自强不息的创新精神，艰苦奋斗、勤俭节约的创业精神。在当今社会，雷锋精神发展具有时代契机。

一、雷锋奉献精神发展的时代契机

“以人为本、执政为民”，是党的执政理念的最高概括，深刻反映了共产党执政规律、社会主义建设规律和人类社会发展规律的共同价值指向。党的十八大报告提出，要牢牢把握加强党的执政能力建设、先进性和纯洁性建设这条主线，同时对每一个党员从思想理论、党性原则、道德建设等方面提出更高标准。时代在发展，人们的思想和认识，也必然要随着时代的前进而前进，加强党的执政能力建设的时代背景也为雷锋服务人民、助人为乐的奉献精神的发展提供了时代契机。

坚持立党为公、执政为民，就必须始终坚持尊重社会发展规律与尊重人民历史主体地位的统一，坚持为崇高理想奋斗与为广大人民群众谋利益的统一，坚持完成党的各项任务与实现人民利益的统一，在任何时候、任何情况下都努力地把最广大人民的根本利益实现好、维护好、发展好。对执政动机最直接、最根本的判断，就是看执政党是否真正用风雨同舟、患难与共的实际行动来维护和实现最广大人民的根本利益；就是看党的各级领导干部是否无私无畏、身先士卒地把最广大人民的根本利益放在第一位，切实把关心群众的工作做好、做细、做实。

雷锋精神的实质，就是全心全意为人民服务。雷锋为了人民的事业无私奉献，把帮助别人当作人生最大的快乐和幸福。这种服务人民、助人为乐的奉献精神，是为人民服务人生观的重要体现。雷锋作为一名共产党员，始终坚持共产主义远大理想，时刻牢记全心全意为人民服务的根本宗旨，怀着对党、对人民、对祖国的无比热爱，刻苦学习，忘我工作，出色地完成组织交给的各项任务，表现出对同志、对人民像春天般温暖，舍己为人、助人为乐的品德。

雷锋精神是在社会主义革命和建设时代所形成的一种为人民、为国家、为集体的伟大献身精神，它是社会主义社会时代精神的体现，有着无比强大的生命力。星移斗转，雷锋精神一次又一次面临时代的考验，时代也一次又一次呼唤雷锋精神。当下的中国正处在社会思潮多元、利益格局多变的改革攻坚期和矛盾凸显期。一些中共党员在思想上对共产主义理想信念开始动摇，出现“信仰危机”；工作上干劲不足、落实不力、纪律不严、政令不畅，贪污腐化、官僚主义现象时有发生，进而背弃自己的誓言，丧失掉为人民服务的理念，出现“信任危机”，尤其是近一段时期以来极个别党内高层领导的腐败问题，在民众中造成极其恶劣的影响。

我党把加强党的执政能力建设作为关系社会主义事业兴衰成败、关系中华民族前途命运、关系党的生死存亡和国家长治久安的重大战略课题。人民至上是马克思主义的基本观点，全心全意为人民服务是我们党的根本宗旨。无论在革命战争年代还是在和平建设时期，为人民服务的人生观都产生了广泛而深远的影响，熏陶、感染了一代代革命者和建设者，对我国社会主义革命和建设产生了重要推动作用。在新的历史条件下只有树立为人民服务的人生观，发扬服务人民、助人为乐的奉献精神，人们才能对人生的目的有更深刻的理解，切实把人民利益放在首位，时时处处为人民着想、以人民利益为重；才能以正确的态度对待人生、对待生活，始终对祖国和人民具有高度责任感，不为私心所扰，不为名利所累，不为物欲所惑。当前，要营造团结友善的人际关系、构建和谐稳定的社会环境、促进形成良好的社会风气，就应教育引导人们自觉用为人民服务的人生观指引人生，把服务人民、助人为乐的奉献精神继续发扬光大，在服务人民、奉献社会的实践中创造人生价值。

二、雷锋集体主义精神发展的时代契机

社会主义和谐社会是人类孜孜以求的一种美好社会，是马克思主义政党不懈追求的一种理想社会。进入21世纪后，党的十六大和十六届三中全会、四中全会，从全面建设小康社会、开创中国特色社会主义事业新局面的全局出发，明确提出构建社会主义和谐社会的战略任务，并将其作为加强党的执政能力建设的重要内容。团结协作精神是人类社会的共同需求，更是构建社会主义和谐社会的需要，在我国构建社会主义和谐社会的实践中，强化团结互助的道德意识，提倡团结互助的道德行为，具有重要的现实意义。在新形势、新任务下，围绕构建社会主义和谐社会所采取的种种举措，为雷锋集体主义精神的发展提供了时代契机。

团结作为社会主义的道德规范，基本内容是强调在追求共同理想目标的基础上，公民通过弘扬集体主义精神和团队精神，形成各个行业、各个部门、各个单位、各个人群的凝聚力，最终汇集成为全民族、全社会的凝聚力。团结协作的最高境界就是集体主义。雷锋的集体主义思想就是团结协作精神的最好诠释。在学习和研究雷锋精神的过程中，我们发现，雷锋的日记和事迹闪烁着集体主义思想的光芒。基于对党和国家的深深热爱，基于对个人与集体、局部与全局的辩证统一关系的正确认识，雷锋把集体的、党和人民的利益永远放在个人利益之上，放在个人得失之前，正确地把个人利益融合在集体利益之中。

雷锋的集体主义精神是基于对集体力量作用的科学认识的基础上的。雷锋在他的日记中曾经多次谈到集体的力量，认为个人必须融入集体之中才有力量。雷锋把个人力量比喻为“一花独秀”，集体的力量比喻为“百花齐放”，而“一花独秀”是“打扮不出春天来”，“百花齐放”才能春色满园；把个人力量比喻为“单枪匹马”，认为集体的力量“才能移山填海”；把个人比做“一滴水”，集体比做“大海”，认为个人的力量是“沧海一粟”；把个人比做“小渠”，集体比做“江河”，“一个人的力量好比一条条小渠，如果不汇入江河，永远也不能汹涌澎

湃，一泻千里”。

雷锋不仅认识到集体力量的强大，还认识到集体力量是靠个人在集体中发挥的作用来展现的。雷锋用“螺丝钉”比做个人，把“机器”比做集体，机器缺少螺丝钉不行；同样螺丝钉缺少机器也不行。雷锋在工作中充分地体会到成员之间团结协作，集体力量才能发挥，工作才能做好。当个人利益和集体利益发生矛盾时，雷锋认为时刻都要把集体利益放在第一位，为集体的利益不惜牺牲个人的利益。

构建社会主义和谐社会，需要激发包括各民主党派、人民团体和各族、各界人士在内的全体中国人民的积极性，需要激发包括大陆同胞、港澳台同胞和海外侨胞在内的所有中华儿女的创造性，把全体社会成员的思想、行动、智慧和力量统一到构建社会主义和谐社会上来。团结的人越多，能调动的积极性、创造性越广泛，构建和谐社会的力量就越大。团结就是力量，团结出凝聚力，出战斗力，出新的生产力，也出新的社会活力。全社会的大团结是社会主义的必然要求，是构建社会主义和谐社会的前提条件。只有不断增进社会团结和睦，减少误解、增进理解，减少阻力、增进动力，才能充分发挥全党全社会的积极性、主动性和创造性，焕发出强大的生机和活力，汇集成建设中国特色社会主义的强大合力。只有团结最广大的人民群众，党才能集中各方智慧、凝聚伟大力量，克服前进道路上的各种艰难险阻，开创现代化建设的新局面。只有团结，我们党才能形成战无不胜的力量，在复杂的国内外环境和大风大浪的考验面前坚如磐石，确保中国特色社会主义的航船驶向胜利的彼岸。

随着和谐社会建设的推进，实现雷锋精神时代化，用雷锋精神调节人际关系，能够使人获得友谊、支持、理解，得到内心的慰藉，提高自信和自尊。有助于弥合人们心理之间的落差，减少不同利益主体之间的冲突与对立，淡化社会攀比意识，建立真诚待人、平等待人、宽容待人的和谐人际关系。集体主义让全心全意为人民服务、大公无私、毫不利己、专门利人的最高原则得以彰显。

三、雷锋敬业精神发展的时代契机

党的十八大为我们党全面建成小康社会、深化改革开放、加快转变经济发展方式攻坚克难指明了方向。使命高于一切，责任重于泰山，要求社会的每一成员，都要基于一种责任心，对工作、对事业全身心投入，对自己事业的热爱、执着和追求，在社会分工中能坚守自己的岗位，兢兢业业，恪尽职守，即爱岗敬业。在新时期，改革开放为人才的健康成长和合理流动创造了良好环境，为个人施展才华和抱负提供了广阔天地，也为雷锋干一行爱一行、专一行精一行的敬业精神弘扬提供了时代契机。

干一行、爱一行、专一行，就是爱岗敬业，具体说是指从业人员在社会生活中，认真履行所承担的义务，尽职尽责、一丝不苟的行为表现和态度，以及在职业生活中兢兢业业、埋头苦干、任劳任怨的强烈事业心和忘我精神，是从业人员对社会和他人履行职业义务的道德责任的自觉意识和行为实践。为使社会关系有序、正常地存在和发展，人们就必须自觉地担负起对社会、他人负有的使命、职责和义务，也就是说，必须自觉地履行应尽的职业道德责任。

雷锋先后当过农业社的记工员、乡政府的通信员、农场的拖拉机手、工厂的推土机手、人民解放军的汽车兵。无论在什么岗位上，他都以对党、对人民、对祖国的无限热爱，专心致志，勤勉工作，哪里需要他，他就去哪里，即使是一颗最小的螺丝钉，他也毫不埋怨，尽职尽责，爱岗敬业，干一行、爱一行、专一行，自觉努力为国家和人民建功立业。

雷锋一生所做的，都是极其平凡的工作和劳动。他经历了工、农、兵三条战线，并没有做过什么惊天动地的事业。然而，在雷锋看来："世界上最光荣的事——劳动。世界上最体面的人——劳动者"。雷锋正是在对自己从事职业的社会意义的深刻认识基础上，干一行，爱一行，他的身心完全融合在平凡的工作和劳动中，在平凡的岗位，做出了不平凡的事迹。

爱岗敬业具有较强的奋斗色彩，爱岗敬业的人，就会在内心深处形成对自己职业的高标准要求，一旦有所失误，就会产生内疚和自责。《雷锋日记》中充满了雷锋要求进步的决心，表现出了强烈的工作进取意识。

工作对于我们每一个人来说，不仅是谋生的手段和生活的组成部分，也是发挥自身才能、实现人生价值的平台。祖国的富强、民族的繁荣，需要每一个社会成员尽其才、奋其志。把简单的事做好就不简单，把平凡的事做好就不平凡。我们做好工作，就是为建设中国特色社会主义添砖加瓦，就是为实现中华民族伟大复兴铺路搭桥。新的历史时期，我们爱岗敬业，就是弘扬雷锋“干一行爱一行、专一行精一行”的敬业精神，把个人理想同国家的前途、民族的命运有机结合起来，把个人的选择和社会的需要、人民的需要有机结合起来，在具体工作岗位上尽职尽责、发挥积极作用，才不负人民、不负时代。

四、雷锋创新精神发展的时代契机

改革创新是时代精神的核心，表现为突破陈规、大胆探索、勇于创造的思想观念，表现为不甘落后、奋勇争先、追求进步的责任感和使命感，表现为坚忍不拔、自强不息、锐意进取的精神状态。当今世界正处在大发展、大变革、大调整时期，科技和文化竞争成为综合国力竞争的焦点。谁在科技和文化创新方面占据优势，谁就能够掌握发展的主动权。中央提出了建设创新型国家的宏伟目标，把增强自主创新能力作为发展的战略基点，要求大力推进理论创新、制度创新、科技创新、文化创新以及其他各方面的创新，为雷锋锐意进取、自强不息的创新精神发展提供了时代契机。

雷锋不仅是一个脚踏实地的实干家，而且是一个勇于探索的创造者。他在学习和工作上永不满足、永不懈怠，体现了一种锐意进取、自强不息的创新精神。雷锋锐意进取、自强不息的创新精神集中体现在他勤奋好学、刻苦钻研的“钉子”精神。雷锋原本只是一个仅有小学文化的苦孩子，能有后来那样的思想和文字水平，关键在于他多年坚持勤奋好学、刻苦钻研。在湖南团山湖农场时，雷锋学习写诗。在鞍钢时，他努力学习毛泽东著作。《钢铁是怎样炼成的》一书主人公保尔的话，他都能背出来。在鞍钢期间他还制定了早晨学一小时，晚上学到 10 点的自学计划。在部队，他是汽车兵，平时很难抽出时间学习。于是，他把学习的书本放在挎包里，人到哪里书到哪里，有空就看上一点。每天出车回来，晚上时间，他除了参加连里的日常活动外，总要挤出一些时间来读书的。有时熄灯号响了，他还舍不得放下手里的书。为了不影响同志们休息，他只好离开宿舍另找别的地方去读。因此，车场、工具棚、厨房、司务长宿舍都成了他夜间看书学习的好地方。有时连队干部在工地值夜班，他也到连部办公室去读书，而且一坐就是大半夜。雷锋正是因为有这种“挤”劲，才成功地把时间挤出来读书，他读的书才越来越多。

雷锋的学习兴趣非常广泛，对于政治、技术、文学、写作，他无所不爱，无所不学，尤其对马列主义、毛泽东思想，他更是刻苦攻读，孜孜不倦。雷锋有一股“钻”劲，不管学习上遇到什么困难，他都要千方百计把它搞懂。翻开雷锋读过的书本，几乎每一篇每一页都画了一些学习重点，边边角角上写着一些阅读心得或眉批。

知识是力量的源泉。人生的燃烧，靠的就是知识的燃料。事业的腾飞，靠的就是知识的翅膀。实践证明，“圣贤由学而成，道德由学而进，才能由学而得”。一个人才是以读书学习的积淀为底蕴的，是以不断地进德修业为前提的。目前，在我国大力推进文化创新，实现社会主义文化大发展大繁荣，提高国家文化软实力，努力建设社会主义文化强国的背景下，我们更要弘扬雷锋精神，认真学习，刻苦钻研，做开拓创新时代需求的人才。

五、雷锋创业精神发展的时代契机

艰苦奋斗、勤俭节约是中华民族的优良传统，也是我们党的优良传统。历史和现实都表明，艰苦奋斗、勤俭节约是成就伟业不可或缺的条件；艰苦奋斗、勤俭节约的创业精神始终是激励我们为实现国家富强、民族振兴而共同奋斗的强大精神力量。当前和今后一个时期是我国全面建设小康社会的关键时期，是深化改革开放、加快转变经济发展方式的攻坚时期，国家大力提倡艰苦奋斗、勤俭节约，为雷锋艰苦奋斗、勤俭节约精神的发展提供了时代契机。

出身贫苦的雷锋，他深知生活的艰辛，他工作和生活的一言一行都体现出中华民族勤俭节约、艰苦奋斗的传统美德。在雷锋精神丰富的内涵中，艰苦奋斗、勤俭节约创业精神是一个重要方面。雷锋生活俭朴。他的一双袜子补了一层又一层，穿了多年舍不得丢掉。部队发给每人两套夏装，他只领一套。他的搪瓷盆和漱口杯用了多年，上边的瓷已残缺不全，还是照样用。他的一件衬衣是从湖南老家带来的，补了又补，还穿在身上。他当兵几年，连香皂都没用过，洗手洗脸都用肥皂。他有一个“节约箱”，平时拣到一颗钉子、一个牙膏皮都收集起来。每月 6 元钱津贴费，除了留下交团费、党费、买书及必要的生活用品外，其余的全部存到储蓄所。

雷锋非常注意在艰苦的环境中锻炼自己，以苦为乐，以苦为荣。无论当公务员、通信员、工人、解放军战士，雷锋都始终保持着我党我军艰苦奋斗的优良传统，一向以艰苦奋斗为荣。雷锋工作 6 年，换了 5 个岗位。他把每一个新的岗位，当作新的起点，当作磨炼意志、提高能力的机会；把前进中每一个困难，当成不断增长本领的机会。他不贪图安逸，时时思进取，哪里艰苦就到哪里去，哪里需要就到哪里去。在县委机关，他主动申请到条件艰苦的治理污水工地，还专找艰苦的事干；在鞍钢，他再三要求到别人都不愿去的弓长岭铁矿。他把困难当成“纸老虎”，不但遇“虎”而打，而且找“虎”打。他认为没有战胜不了的困难。

综合判断国际国内形势，我国发展仍处于可以大有作为的重要战略机遇期，既面临难得的历史机遇，也面对诸多可以预见和难以预见的风险、挑战。我们既要充分认识我国发展取得的伟大成就，也要清醒看到我国仍处于并将长期处于社会主义初级阶段的基本国情没有变。我国仍是世界上最大的发展中国家，全面建成小康社会、基本实现现代化依然任重道远。我们决不能骄傲自满、故步自封，务必继续地保持谦虚、谨慎、不骄、不躁的作风，务必继续地保持艰苦奋斗的作风，增强忧患意识，始终居安思危，踏踏实实，艰苦奋斗，老老实实，勤俭创业，坚决反对贪图享受、铺张浪费、讲排场、摆阔气的不良风气，尤其要反对慷国家之慨、挥霍奢侈的腐败作风，要大力弘扬雷锋精神，要像雷锋那样，勤俭节约、艰苦创业。

第二节　社会主义先进文化建设的历史使命

在当代，文化是与经济、政治相对应的概念，它是反映并作用于社会经济和政治的意识或观念形态。区分先进文化与落后文化的标准就是看它能否反映和促进社会历史进步。先进文化在丰富多彩的实践中，会不断地战胜落后的和腐朽的文化、继承优秀的和积极的文化而完善和发展自己的。

江泽民同志在党的十六大报告中指出："在当代中国，发展先进文化，就是发展面向现代化、面向世界、面向未来的，民族的科学的大众的社会主义文化，以不断丰富人们的精神世界，增强人们的精神力量。"先进文化是一个民族发展壮大的精神源泉和智力支持，没有先进文化的民族是一个没有灵魂的民族。为此，必须牢牢把握先进文化的前进方向，必须坚持马克思列宁主义、毛泽东思想、邓小平理论、"三个代表"重要思想及科学发展观在意识形态领域的指导地位，统领社会主义文化建设。

当今世界，中国特色社会主义文化是由社会主义初级阶段政治和经济决定的。先进的经济包括先进的生产力和社会主义的经济关系，先进的政治包括社会主义的国体和政体，就是这样的经济和政治决定了中国先进文化的前进方向是社会主义的。中国特色社会主义文化的力量，深深熔铸在民族的生命力、创造力和凝聚力之中。

一、社会主义先进文化建设的伟大意义

先进文化对社会起着潜移默化、稳步推进的积极作用。大规模的文化运动和浪潮，是历史发展到一定阶段跌宕起伏而质变的一瞬。大多数时候，文化总是春风化雨、润物无声，文化繁荣往往是一个社会，一个时代大繁荣的标志。文化之于社会，就如土壤、水分、空气之于花草树木，维系着这个生态系统的存在、平衡和发展。先进文化会在无声中形成一种时代精神、社会风气和一代人的素质。所以，当今社会须臾离不开先进文化的沐浴和推动。

（一）社会主义先进文化建设是促进人的全面发展的基本条件

社会文化的进步包括道德水准的提高和科学教育的发展，这两方面都是人的全面发展不可缺少的条件。全面发展的人首先要有高尚的道德情操，能够正确地认识和处理个人与社会、与他人的关系，具有正确的世界观、人生观和价值观。因此，思想道德建设是促进人的全面发展的重要途径。具有较高的科学文化素质，是人的全面发展的另一个基本标志。只有掌握先进的科学文化，才能适应社会生产力发展和社会进步的需要，为社会作出应有的贡献；缺乏科学文化素养的人，无论如何不能看做是全面发展的人。在当代中国，我们党要代表先进文化的前进方向，就必须大力推进思想道德建设和科学文化事业的发展，推进有中国特色的社会主义文化建设，培养一代又一代有理想、有道德、有文化、有纪律的公民。这既是建设强大的社会主义国家、实现中华民族伟大复兴的需要，也是促进人的全面发展、实现党的最高纲领的需要。

人与动物的区别，就在于唯有人拥有文化。文化是人的创造，文化又塑造着人。人的任何发展，都是以文化的方式在进行着。一种文化与另一种文化相比较，在时间上有今昔之分，在空间上有地域之分，在品质上有先进、健康、落后、腐朽、反动之分。也因此，不同的文化，对社会、经济、政治的作用与反作用不会相同，对人的发展的影响作用也不会相同。一种文化是否是先进的，必须衡量它能否有力地推动经济、

社会的发展，能否提升人的精神境界，能否促进人的素质的全面提高，能否促进人自身的彻底解放和全面发展。社会主义先进文化建设，既是全面建设小康社会的题中应有之义，也是实现人们思想和精神生活的全面提升，促进人的全面发展的必由之路。

（二）社会主义先进文化建设是提升国家综合国力的重要因素

文化对人类社会发展的影响和作用，在各个民族的发展中，在不同的时代中，有其不同的表现形式和特点。党的十六大、十七大、十八大报告关于文化的力量的论断，运用马克思主义基本原理，从文化的力量与民族的发展和当今世界综合国力竞争的角度，丰富发展了对文化力量的认识。

先进文化的力量深深熔铸在民族的生命力、创造力和凝聚力之中。从先进文化在其历史形成上看，具有中华民族特点的语言文字、思维方式、价值观念、道德规范、风俗习惯，具有强大的凝聚作用，是维系国家统一和民族团结的精神纽带。党的十六大报告所作出的“文化的力量，深深熔铸在民族的生命力、创造力和凝聚力之中”，“民族精神是一个民族赖以生存和发展的精神支撑。一个民族，没有振奋的精神和高尚的品格，不可能自立于世界民族之林”的论断，正是对文化在民族发展中的作用的一个精当的概括。胡锦涛同志在党的十八大报告中提出，扎实推进社会主义文化强国建设。胡锦涛指出：文化是民族的血脉，是人民的精神家园。全面建成小康社会，实现中华民族伟大复兴，必须推动社会主义文化大发展大繁荣，兴起社会主义文化建设新高潮，提高国家文化软实力，发挥文化引领风尚、教育人民、服务社会、推动发展的作用。

当今世界，文化与经济和政治相互交融，在综合国力竞争中的地位和作用越来越突出。文化、经济、政治作为社会有机体中的三大要素，一方面相互区别，各有其相互独立性；另一方面又相互联系，互为条件，互相促进，互相推动。文化与经济的相互交融，大大促进了经济的发展，同时也增强了文化的发展实力。从国际政治角度看，文化直接成为政治外交手段，文化力量的强大成为国际政治斗争的一个重要方面。

进入21世纪以来，我们正面临日趋激烈的综合国力竞争。文化是综合国力的重要组成部分，也是增强综合国力的重要力量，而当今世界文化与经济、政治的相互交融，则使文化在综合国力竞争中的地位和作用越来越突出。

（三）社会主义先进文化建设是全面建成小康社会的重要组成部分

我们的小康社会，是一个全面的小康社会，是以公有制经济为主体，共同富裕为目标，经济、政治、文化全面发展的中国特色社会主义。经过多年的努力，我国的人民生活总体上已经达到小康水平，这是中华民族发展史上一个新的里程碑。但是，从我国的国情来看，现在达到的小康还是低水平的、不全面的、发展不平衡的小康。党的十八大报告指出，我们要准确判断重要战略机遇期内涵和条件的变化，全面把握机遇，沉着应对挑战，赢得主动，赢得优势，赢得未来，确保到2020年实现全面建成小康社会宏伟目标。经济建设、政治建设、文化建设、社会建设、生态文明建设——“五位一体”着眼于全面建成小康社会、实现社会主义现代化和中华民族伟大复兴。可见，当代中国先进文化是小康社会的重要组成部分。

全面建成小康社会，让更多的人富裕而文明高尚，就不只是一个经济问题，更是一个文化问题，即精神文明建设的问题。无论从理论上还是从实践上说，小康社会不仅是一个经济较为富裕的标志，也是一个社会更为文明的标志；同样，一个民族的伟大复兴，也不仅是经济上的繁荣，更应该是文化上的昌明。在这个意义上说，全面建设小康社会，就必须大力发展社会主义文化。

大力发展社会主义文化，建设社会主义精神文明，是全面建设小康社会的强大动力。当今世界，文化与经济和政治相互交融，在综合国力竞争中的地位和作用越来越突出。文化、道德作为一种持久的力量，对于减少社会交易费用，促进经济的良好运行具有重要的作用，被称为市场调节和政府调节的第三种调节。发展社会主义文化，建设社会主义精神文明，不仅是全面建设小康社会的有机组成部分，而且是顺利推进其实现的强大动力。

（四）社会主义先进文化建设是新时期党的建设的迫切要求

在新的时期，中国共产党领导下的有中国特色社会主义事业任重道远。此时此刻，党的建设更要自觉体现作为社会进步重要标志的中国先进文化的前进方向，其紧迫性和重要性更加明显。

当今世界，科学等文化因素在整个人类文明进程中的作用越来越明显。经济建设和社会发展日益转向科技进步和提高劳动者素质的轨道上来。世界经济领域正以前所未有的速度在深度和广度上发生着变化和调整。社会经济领域的深刻变革，必将引起人们在价值观念和生活方式上的巨大变化。这些变化最终朝哪个方向发展，关键在于怎样引导，怎样教育。为此，我们党只有在加强自身建设的过程中，更加自觉地体现中国先进文化的前进方向，才能积极适应这些变化并对之进行正确、有效的引导。

面对经济全球化的时代大趋势，任何国家都不应画地为牢、自我孤立，而必须在开放中求发展，在发展中调整和制定更有利于自身的开放战略。对外开放在促进我国生产力发展、提高我国经济管理和科学技术水平、推动我国社会主义市场经济体制的建立和完善的同时，也给我们带来了一些亟待解答的重大实践课题。其中一个重要方面，就是我们如何在进一步扩大对外开放的新形势下以先进文化为武器，趋利避害，抵御西方敌对势力对我们进行的“西化”、“分化”政治图谋以及思想文化上的渗透和侵蚀，确保马克思主义在社会意识形态领域的指导地位不动摇。这无疑是我们党在改革开放和现代化建设的新时期面临的严峻的考验。

知识经济时代，科学技术的先进与否，劳动者的知识和技能水平的高低，直接关系到社会生产力发展的程度和速度。在这种情况下，综合国力的竞争实质上就是科技与人才的竞争。所以，党只有自觉地成为中国先进文化前进方向的代表，即自身首先要用先进文化武装起来，才能做到真正代表中国先进社会生产力的发展要求。另外，党要更好地代表中国最广大人民的根本利益，也必须自觉地成为中国先进文化前进方向

的代表。因为只有不断满足广大人民群众日益增长的物质和文化生活的需要，才能保证我们党始终成为人民群众根本利益的忠实代表。

二、社会主义先进文化建设的指导思想

科学发展观体现了社会主义先进文化的前进方向，是我们当代中国先进文化发展的指导思想。

科学发展观的提出，既是我们党对以往发展的总结，也是遵循客观发展规律对中国未来发展道路、发展方向的规划设计；既是对马克思主义发展理论的继承和丰富，也是我国现代化建设指导思想的重大发展，还是我们党执政理念的一大飞跃。

先进文化体现的主要是关于社会应当如何前进的价值观念。先进文化是人类文明进步的结晶，是推动人类社会前进的精神动力和智力支持，更对社会的发展起着导向作用。先进的政党只有代表了先进文化的前进方向，才能引导人民群众走向文明社会，才能使物质文明、精神文明和政治文明协调发展，推动社会的全面进步。先进文化对人类社会发展起着重要的导向作用。作为观念文化的科学发展观体现了先进文化这一本质要求。

科学发展观与先进文化的共同价值取向都是以人为本。科学发展观强调以人为本。解剖经济与社会发展的内在机理，我们就会发现，人是经济与社会一体化的“体”即本原、本体。社会是由人组成的，人在成为社会动物的同时也就成为经济动物，经济活动、社会活动都是人的活动，经济与社会的发展都是人的发展。根据这种认识，提出以人为本的科学发展观，正是体现了中国先进文化的本质要求。马克思主义认为，文化就是“人化”，是一个“人化自然”和“自然化人”的过程。没有人的本质力量不断地向着自然界、社会转化的过程和结果及其人的全面发展，就不会有文化。社会的不断发展，反映在对人类文化成果先进性的认识和评判上，是其与人类的本质需求的符合程度以及对人类本质需求的满足、引导状况这个大方向。在人类历史进程中，只有部分文化成果与这个大方向相一致，这部分就是先进文化。当代中国先进文化

的目标取向必然是为了人，也必须是为了人，为了实现最广大人民的根本利益，为了人的自由而全面地发展，为了培育社会主义“四有”新人，为现代化建设提供精神动力和智力支持。这和科学发展观的目标具有一致性。

科学发展观，不是要改变经济发展这个中心，而是重申或者矫正经济发展的目的。我们的一切社会经济活动和社会发展都是为了人，不是为了生产而生产，为了发展而发展。发展的目的是人的素质的提高、人际关系的升华、人与自然关系的和谐。人需要什么，人们需要什么，人类需要什么，始终是人类生产的目的。

树立和落实科学发展观，就是要纠正对发展本质的偏离，真正把“人”作为发展的价值取向，注重发展的质量，把发展的速度和质量有机统一起来。树立和落实科学发展观体现了先进文化的前进方向和本质要求；代表先进文化的前进方向必然、必须要求树立和落实科学发展观。

发展先进文化，推动民族文化建设是树立和落实科学发展观的必然要求。科学发展观在三个方面体现中国先进文化的内容：一是正确的指导思想。马列主义、毛泽东思想、邓小平理论、“三个代表”重要思想、科学发展观作为有中国特色社会主义文化的指导思想，使现代文化灵魂的理性权威得到尊重，使马克思主义的实践性、科学性、开放性重新得到确认。二是先进文化的目标选择是“以人为本”，实现人的解放和人的发展。以满足人的需要、体现人的价值、提高人的能力为方向，确立了文化发展乃至经济发展的核心内容，体现了发展的目的性，凸显了文化价值的重要性。强调以人的活动及其发展的角度考察发展问题，实现了整个文化模式和价值系统的转换，纠正了对主体的偏离和异化的旧的发展观。三是树立了文化开放的发展观。文化开放是现代化最显著的特征。开放性是民族文化的生命力之所在，它要求民族性与时代性相统一，以宽容的心态、博大的胸襟，吸纳人类优秀文明成果，兼收并蓄，异质整合，为我所用，实现文化的现代转型，使独具魅力的中华民族文化面向世界，走向振兴，对人类文明做出较大贡献。发展社会主义文化必须继承和发扬一切优秀文化，必须充分体现时代精神和创造精神，必须具有世界眼光，增强感召力。在这个文化转型时期，重塑价值观和文化自觉尤为艰难，而价值观变异等非进步精神状态和观念心理却很容易滋生并蔓延，制约经济和社会的发展进步。一方面要开放吸纳，另一方面更要打造重塑。唯有如此，先进文化才能产生，民族文化才能发展，才能有对财富增长的智力支持和精神动力，跟上全面建设小康社会的现代化步伐。一定的经济社会发展离不开一定的文化依托，发展本身又是一种文化形式，先进生产力和先进文化是社会发展运转的两个“轮子”。现代化的实现必然要求有科学的发展观。没有先进文化前进方向的引领，社会就会陷入无序和危机；没有先进文化的发展作坚实基础，根本不会有真正的社会主义现代化。可以说，扬弃传统文化，建设民族文化，发展先进文化，推动全社会的文明进步和人的全面发展正是我们建设全面小康社会，实现中国经济社会跨越式发展的真正目的和意义。

三、社会主义先进文化建设的基本任务

建设当代中国先进文化，就是以马克思主义、毛泽东思想、邓小平理论和“三个代表”重要思想、科学发展观为指导，着力提高全民族的思想道德素质和科学文化素质，以培养有理想、有道德、有文化、有纪律的公民为目标，促进人的全面发展，构建社会主义和谐社会。其基本任务主要有三个方面。

（一）社会主义先进文化建设之前提：建设社会主义精神文明

物质产品市场满足的是人民群众的物质生活需要，而精神产品市场满足的是人民群众的精神需要。文化生产主要属于精神生产，当代中国先进文化的首要任务就是不断满足人民群众日益增长的精神文化需要，建设社会主义精神文明。

我们要在建设高度物质文明的同时，提高全民族的科学文化水平，发展高尚的丰富多彩的文化生活，建设高度的社会主义精神文明。这是因为精神文明是社会主义现代化建设的重要保证。社会主义精神文明为

现代化建设提供强大的思想保证、精神动力、智力支持和人才支持。“所谓人的需要，是人的生命活动的内在规定性。它反映人与其生存条件的依赖关系，是人对作为其生存和发展条件的客观对象的趋向和求取状态，是人的生命活动的内在根据存在方式。”随着改革开放和社会主义建设的发展，文化发展出现了许多新变化，文化建设遇到了许多新情况、新问题和新挑战，并且，人民群众的精神文化需求呈现出多层次、多角度的体系，大幅度增长的态势，且具有复杂的内在结构：既有物质需要和精神需要，又有现实需要和理想需要，个体需要和整体需要等。其中，先进文化既能满足人的精神需要，又能满足人们的现实和理想需要，满足个体和整体的需要。当代中国先进文化的建设和发展，必须不断满足人民群众日益增长的精神文化需要。只有这样，文化的发展才能获得永恒的动力；社会的发展才是全面的、科学的，才能真正实现以人为本和人的全面发展；社会发展才能是和谐的。满足人民群众的精神文化需求的具体体现，就是坚持精神文明重在建设的思想。重在建设，就是精神文明在服从和服务于经济建设这个中心、推动改革开放和现代化建设的过程中，要一切着眼于建设，把建设作为自己工作的出发点和落脚点。重在建设，反映了社会主义现代化建设的客观要求，体现了社会主义精神文明发展的内在规律。

（二）社会主义先进文化建设之根本：社会主义核心价值体系建设

当今改革触及政治体制的深层次问题，政治形势复杂敏感，“四个多样化”（经济成分、组织形式、就业方式、利益关系和分配方式多样化）继续发生变化，利益矛盾交错复杂，大量西方文化思潮和价值观念的渗透冲击，人们思想意识的选择性、多变性和差异性进一步增强。在这种形势下，探讨我国先进文化建设之根本的社会主义核心价值体系建设的重要性和紧迫性，对加强社会主义主流意识形态的主导地位具有重大的现实针对性。“建设社会主义核心价值体系，形成全民族奋发向上的精神力量和团结和睦的精神纽带。”党的十七届五中全会指出：“要推动文化大发展大繁荣、提升国家文化软实力，坚持社会主义先进文化前进方向，提高全民族文明素质。”为探索提供了科学指导。

当今随着我国GDP不断向世界前茅冲刺，我国的发展进入一个以人为本、以经济建设为中心的全面发展和全面进步的时代。中华民族的复兴包括经济、政治、文化、社会、生态等在内的全方位要求，而其中鉴于文化建设在综合国力竞争中的重要地位和作用，我们必须走“科教兴国”和“文化强国”的道路。“文化强国”，就是通过建设中国特色社会主义先进文化的系统工程，推进我国全方位的现代化进程，实现国家的永续发展。什么是社会主义先进文化？“在当代中国，发展先进文化，就是发展面向现代化、面向世界、面向未来的，民族的科学的大众的社会主义文化，不断丰富人们的精神世界，增强人们的精神力量。”建设社会主义先进文化就要抓住其根本，即要能体现社会主义先进文化的本质要求、精髓，而最能体现这个根本的就是社会主义核心价值体系。因为社会主义核心价值体系凝练了社会主义先进文化提供全民族理想信念、精神支柱和基本价值准则的要求，对中国走向统一、增进团结、激发创造精神和实现民族复兴起着巨大的推动和导向作用。因此社会主义核心价值体系的建设是社会主义先进文化建设的主调和根本，在社会主义文化建设中居于统摄和支配地位。

1. 建设社会主义核心价值体系是我国国家意志的体现。社会主义核心价值体系是社会主义意识形态的本质体现，中国特色社会主义文化是对中国特色社会主义政治上层建筑即国家意志的反映，而发展中国特色社会主义文化的过程最主要的就是建设社会主义核心价值体系的过程。社会主义核心价值体系关涉国家的指导思想、根本发展道路，民族的精神支柱和基本的社会道德准则。江泽民指出：“一个民族，一个国家，如果没有自己的精神支柱，就等于没有灵魂，就会失去凝聚力和生命力。”历史经验表明，任何一个国家要把全社会的意志和力量凝聚起来，都必须有一套与经济基础、政治制度相适应的核心价值体系，它具有凝聚人心、增进共识、鼓舞斗志的强大力量，始终是维系民族成员的精神纽带。把我国这样一个人口众多、民族众多的大国团结统一起来，靠的就是社会主义的核心价值体系，靠的就是统一的指导思想、共同的理想信念、强大的精神支柱和基本的道德规范。其中马克思主义是科学的世界观、方法论导向，中国特色社会主义是信仰支持，价值准则是以爱国主义为核心的民族精神和以改革、创新为核心的时代精神，社会主义荣辱观是道德支撑和心理保障。如果失去这个核心的东西，就会失去团结一致、共同奋斗的思想道德基础，就会导致人心涣散、社会混乱。时下，人们对中国社会的精神状况有着信仰危机、信任危机、道德滑坡、社会分裂等感叹，这些说法尽管有点耸人听闻，但不能不承认这些现象又不同程度地存在和盛行。要特别看到，现实社会存在的信仰崩塌、诚信缺失、道德危机以及价值混乱等种种精神乱象，其实都是文化本身乃至文化认同危机的表现，反映出我们这个社会在核心价值的认同方面存在的突出问题，是现实中国文化在各方面存在内容空洞、影响乏力、作用软化的直接反映，这个问题已经影响到对深化改革开放、推进现代化建设的共识达成和人心凝聚。随着全球化的延伸，国际上多种思潮纷至沓来，包括西方前卫时尚的“后现代主义”、全球性的消费浪潮、消费主义和享乐主义等，深刻左右着我国大众文化的走向。一些长期以来人们树立起来的既定价值观念和道德传统遭到置疑甚至抛弃，社会主义意识形态被消解、被淡化，其后果是人们的信仰、世界观、价值观等深层次的思想意识被改变。一些国家的教训表明，一旦丧失了在本国具有群众基础的、符合本民族特色的意识形态，导致的只能是群体信仰的迷失，精神家园的落空，民族的纷争与冲突，最后是四分五裂，一盘散沙。充分发挥文化引导社会、教育人民、推动发展的功能，建设中华民族共有精神家园，增强民族凝聚力和创造力，是遵循社会主义文化发展规律的要求。

2. 建设社会主义核心价值体系是维护国家文化安全的要求，是提高国家软实力的根本。国家的软实力包括三个部分：外交政策、政治理念及社会制度、文化，其中文化软实力在当今显示出愈加独特而重要的作用，已成为继政治、经济、军事之后“第四种”战略力量，一种在和平发展年代最重要的“核心竞争力”。文化安全是综合安全观的一个重要内容，渗透在中国对外交往中所维护的“核心利益”（维护基本制度和国家安全，维护国家主权和领土完整，保持经济社会持续稳定发展三大利益）之中，并直接维系着“核心利益”其他方面的作用，是提高国家文化软实力的前提并构成国家文化软实力的重要部分。文化是民族的血脉和灵魂，不同国家独特的文化传统是其得以生存、延续的不竭源泉。随着全球化的无边界扩展，文化和意识形态安全的重要性日益为各国所重视。各国纷纷采取各种措施维护本国的文化安全。西方发达国家已经把文化输出作为实现其国家利益的重要手段，把它渗透到国际交流的方方面面。中华文化凝结着中华民族对世界、对与自然的关系、对生命的独特的历史认知和现实感受，而社会主义核心价值体系则积淀了中华民族最深层次的精神追求和行为准则。只有在全社会努力增进社会主义核心价值观的教育，特别是对青少年的教育，才能培育和弘扬文化自觉。所谓“文化自觉”，就是生活在既定文化中的人对自己的文化有自知之明，明白它的来历、形成过程、所具有的特色和它发展的趋势，并对文化转型具有自主能力，以取得决定适应新环境、新时代文化选择的自主地位。加强社会主义核心价值观教育是打牢文化根基的根本途径，必须提高到战略的高度来部署。

3. 建设社会主义核心价值体系是把牢意识形态话语权，进一步提高国际竞争力的需要。在我国深度参与经济全球化的浪潮中，与西方国家的对话与合作将会不断扩大。多年来的事实证明，西方大国在同前苏联、东欧和中国这样的社会主义国家的对话中就是要通过价值观念和经济政治制度的渗透，将对手塑造为符合他们根本价值观的国家。他们掌握着对话的主动权，对符合他们利益的才能得到认可和重视。对此，中国除了在外交战略上的调整，力争在国际对话中掌握主动，取得规则制定权外，在对外文化传播方面也要把牢意识形态话语权，将社会主义核心价值观寓于文化输出中，增强中国社会主义意识形态的影响力。特别是随着近年中国 GDP 在国际上排位的不断靠前，探索本国独特的模式和道路，走经济富国、科教兴国、文化强国的发展道路势在必然。在当今，综合国力的竞争越来越倚重于文化软实力，商品和服务的文化含量日益决定其竞争力，文化推动经济发展的功能越来越凸显。

4. 建设社会主义核心价值体系是增强民族凝聚力，防止西化、分化图谋的需要。一个国家的文化软实力在很大程度上表现为国民的精神状态、意志品格和内在凝聚力，而这一切主要来自人们对社会核心价值的认同。文化在一个国家发展中到底有多大的分量，借用作家冯骥才先生的话说："文化似乎不直接关系国计民生，但是却直接关联民族的性格、精神、意识、思想、言语和气质，抽出文化这根神经，一个民族将成为植物人"。文化看似无形，却无处不在，无时不有，看似柔弱，实则强大，塑造着国民之魂，凝聚国家之神，承载了推动国家文明进步的厚望。大量事实表明，一个民族和国家一旦在文化上失去抵御能力，抛却了本民族文化的传统和特性，就是失去了安身立命之根本，就会不堪一击，最终成为别国的附庸甚至走向瓦解与消亡。文化已经成为西方国家颠覆控制别国，实现自身战略意图的工具，也是西方国家对社会主义国家实行西化、分化图谋的重要手段。比如针对我国制定的《十条诫令》便是妄图通过挖断青少年的文化根基来争夺下一代以达到他们西化、分化目的的一个典型例子，对此我们应引起足够的警惕。列宁曾经一针见血指出："对社会主义思想体系的任何轻视和任何脱离，都意味着资产阶级思想体系的加强。"被分化民族衰亡的悲哀在于，统一的民族国家的名称从地球的版图上被抹去，本民族的文化特色和文化身份的逐渐淡化与消失。

5. 建设社会主义核心价值体系是打造积极向上、健康文明、理性向好的生活方式的需要。我国正处于生活方式的转型期，多数人满足了温饱，向发展型生活水平转变。人民群众对精神文化的需求越来越旺盛，全社会求知求乐求美的愿望愈加强烈，塑造什么样的生活方式关系人民的幸福生活。民众的生活方式是以受世界观指导的人生观和价值观为内在依据选择的，而人们的世界观是受一定时代的社会意识形态具体体现为社会思潮的影响和导向的。从与主流意识形态的关系看，当今社会思潮分为主流社会思潮、非主流社会思潮、反主流社会思潮。社会主义核心价值体系是当今我国社会中占主导地位的社会思潮，加强社会主

义核心价值体系建设，首先，要尊重差异、包容多样。一个和谐的世界是多种文明共存的世界，同样，一个和谐的社会必然有着多样文化共生共存的文化生态。非主流的社会思潮体现着社会生活的差异性和多样性，对其尊重、包容，并以主流意识形态加以正确引导，最大限度地形成社会思想共识，才能调动社会各方积极性，激发最广泛人们的活力和创造性，建设社会主义。其次，要鉴别和有力抵制各种错误和消极落后思想的泛滥。反主流社会思潮反映了社会生活中消极、落后和不适合的东西，对其必须加以抵制和批判，化解它的负面影响。夯实、巩固作为先进文化的全体人民的共同的理想信念和精神支柱，倡导基本道德规范，才能为民众提供奋斗的美好愿景、价值导向和职业动力，创建和谐的社会生活。把社会主义核心价值体系切实融入国民教育和精神文明建设全过程，并把它切实转化为人民群众的自觉追求，建设更加丰富多彩的社会文化生活，培育奋发向上、文明理性和富于建设性的生活方式，塑造具有创造性的、永远充满生机的中华民族的精神面貌，是实现国民福祉的选择。

（三）社会主义先进文化之最终目的：构建社会主义和谐社会

社会主义和谐社会，应该是一个充满创造活力的社会，是各方面利益关系得到有效协调的社会，是社会管理体制不断创新和健全的社会，是稳定、有序的社会。构建和谐社会，是以人为本、全面协调可持续的科学发展观在社会建设层面合乎逻辑的展开，它拓展了新的历史阶段我国社会主义现代化建设总体格局的科学内涵。树立和落实科学发展观，必然会提出统筹兼顾、协调发展、正确处理同发展相联系的各种重大关系问题。把构建和谐社会作为我们党的执政目标之一，作为中国特色社会主义建设事业的奋斗目标之一，就意味着在我国将要构建“社会主义市场经济＋社会主义民主政治＋社会主义先进文化＋社会主义和谐社会＋社会主义生态文明”的“五位一体”的现代化总体格局，这大大丰富了建设中国特色社会主义事业的内涵，为我们从更广阔的视野来审视和处理我国现代化建设的各种问题提供了新的更完整、更科学的坐标系。同时，也说明当代中国先进文化的最终目的就是构建社会主义和谐社会。

构建和谐社会，是在把握我国经济社会发展新变化的基础上，为适应经济市场化、政治民主化和文化多样化而提出的新型社会治理模式。我国正处在历史性的经济社会转型中。随着市场化、工业化、城镇化以及经济全球化的推进，我国社会结构正在发生一系列新的变化：首先，经济多样化，各种新的产权主体和利益主体不断发展，产权关系和利益关系越来越清晰；其次，社会阶层多样化，除了推动中国先进生产力发展和社会全面进步的根本力量外，在社会变革中也出现了一些新的社会阶层；再次，思想意识多样化，诸种文化信仰和价值取向“百花齐放”。伴随着这种多样化趋势的深化，必然产生一些新的社会矛盾。这是我们必须面对的现实。在这场历史上从未有过的变迁面前，如何推进社会体制改革，协调多元力量之间的关系，最充分地调动一切积极因素，就成为社会治理的新课题。在这种背景下提出构建和谐社会，探索新的社会运转和社会服务机制，将会形成一套与经济市场化、政治民主化和文化多样化相适应的新型社会治理模式，这具有重大的理论和实践价值。

构建社会主义和谐社会，同建设社会主义物质文明、政治文明、精神文明是有机统一的。它们既有不可分割的紧密联系，又有各自的特殊性。建设社会主义物质文明、政治文明、精神文明，可以为构建社会主义和谐社会提供坚实基础；构建社会主义和谐社会，又可以为建设社会主义物质文明、政治文明、精神文明提供重要条件。我们要通过发展社会主义物质文明来不断增强和谐社会建设的物质基础，通过发展社会主义政治文明来不断加强和谐社会建设的政治保障，通过发展社会主义精神文明来不断巩固和谐社会建设的精神支撑；同时又通过和谐社会建设来为社会主义物质文明、政治文明、精神文明建设创造有利的社会条件。

总之，先进文化在构建社会主义和谐社会中可以培养信念、锻造灵魂、提供动力和丰富生活，从而体现了先进文化建设的最终目的。

第三节　雷锋精神与先进文化建设的共同发展

建设社会主义精神文明、建设社会主义核心价值体系、构建社会主义和谐社会，这是社会主义先进文化建设的历史使命之所在。雷锋精神以其与时俱进的时代性特征，顺应了社会主义先进文化发展的历史使命，实现了与社会主义先进文化建设协调一致，共同发展。

一、雷锋精神与社会主义精神文明建设相互促进

1963 年 3 月，毛泽东同志向全国人民发出号召：向雷锋同志学习。从此，这位平凡的战士，与共和国的昨天、今天和明天紧紧联系在了一起。世事移易，日月递嬗，雷锋精神经久不衰，占据着人们的心灵。历史已跨入了新的世纪，弘扬雷锋精神，依然是我们推进社会主义精神文明建设不变的时代主题。

（一）雷锋精神是社会主义、共产主义的道德范畴，是社会主义精神文明建设的生动体现

道德作为社会主义意识形态的组成部分，是由一定的经济基础决定的上层建筑，有什么样的社会经济关系，就有什么样的道德理论和道德规范体系。社会主义道德规范体系，必须从社会主义经济关系出发，从社会主义本质要求出发。它坚持马克思主义的世界观、人生观和价值观，坚持集体主义，倡导全心全意为人民服务的道德观念，倡导为祖国、为人民多做贡献的道德理想。雷锋同志的崇高品德和光辉实践里升华出一种爱憎分明的阶级立场、言行一致的革命精神和公而忘私的共产主义风格、奋不顾身的无产阶级革命斗志，这是社会主义思想道德范畴的再现，是精神文明的高度体现。他热爱党、热爱祖国、热爱社会主义，无限忠于党、忠于人民，不为名、不为利地无私奉献，正是社会主义精神文明建设所倡导的内容和要求。当前，有的人感到精神文明建设

是空的、虚的，雷锋就为我们树立了建设精神文明的楷模。学习雷锋精神，就是要学习他全心全意为人民服务的崇高品德，树立正确的理想信念和人生追求，坚持以高尚的精神塑造人，用榜样的力量激励人，用科学的理论指导实践、规范言行，广泛深入地开展学雷锋活动，立足本职，无私奉献，像雷锋那样把有限的生命投入到无限的为人民服务之中，为精神文明建设做贡献。

（二）深入开展学雷锋活动，是推进社会主义精神文明建设、提升社会文明程度的迫切要求

社会主义精神文明是社会主义社会的重要特征。经过长期不懈的努力，我国精神文明建设取得了丰硕成果，为促进经济社会又好又快发展作出了重要贡献。同时要看到，建设社会主义精神文明是一项长期的艰巨任务。当前，我国已进入新的历史发展阶段，在社会主义市场经济深入发展，对外开放不断扩大，社会思想意识更加多元、多样、多变的新形势下，建设与我国经济社会发展相适应、与物质文明相协调的社会主义精神文明，还需要做大量艰苦、细致的工作。

雷锋以自己的实际行动，为社会主义精神文明建设提供了宝贵资源。雷锋身上所体现的遵纪守法、诚信为本，刻苦学习、爱岗敬业等思想观念，是与社会主义精神文明建设要求相一致的。通过深入开展学雷锋活动，大力弘扬雷锋精神，有助于动员广大干部群众踊跃投身社会主义精神文明建设，提高公民思想道德素质和社会文明程度，为实现全面建设小康社会宏伟目标凝聚起强大精神力量。

（三）学习和弘扬雷锋精神，是推进新时期社会主义精神文明建设实践的强大精神力量

在改革开放和社会主义现代化建设的伟大实践过程中，以邓小平为核心的第二代中央领导集体从雷锋精神中吸取精神文明建设的有益资源，在邓小平的倡导下，始终把学习和弘扬雷锋精神作为推进新时期社会主义精神文明建设实践的优良传统和有效途径，并世代地继承和发扬下去，使雷锋精神成为建设中国特色社会主义事业的重要精神力量。

雷锋以及无数雷锋式的先进人物都是社会主义“四有”公民的楷

模。雷锋精神，蕴涵着社会主义精神文明的核心内容，所以精神文明的创建活动与弘扬雷锋精神在本质和现象上是一脉相传的。在新的历史时期，雷锋精神成为推动社会主义精神文明建设的最普遍的形式。比如“文明礼貌月”活动，“五讲四美三热爱”活动，“行业学雷锋树新风”活动等，都充分再现精神文明建设与雷锋精神在形式和内容上的统一。可以说，雷锋精神使精神文明建设有了鲜活具体的体现，社会主义精神文明建设使雷锋精神在新时期和新形式下得到了充分弘扬。

我们按照“三个代表”重要思想、科学发展观的要求，不断弘扬雷锋精神，真正代表先进的文化的前进方向，做到“以人为本”，实现“人和社会的全面发展的目标”。在全面建成小康社会的新的伟大征程上，我们要更加不断学习和弘扬雷锋精神，把中国特色社会主义建设的伟大事业不断推向前进。

二、雷锋精神与社会主义核心价值体系建设相得益彰

在中华民族和平崛起、中国经济实力快速增长的今天，道德迷失、信仰缺失、信用危机却随之而来，当代中国发展中精神层面建设的相对薄弱和失衡已变得十分突出，不能不令人警醒。在更加开放和社会主义市场经济环境下，切实推进社会主义核心价值体系建设，大大增强国家的文化软实力，重铸党魂国魂民族之魂，已成为当务之急。党的十七届六中全会提出学雷锋活动“常态化”，给人以启发。我们应该看到，雷锋精神作为社会主义核心价值体系的人格化、日常生活化的集中反映，在体现社会主义核心价值体系建设目标的层次性和包容性上，具有独特的优势和持久的魅力。弘扬雷锋精神，推动学雷锋活动常态化，对推进社会主义核心价值体系建设具有特殊的意义。

（一）雷锋精神是社会主义核心价值体系的结晶

雷锋是中华民族在社会主义时期的先进人物和精神楷模。年轻的雷锋离开我们半个世纪了，雷锋精神却成为不断传承、历久弥新的民族精神财富，成为影响、熏陶社会民众，标识、引领道德风尚的一面旗帜。几十年来，雷锋精神在广大党员、社会先进分子和人民群众践行社会主

义核心价值体系的长期实践中不断被丰富，在社会主义先进文化与时俱进中不断被赋予时代内涵。雷锋精神正是社会主义核心价值体系的生动展现和重要结晶。

1. 雷锋精神的强大生命力基于社会主义核心价值体系的长期培育。雷锋生于旧中国，长在新中国，亲身经历与鲜明的对比，党的教育与不懈学习，使他由衷认同并信奉新中国的新文化，自觉接受并践行社会主义的价值观，努力按照社会先进分子的要求做人行事。无论是在农村、工厂和部队，无论是当通讯员、推土机手和汽车驾驶员，无论是出名前还是出名后，雷锋充满了真诚之情、上进之心、奉献之意，总是竭尽所能，为党的事业多作贡献，为人民群众多做好事，在本职工作中当好“螺丝钉”。雷锋如饥似渴地学习毛泽东著作，作为自己的思想指南；满怀崇敬地学习方志敏、白求恩、董存瑞、黄继光、邱少云等英模的事迹，作为自己的人生楷模；真心实意地向身边的领导和同志学习，作为自己的行为镜鉴。所以，科学理论、远大理想、崇高精神、先进道德，在雷锋心中深深地扎下了根，雷锋不愧为践行社会主义核心价值体系的时代楷模。虽然雷锋的生命是短暂的，雷锋的阅历是有限的，雷锋的事迹是可数的，但雷锋精神是永恒的，雷锋精神的生命力是巨大的。

这种生命力表明，雷锋精神与社会价值的主流和方向相一致，与人民群众的美德和共识相契合，与时代发展的节律和内涵相衔接，它植根于当代中国文化主旋律——社会主义核心价值体系的土壤，是社会主义核心价值体系长期培育的结晶。毛泽东亲笔题词“向雷锋同志学习”，正是表明雷锋是党优良传统的忠实继承和践行者，雷锋精神是白求恩精神、张思德精神在社会主义时期的传承和拓展，是为人民服务精神的生动写照。

党的十七届六中全会制定了发展、繁荣社会主义文化的宏伟蓝图，要求以建设社会主义核心价值体系为根本任务，深入开展学雷锋活动，采取措施推动学习雷锋活动常态化。这表明，推进社会主义核心价值体系建设要求不断深化雷锋精神，让雷锋精神在社会主义核心价值体系建设过程中不断保持旺盛的生命力。

2. 雷锋精神的强大感召力基于社会主义核心价值体系的深厚内涵。半个世纪以来，人们学雷锋，敬仰雷锋精神，体现了雷锋精神的强大感召力，而雷锋精神的感召力，来自社会主义核心价值体系的感召力。

第一，雷锋精神的群众性有赖于社会主义核心价值体系把价值导向与人民利益统一。社会主义核心价值体系坚持社会主义价值导向与人民利益价值导向的高度统一，坚持社会主义就要维护人民利益，服务社会主义就要服务人民群众。雷锋热爱党、热爱新中国、热爱社会主义、热爱人民，他要“把有限的生命投入到无限的为人民服务之中去”，人们从雷锋精神中深切地感受到，社会主义所倡导的价值就是人民的价值。每一个人无论职务高低、年龄大小、财富多少，都可以做一个对人民有利、有益、有用的人。雷锋精神传播得越广、展现得越多，人民利益实现得就越好。

第二，雷锋精神的普遍性有赖于社会主义核心价值体系把社会理想与职业准则统一。实现共产主义是社会主义核心价值体系的社会理想，履行好各自职业职责是实现社会理想的途径和平台。雷锋是一个普通的战士，没有惊天动地的事迹和惊心动魄的故事，正是他胸怀共产主义远大理想，又脚踏实地做好每一项工作，“对待工作要像夏天一样的火热”，在平凡的工作中追求卓越、实现卓越。伟大起于平凡，高尚出于平凡，可贵在于平凡。人们从雷锋精神深切地感受到，雷锋就在我们身边，人皆可以为雷锋，人皆可以为社会理想的实现增砖添瓦。

第三，雷锋精神的包容性有赖于社会主义核心价值体系把道德规范与传统美德统一。社会主义核心价值体系与社会主义经济基础和上层建筑相适应，它又将民族以及人类的传统美德包含于自身。雷锋的许多事迹和品德，如忠诚奉献、助人为乐、勤俭节约、谦虚谨慎等，既是社会主义道德规范的要求，也是中华民族传统美德的体现。人们从雷锋精神深切地感受到，学雷锋、做雷锋就是在生活中明辨是非、扬善惩恶、尚美弃丑，在道德修养中追求崇高、坚守信仰。

第四，雷锋精神的激励性有赖于社会主义核心价值体系把人的价值与社会贡献统一。社会主义制度就是要着力构建有利于人的价值与社会贡献相统一的机制与环境，鼓励个人价值融入社会价值之中，在创造社会价值中实现个人价值。雷锋在为他人做好事、为社会作贡献的同时，收获的不仅是乐趣、满足和幸福，而且是个人价值的实现、增大。人们从雷锋精神深切地感受到，脱离社会的“自我实现”，不可能真正实现人的价值。尽管现实生活中存在着不劳而获、少劳多获的不公平现象，但这是与社会公论相悖的。社会普遍认同和尊重的，还是雷锋这样的人，他是道德的楷模、人民的期盼。

3. 雷锋精神的强大引领力基于社会主义核心价值体系的时代魅力。社会主义核心价值体系是一个开放的体系，它的理论基础、价值目标、精神内涵、道德准则等，都反映了实践的呼唤，吸收了时代的精神，顺应了人民的心声。社会实践的变革发展，推动着社会主义文化的创新发展，推动着社会主义核心价值体系的丰富发展。社会主义核心价值体系的与时俱进，使得我们在新的历史条件下，对雷锋精神有新的认识和理解，对雷锋精神的内核有更加深入的提炼和把握，对雷锋精神的当代价值有更加自觉的领悟和发挥。

雷锋精神是一种思考人生意义、追寻幸福源泉的精神，它能够启迪人们树立科学的人生观、价值观，塑造积极健康的心理，做一个有益于社会、有益于人民的人。它有助于满足当代社会及民众的精神需求。当然，雷锋精神不是万能的，但它在人们思想活动的独立性、选择性、多变性、差异性明显增强的今天，为当代中国确立了一个精神坐标、一种道德尺度、一种生活方式、一种价值追求。

（二）弘扬雷锋精神对推进社会主义核心价值体系建设具有重大价值

在实行改革开放和社会主义市场经济的今天，雷锋并未与人民渐行渐远，人民仍然崇尚、学习雷锋，雷锋式的模范人物层出不穷；雷锋精神非但没有从人们的记忆中淡化，人们反而日益感到社会发展、民生幸福离不开雷锋精神，人们的道德进步、身心和谐以及社会的祥和、温暖离不开雷锋精神；中国特色社会主义事业的发展，党风、政风与社会风气的改善同样也离不开雷锋精神。在新的历史条件下深刻理解、大力弘扬、积极实践雷锋精神，具有重要意义。

1. 深入开展学雷锋活动，是建设社会主义核心价值体系、巩固全党全国各族人民团结奋斗共同思想道德基础的迫切要求。党的十七届六中全会强调，社会主义核心价值体系是兴国之魂，是社会主义先进文化的精髓，决定着中国特色社会主义发展方向。建设社会主义核心价值体系，在全社会形成统一指导思想、共同理想信念、强大精神力量和基本道德规范，始终是发展中国特色社会主义的一项重大战略任务。雷锋身上体现的坚定理想信念、昂扬精神斗志和高尚道德追求，反映了社会主义核心价值体系的根本要求，是引领全社会思想道德追求的精神“灯塔”。通过深入开展学雷锋活动，用人们信服的榜样来进行引导，用令人景仰的模范来进行示范，有助于增强社会主义核心价值体系学习教育活动的吸引力和感染力，有助于增强人们对主流价值观念的认同感和践行力，不断夯实社会主义核心价值体系建设的群众基础。

2. 深入开展学雷锋活动，是弘扬中华传统美德和社会主义道德、焕发人们道德建设热情的迫切要求。中华传统美德是优秀传统文化的精华，是中国当代文明的根基，是千百年来一直滋润着中华民族的共有精神家园，蕴含着社会发展进步的不竭力量。社会主义道德是全党全国各族人民在社会主义革命、建设、改革中所形成的崇高革命气概、优秀精神品质和高尚道德情操的集中体现，是中华传统美德在新的时代条件下的传承和升华，是全面建成小康社会、开创中国特色社会主义事业新局面的强大精神动力。当前，我国思想道德领域主流积极健康向上，但也存在一些突出问题，引起全社会的极大关注。时代和人民呼唤加强道德建设，培育良好社会风尚。雷锋精神凝结着中华民族的优秀品德，闪烁着社会主义道德的耀眼光辉，具有引领人们崇德尚义、向上向善的强大力量。通过深入开展学雷锋活动，大力弘扬雷锋精神，有助于进一步激发人民心中蕴藏的道德热情，焕发人们参与道德建设的积极性，引导人们自觉传承中华传统美德、践行社会主义道德规范。

3. 深入开展学雷锋活动，是保持党的先进性和纯洁性、践行全心全意为人民服务宗旨的迫切要求。中国共产党之所以能够不断发展壮大，团结带领全国各族人民夺取革命、建设、改革的重大胜利，赢得人民群众的爱戴和拥护，成为领导中国人民不断开创事业发展新局面的坚强核心，归根结底就在于始终坚持了全心全意为人民服务这个宗旨，始终保持了马克思主义政党的先进性和纯洁性。胡锦涛在庆祝中国共产党成立90周年大会上的讲话中强调指出，全党必须清醒地看到，在世情、国情、党情发生深刻变化的新形势下，提高党的领导水平和执政水平、提高拒腐防变和抵御风险能力，加强党的执政能力建设和先进性建设，面临许多前所未有的新情况、新问题、新挑战，执政考验、改革开放考验、市场经济考验、外部环境考验是长期的、复杂的、严峻的，精神懈怠的危险，能力不足的危险，脱离群众的危险，消极腐败的危险，更加尖锐地摆在全党面前。雷锋作为一名普通共产党员，自觉践行党的全心全意为人民服务的宗旨，时时处处发挥党员的模范带头作用，以实际行动诠释了党的先进性和纯洁性的丰富内涵，彰显了共产党人的精神力量。通过深入开展学雷锋活动，引导广大党员特别是党员领导干部自觉以雷锋为榜样，不断加强党性修养和作风建设，不断增强自我净化、自我完善、自我革新、自我提高的能力，有助于抵制拜金主义、享乐主义、极端个人主义的侵蚀，牢固树立正确的权力观、地位观、利益观和政绩观，坚持立党为公、执政为民，密切党同人民群众的血肉联系，永葆共产党人的政治本色。

（三）弘扬雷锋精神具有推动社会主义核心价值体系建设的巨大作用

雷锋是中华民族的道德标杆和精神旗帜。深入开展学雷锋活动，具有广泛的群众基础和社会示范引领效应，对推进社会主义核心价值体系建设将发挥积极而重要的作用。

1. 对坚定理想信念具有重要支撑作用。雷锋虽然只是年轻的普通一兵，内心世界却极为丰富，时刻装着党的全心全意为人民服务的宗旨，装着共产党人始终不渝的价值追求，并表里如一、言行一致。在当前国内外各种社会思潮“交流交融交锋”日趋激烈的新形势下，巩固马克思主义在意识形态的指导地位，坚定广大社会成员建设中国特色社会主义事业的理想信念，是社会主义核心价值体系建设的一项根本任务。深化学雷锋活动，不仅可以帮助大家找到世界观、人生观、价值观方面的差距，而且可以看到理想信念的无穷力量。坚定人们中国特色社会主义“道路、理论和制度”的信念。

2. 对培育爱国情感具有重要催化作用。中华民族自古以来就有爱国主义的优良传统，这种传统美德在雷锋身上得到了充分体现和全新升华。他把个人的前途命运与国家、民族，与社会的前途命运紧紧联系在一起，处处以国家、民族和集体的利益为重，表现出主人翁的博大胸怀。在新的历史时期，深入开展学雷锋活动，就是要引导广大社会成员像雷锋那样，在祖国和人民最需要的时刻挺身而出、不怕牺牲，坚持从我做起、从点滴做起、从本职岗位做起。这对于增强民族自尊、自信和自强精神，实现中华民族伟大复兴必将发挥无形的催化作用。

3. 对增强创新意识具有重要激励作用。创新是一个民族进步的灵魂，是一个国家兴旺发达的不竭动力。当前，我国正处于全面建成小康社会的关键时期和深化改革开放、加快转变经济发展方式的攻坚时期，尤其需要教育引导广大干部群众像雷锋那样，锐意进取、自强不息，坚持用马克思主义理论和现代科学文化知识武装自己、提高自己、完善自己，主动应对国际国内新挑战，切实解决改革、发展中出现的新矛盾，不断开创事业发展新局面。

4. 对提升道德境界具有重要的助推作用。随着经济、社会发展，我国公民思想道德素质和社会文明程度明显提升。但也要看到，一些领域道德失范、诚信缺失，一些社会成员思想道德滑坡，人生观、价值观扭曲，一些社会成员的道德水准滑坡，拜金主义、享乐主义、利己主义等思想不断滋生蔓延，尤其是官员失德、商界失信、社会失义、法律失公等问题堪忧。深入开展学雷锋活动，大力弘扬雷锋公而忘私、助人为乐的宝贵品质，让雷锋道德光芒重新照亮个别社会成员逐渐暗淡的心灵，已成为当前推动公民思想道德建设的一项紧迫任务。

三、雷锋精神与构建社会主义和谐社会相辅相成

“社会和谐、天下大同”是人类千年以来共同的理想追求，构建和谐社会是中国共产党在新世纪初提出的奋斗目标，而探讨如何构建和谐社会则是我们的当务之急。提高人们的思想道德水平，化解人际矛盾冲突，营造和睦氛围，建设文明新风，无疑是构建和谐社会思想道德基础不可逾越的重要课题。这促使我们思考：曾经唱响了时代最强音，并培育了文明道德风尚的雷锋精神，是否仍然能够为和谐社会的建构助一臂之力？

产生于20世纪五六十年代的雷锋精神是中华民族传统美德和无产阶级高尚道德有机结合的产物，其作为特定历史时期的精神产品，无疑具有那个时代的深刻烙印；其道德作用在当时的顺利发挥，也的确与其特定的社会历史文化背景密切相关。因而，有些人据此认为雷锋精神已“时过境迁”，从而在思想和行动上有意无意地忽视其重要性。不可讳言，雷锋精神在当代人心中的地位有淡化的倾向。那么，在全球化日渐深入的现代社会，弘扬雷锋精神对于我们构建和谐社会是否必要和可能呢？我们的回答是肯定的。

（一）弘扬雷锋精神具有坚实的现实基础：社会建设的道德呼唤

第一，现实生活中个人无论多么富裕、强大，总是会碰到这样那样的困难，而政府的关爱之手不可能触及社会的每一个角落，因而人们总是需要他人的帮助、支持甚至救助，雷锋精神正好能满足这样的要求。第二，雷锋精神虽然产生于计划经济时代，但这并不等于说雷锋精神道德导向功能和调节作用的发挥只能局限于计划经济时代。实际上，雷锋精神的内核及实质与社会主义市场经济的道德要求是相通的，与我们构建和谐社会的目标要求是一致的。诚实守信、爱岗敬业、注重效率、兼顾公平等是市场经济的内在诉求，国家富强、民族振兴、人民幸福、社会安定以及人际和谐等是和谐社会追求的理想状态。这就要求我们所进行的市场经济建设要坚持科学的发展观，不但要注重经济效益，而且还要讲求社会效益；不但要重视个人利益的增长，而且还要讲究社会责

任。而崇尚爱国、奉献、勤劳、互助、友善、勇敢、正义、诚信以及敬业的雷锋精神恰好契合了这样的需要。事实上，现实生活中出现的一系列与社会和谐发展极不相称的现象，如假公济私，损公肥私，铺张浪费，骄奢淫逸，争名夺利，推卸责任，等等，在某种程度上可以说正是雷锋精神匮乏所导致的结果。因而，正如胡锦涛同志所强调的："雷锋精神对于我们这个民族和社会过去具有、现在仍然具有重大价值和时代意义。"雷锋精神不但没有过时，而且随着社会的发展及和谐社会目标的提出而变得更加重要了。第三，雷锋精神形成于平凡的工作岗位上和日常的社会生活中，具有平凡、真实、生动的特点，因而具有广泛的社会群众基础，容易对人们的行为产生示范作用，而其作为中华民族传统美德的结晶，并非舶来品，与中国人的心理结构和行为特点有着契合性，因而容易被中国人认同和接受。第四，雷锋精神"全心全意为人民服务，为了人民的事业无私奉献"的精神实质，与社会主义思想道德体系和公民道德建设的核心内容是相吻合的。党的十六大提出，要建立"以为人民服务为核心，以集体主义为原则，以诚实守信为重点"的社会主义思想道德体系。《公民道德建设实施纲要》则强调："为人民服务作为公民道德建设的核心，是社会主义道德区别和优越于其他社会形态道德的显著标志。它不仅是对共产党员和领导干部的要求，也是对广大群众的要求。"

（二）培育雷锋精神具有重要的主观条件：精神愉悦的价值需要

现代社会，随着科学技术的突飞猛进、社会分工的细化、市场经济的发展以及社会结构的转型，价值理性日益式微、工具理性日益高涨、多元价值观并存，导致人们极易陷入精神危机：精神空虚，自我迷失，幸福感匮乏，灵魂无家可归，道德信仰缺失，理想信念动摇。因而，讲求终极关切与精神安顿的道德关切就成了人们迫切的精神需要。党的十六大也提出要"不断丰富人们的精神世界，增强人们的精神力量"。而雷锋精神包含的诸多德性以人格的形式系统、生动地展现出来，易以平凡、真实的形式感召人们的效仿，促使人们养成良好的道德行为习惯，进而使得人们的心理结构得以跃升，道德境界得以提升，善美心灵得以形成，从而避免出现“灵魂的分裂”现象，达到人性提升和自我完善的目的，最终使人在德性的培养与实践中寻找到自我的价值和存在意义。同时，人们的人格也得以挺立，精神得到安顿，不再是一个精神迷茫的可怜虫。如果说底线伦理对于维护社会秩序和共同体的利益有着基础作用的话，那么诸如包括雷锋精神在内的德性伦理对于人们摆脱外在物欲追求、去除低级趣味，陶冶心灵，获得精神上的愉悦和平衡，彰显人的尊严则具有独特的功效。雷锋精神的树立无疑保证了善美人格的确立，使人由内而外，心甘情愿地自觉遵守法律和社会道德的责任与义务，使人在自我实现和价值认同过程中体验人间的真情与温暖，进而体验生命、生活与人生的意义。“美丽人生”因此变得可能。

（三）践行雷锋精神具有可贵的和谐价值：社会和谐的精神纽带

1. 雷锋精神的和谐价值体现在促进身心和谐上。雷锋精神作为积极向“善”的德性人格有助于人们的精神安顿和善美心灵的形成，不但解决了“我应该成为什么样的人”的困惑，而且有助于人们找到自我价值，同时也为人们正确对待困难、挫折和荣誉提供了榜样，使人们减少内心的斗争与纷扰。

2. 雷锋精神的和谐价值体现在维系人际和谐关系上。雷锋精神所蕴含的团结友善、助人为乐、尊老爱幼、扶贫济危、宽容谦让等美德与和谐理念是一致的，有助于培育和谐精神，构建和谐的人际关系，推动“我为人人、人人为我”相互关爱的良好道德风尚与社会氛围的形成。

3. 雷锋精神的和谐价值体现在化解人与社会的矛盾上。现代社会中的社会分工的细化对于提高生产效率、促进社会发展有着不可磨灭的作用，但与此同时也给人的发展带来了诸多不良影响，人的全面发展因此受到局限和束缚，从而导致人们产生对于异化的反抗意识和对于社会的疏离感。社会分工同时也容易造成财富的悬殊和社会地位差距的拉大，容易诱发人们产生对于社会的诸多不良情绪。应当承认，基层工作人员、一线工作者以及农业和农村工作者处于相对劣势地位，就是处于优势地位的人们也会存在各种差异，他们对于“共建和共享”社会发展成果的愿望容易受挫，因而极易出现偏激情绪和对社会的敌意。这些无疑都是社会和谐发展的不良因素。因而，如何消除人与社会的疏离感和人们对于社会的各种不良情绪，就成了现代化国家必须面对的问题。而雷锋精神之“螺丝钉”精神倡导人们“干一行、爱一行、专一行”，蕴含了社会地位和社会角色的认同意识、爱岗敬业和服务社会的责任意识，对于化解人与社会的矛盾、增强人的主人翁意识和社会认同感具有重要意义，有利于“促进和谐人人有责，和谐社会人人共享”生动局面的形成。

4. 需要强调的是，弘扬雷锋精神有利于提高公务员的服务奉献意识，有利于增强中国共产党的执政能力，更好地发挥政府的公共服务职能，从而有利于维系政府与人民的和谐关系，营造安定团结的政治局面和社会氛围。

当代中国先进文化是一种崭新的文化，先进文化建设要不断创新，与时俱进。雷锋精神是中华文化宝库中的瑰宝。在新的历史时期，只有雷锋精神与先进文化建设共同发展，才能推进社会主义事业不断前进。

参考文献

1. 夏春涛：《充分认识雷锋精神的时代价值》，《传承》2012 年第 5 期，第 17 页。

2. 张佳倩：《改革开放以来学雷锋活动的实践历程研究》，《法制与社会》2011 年第 12 期，第 187 页。

3. 商卫星、孙春歌：《构建社会主义和谐社会需要大力弘扬雷锋精神》，《武汉纺织大学学报》2012 年第 4 期，第 41 页。

4. 艾丹、林贵长：《和谐社会视域中的雷锋精神》，《大连干部学刊》2007 年第 2 期，第 15 页。

5. 方建斌：《弘扬雷锋精神是当代社会的现实需要》，《陕西日报》2012 年 3 月 16 日。

6. 罗国杰：《论雷锋精神的生命力》，《高校理论战线》2003 年第 3 期，第 30 ~ 31 页。

7. 高炜：《论雷锋精神的时代特点与学雷锋活动的发展趋势》，《中国青年政治学院学报》2003 年第 7 期，第 69 ~ 70 页。

8. 张书林：《雷锋精神应该时代化、大众化》，《中国党政干部论坛》2011 年第 7 期，第 56 ~ 57 页。

9. 李苏、赵培锋：《雷锋精神——时代永恒的呼唤》，《产业与科技论坛》2011 年第 10 期 ，第 198 页。

10. 韩梅：《浅析雷锋精神的时代内涵和特征》，《理论界》2007 年第 4 期，第 131 页。

后　记

本书系中国财政经济出版社出版的《中国榜样：永远的雷锋》大型丛书中“研究雷锋”系列中的一本。

本书在编写过程中得到了中共辽宁省委宣传部、辽宁省社科联、中共抚顺市委和辽宁石油化工大学等各级领导的亲切关怀和大力支持。辽宁省雷锋研究会承担了本书的编写任务。辽宁省雷锋研究会会长、辽宁石油化工大学党委副书记宋焕斌教授对本书的整体布局进行了设计，并主笔了本书每一章的写作，为本书付出了大量心血。

参加本书编写的人员还有：第一章：辽宁省雷锋研究会理事、辽宁石油化工大学许三春博士，第二章、第六章：辽宁省雷锋研究会理事、辽宁石油化工大学民族教育学院雷冬海书记，第三章：辽宁省雷锋研究会理事、沈阳师范大学马克思主义学院院长田鹏颖博士，第四章：辽宁省雷锋研究会理事、辽宁石油化工大学陈雪峰博士；第五章：辽宁省雷锋研究会理事、辽宁石油化工大学石峰博士。全书由辽宁省雷锋研究会秘书长、辽宁石油化工大学雷锋学研究中心主任张仲国设计大纲并进行了统稿。

作者在吸收、借鉴国内外众多专家、学者的研究成果基础上，创建了本书的重要理论基础，在此对他们一并表示衷心的感谢和诚挚的敬意。

由于作者理论水平和理论研究能力有限，本书难免存在种种不足之处，恳请读者批评指正。

作　者

2013 年 1 月